심리학으로 읽는
아이의 마음

심리학으로 읽는
아이의 마음

초판 1쇄 발행 2025. 5. 5.

지은이 이윤경
펴낸이 김병호
펴낸곳 주식회사 바른북스

편집진행 김재영
디자인 김효나

등록 2019년 4월 3일 제2019-000040호
주소 서울시 성동구 연무장5길 9-16, 301호 (성수동2가, 블루스톤타워)
대표전화 070-7857-9719 | **경영지원** 02-3409-9719 | **팩스** 070-7610-9820

•바른북스는 여러분의 다양한 아이디어와 원고 투고를 설레는 마음으로 기다리고 있습니다.

이메일 barunbooks21@naver.com | **원고투고** barunbooks21@naver.com
홈페이지 www.barunbooks.com | **공식 블로그** blog.naver.com/barunbooks7
공식 포스트 post.naver.com/barunbooks7 | **페이스북** facebook.com/barunbooks7

ⓒ 이윤경, 2025
ISBN 979-11-7263-348-6 93180

| 발달과 심리의 탐구 |

심리학으로 읽는
아이의 마음

이윤경 지음

바른북스

목차

제1장

아동 심리학 입문: 마음과 성장의 이해

1.
아동 심리학의 정의와 중요성

아동 심리학은 인간 발달의 초기 단계에서 발생하는 신체적, 인지적, 정서적, 사회적 변화를 연구하는 학문으로, 아동의 성장과 발달을 과학적으로 이해하고 이를 지원하는 데 중점을 둔다. 이 학문은 아동이 경험하는 발달 과정을 체계적으로 분석하며, 학습과 환경적 요인이 아동의 행동과 정체성에 미치는 영향을 평가한다.

특히, 초기 발달 경험은 개인의 인격 형성과 행동 양식에 장기적인 영향을 미친다는 점에서 매우 중요하다. 예를 들어, 부모가 일관되게 양육하고 안정된 환경을 제공하면 아동은 안정 애착을 형성할 가능성이 높아지며, 이는 스트레스 상황에서도 정서적 안정과 문제 해결 능력을 유지하는 데 중요한 역할을 한다(Ainsworth, 1979). 반면, 불안정한 양육 환경은 정서적 불안정과 사회적 기술 발달의 어려움을 초래할 수 있다.

아동 심리학은 이러한 초기 경험과 발달 과정을 기반으로 아동 복지를 증진하는 실질적인 방법을 제공한다. 예컨대, 놀이를 통해 학습을 강화하는 교육 프로그램은 아동의 인지적 성장뿐만 아니라 정서적 안정에도 긍정적인 영향을 미친다. 또한, 상담 및 심리 치료에서는 애착 이론을 활용하여 정서적 문제를 겪는 아동에게 적합한 개입 방식을 설계한다(Siegler, DeLoache & Eisenberg, 2003). 이와 더불어, 아동 심리학은 아동 발달에 환경적 요인이 미치는 중요성을 강조한다. 사회적 맥락, 문화적 배경, 경제적 환경 등은 아동의 성장에 큰 영향을 미치며, 이는 부모와 교사뿐만 아니라 정책 입안자들에게도 중요한 고려 사항으로 경제적으로 취약한 가정의 아동은 적절한 사회적 지원 프로그램을 통해 건강한 발달 궤도를 유지할 가능성이 높아진다.

결국, 아동 심리학은 아동 발달에 대한 다각적이고 통합적인 이해를 가능하게 하며, 이를 통해 교육, 상담, 정책 등 다양한 분야에서 실질적인 변화를 이끌어 낸다. 안정 애착 형성을 지원하는 부모 교육 프로그램이나 아동 친화적 환경 조성 정책은 이러한 학문의 결과가 실천으로 이어진 대표적인 사례다. 따라서, 아동 심리학은 아동의 건강한 성장을 도모하고, 사회적 변화를 이끄는 데 필수적인 학문으로 자리 잡고 있다. 이를 통해 아동이 균형 잡힌 정서적, 인지적, 사회적 발달을 이루고, 미래에 건강한 사회 구성원으로 성장할 수 있도록 돕는 기반이 마련된다(송명자, 1995; 신명희, 서은희, 송수지, 김은경, 원영실, 2024; 장휘숙, 정옥분, 2002; 최경숙, 2023; Berk, 2015; Bjorklund & Pellegrini, 2000; Hetherington, Parke & Locke, 1999; Whitebread, 2012).

　　　　　심리학으로 읽는 아이의 마음

2.
│ 연구 방법 │

　아동 심리학에서는 아동의 발달과 행동을 과학적으로 이해하기 위해 다양한 연구 방법이 사용된다. 주요 연구 방법으로는 관찰 연구, 실험 연구, 사례 연구가 있으며, 각각의 접근법은 독특한 강점과 목적을 가지고 있다.

1) 관찰 연구

　관찰 연구는 아동의 자연스러운 행동을 기록하고 분석함으로써 발달 과정을 이해하는 데 초점을 맞춘다. 이 방법은 아동이 일상에서 어떻게 행동하고 상호작용 하는지를 관찰하여 그들의 발달 특징을 파악하는 데 유용하다(Landreth, 2012). 예를 들어, 유치원 놀이 시간 동안 교사가 아동들이 어떻게 장난감을 공유하거나 또래 간의 갈등 상황을 해결하는지를 기록하면, 이를 통해 사회적 기술 발달의 초기 단계를 이해할 수 있다.

이 방법의 강점은 인위적인 실험 조건이 아닌 실제 환경에서 이루어지기 때문에 결과가 현실적이라는 점이다. 그러나 연구자의 관찰이 아동의 행동에 영향을 미칠 가능성을 최소화하기 위해 주의 깊은 설계가 필요하다. 한 연구에서는 아동이 부모와 상호작용 하는 동안 나타나는 애착 행동을 관찰하여 안정 애착과 불안정 애착의 특징을 분류한 바 있다(Ainsworth, 1979). 이러한 관찰은 아동의 정서적 발달을 이해하고, 부모 교육 프로그램을 설계하는 데 기초가 된다.

2) 실험 연구

실험 연구는 특정 변수를 조작하여 그 변수가 아동의 행동이나 발달에 미치는 영향을 탐구하는 방법이다. 이 접근법은 원인과 결과 간의 관계를 명확히 밝히는 데 효과적이다(Siegler, DeLoache & Eisenberg, 2003). 예를 들어, 연구자가 아동에게 과제를 주고 보상을 제공하는 경우와 그렇지 않은 경우를 비교하여 보상 체계가 학습 동기에 미치는 영향을 분석할 수 있다.

실험 연구는 변수를 엄격히 통제할 수 있다는 점에서 신뢰도가 높으며, 이를 통해 발달의 구체적인 기제를 이해할 수 있다. 한 실험에서는 교사가 긍정적 피드백을 제공했을 때 아동의 과제 수행 시간이 증가하고, 이는 자기효능감과 관련이 깊다는 결과를 도출한 바 있다. 그러나 이 방법은 실험 환경이 아동의 자연스러운 행동에 영향을 미칠 가능성

심리학으로 읽는 아이의 마음

이 있다는 한계도 가지고 있다. 따라서 연구 결과를 일반화할 때는 신중한 접근이 필요하다.

3) 사례 연구

사례 연구는 특정 아동이나 소규모 집단을 심층적으로 분석하여 그들의 발달 과정과 환경적 요인이 미치는 영향을 탐구하는 연구 방법이다. 이 방법은 일반적으로 잘 관찰되지 않는 독특한 발달 특성이나 문제를 이해하거나, 특정 환경이 아이들에게 미치는 영향을 연구하는 데 특히 유용하다(Landreth, 2012). 예를 들어, 자폐 스펙트럼 장애를 가진 아동의 놀이 행동을 분석하는 연구는 그들이 특정 상황에서 보이는 반응과 상호작용 방식을 깊이 있게 이해하는 데 도움을 줄 수 있다.

사례 연구는 연구자가 아동의 행동과 발달을 다각도로 분석할 수 있는 기회를 제공하며, 이를 통해 독특한 발달 과정을 이해할 수 있다. 한 사례 연구에서는 학대 경험이 있는 아동의 정서적 반응과 신뢰 관계 형성의 어려움을 관찰하였고, 이를 바탕으로 학대 피해 아동을 위한 심리 치료 프로그램이 설계되었다. 그러나 사례 연구는 소수의 참여자를 대상으로 하기 때문에 결과를 일반화하기 어렵다는 한계를 가지고 있다.

3.
│ 아동 발달 연구의 역사적 배경 │

    아동 발달에 대한 체계적 연구는 19세기 후반에 시작되어 현대 심리학의 중요한 기반을 형성하였다. 초기 연구자들은 아동 발달의 특성을 과학적으로 탐구하며, 이를 설명하는 체계적인 이론과 모델을 제시하였다. 이 중에서 찰스 다윈(Charles Darwin), 스탠리 홀(Stanley Hall), 장 피아제(Jean Piaget)의 연구는 발달 심리학의 발전에 중대한 기여를 하였다.

1) 찰스 다윈(Charles Darwin): 발달 심리학의 과학적 기초 마련

    찰스 다윈(Charles Darwin)은 아동 발달 연구에 과학적 접근법을 도입한 최초의 학자 중 한 명으로, 자신의 자녀를 관찰하며 1877년 논문 「A Biographical Sketch of an Infant」에서 아들 윌리엄 에라스무스 다윈(William Erasmus Darwin)의 초기 발달 과정을 체계적으로 기록했다(한

심리학으로 읽는 아이의 마음

선희, 2020). 이 논문은 아동 발달에 대한 최초의 과학적 기록 중 하나로 간주되며, 현대 발달 심리학의 기초를 다지는 데 중요한 역할을 했다. 다윈은 아동의 언어 발달, 정서 표현, 반사 행동 등을 세심하게 관찰하며, 인간 발달이 진화론적 관점에서 설명될 수 있다는 가설을 제시했다. 특히 그는 아기의 웃음과 울음 같은 행동이 생존과 적응의 관점에서 본능적이며 진화의 산물일 수 있음을 탐구했다. 이 논문은 단순한 관찰 기록을 넘어, 아동 발달 연구를 과학적 틀 안에 포함시키는 선구적인 작업으로 평가받는다.

예를 들어, 그는 아기의 울음이 부모나 보호자가 즉각적인 반응을 유도하도록 하는 생존 신호로 작용한다고 보았다. 이러한 신호는 배고픔이나 고통 같은 기본적인 요구를 전달하며, 돌봄 행동을 강화하여 생존 가능성을 높였을 것이라는 설명이다. 또한, 아기의 웃음은 보호자에게 긍정적인 감정을 유발해 더 많은 애정과 관심을 끌어내는 진화적 역할을 했을 가능성이 있다고 주장했다.

이처럼 다윈의 연구는 아동 행동이 단순히 본능적인 반응이 아니라 생물학적 적응의 산물임을 강조하며, 이후 발달 심리학 연구에서 행동 관찰을 중요한 방법으로 자리 잡게 했다. 그의 연구는 일상생활 속에서 자연스럽게 이루어진 아들의 행동을 기록했으며, 이를 통해 아동 발달의 기본 패턴을 이해하고자 하여 비록 실험적이지는 않았지만, 아동 발달을 생물학적, 환경적 요인의 상호작용으로 이해하는 현대 심리학에 큰 영향을 미쳤다.

(1) 찰스 다윈(Charles Darwin)의 「A Biographical Sketch of an Infant」

관찰 배경

· 다윈은 자신의 아들이 생후 첫해 동안 보인 행동, 감각, 정서, 언어 발달 과정을 체계적으로 관찰하고 기록했다.

· 그의 관찰은 진화론적 관점에서 인간 발달을 이해하려는 시도의 일환이었다.

관찰 대상 및 연구 방법

· 다윈은 1839년에 태어난 아들 윌리엄을 출생 직후부터 세밀하게 관찰했다(Darwin, 1877).

· 아동의 성장 과정에서 나타나는 감각, 운동 능력, 감정 표현, 의사소통 능력 등을 기록했다.

· 다윈 자신의 육안 관찰과 일기 형태의 기록을 활용하였다.

· 생물학적, 심리학적, 행동학적 측면에서 유아의 발달을 분석하였다.

관찰 내용

· 초기 반사와 감각 반응

신생아는 생후 첫 주 동안 재채기, 딸꾹질, 하품, 빨기, 울기 등의 기본적인 반사 행동을 보인다. 일주일이 지나면서 발바닥에 닿는 촉감 자극에 반응하는 등 점차 민감한 감각 반응을 나타내기 시작한다. 생후 2주 동안은 갑작스러운 소리에 눈을 깜빡이며 반응했고, 66일째에는 큰 소리에 놀라 두려움을 표현하였다.

심리학으로 읽는 아이의 마음

생후 9일부터는 촛불을 응시하기 시작했으며, 45일 이후에는 밝은 색상의 물체에 대해 관심을 보이며 시각적 탐색 능력이 발달하는 모습을 보였다.

· **운동 능력의 발달**

생후 40일 이전부터 손을 입으로 가져가는 움직임이 관찰되었다. 77일째에는 오른손으로 젖병을 잡았으며, 일주일 후에는 왼손을 사용하기 시작하였고, 이후 왼손잡이로 성장하였다. 80~90일 사이에는 다양한 물건을 입으로 가져가며 감각 탐색이 활발해졌다.

4개월 무렵에는 손 가까이에 있는 물건을 주의 깊게 바라보았으며, 132일째에는 얼굴 가까이 있는 물체를 잡으려는 시도를 보이며 눈과 손의 협응 능력이 발달하는 모습을 보였다.

· **감정 표현**

생후 10주 차에는 싫어하는 음식을 먹을 때 얼굴로 불쾌감을 표현하였다. 7개월 무렵에는 원하는 것을 얻지 못하면 분노를 표현하며 울음을 터뜨렸으며, 11개월이 되자 원하는 장난감이 아니면 그것을 밀어내거나 때리는 행동을 보였다.

두려움의 감정은 4개월 무렵부터 나타났으며, 특정한 소리나 갑작스러운 변화에 민감하게 반응하였다. 2살 반 무렵에는 동물원에서 큰 동물을 보고 두려움을 느끼는 모습을 보이며 공포감이 구체적인 대상을 향해 형성되기 시작했다.

· **사회적 감정과 애정 표현**

생후 45~46일경 처음으로 미소를 짓기 시작하였으며, 4개월 무렵에는 유모를 보고 기쁨을 표현하였다. 6개월 무렵에는 누군가가 울면 함께 슬픈 표정을 짓는 등 타인의 감정을 이해하려는 모습을 보이며 초기적인 공감 능력이 발달하는 모습을 보였다.

2년 3개월에는 동생에게 음식을 나누어 주며 스스로 '착한 도디'라고 자화자찬하는 행동을 보였으며, 2년 7개월경에는 몰래 설탕을 먹고 난 후 부자연스러운 태도를 보이며 양심의 싹이 트기 시작하는 모습을 보였다.

· 인지 발달과 학습

5개월경, 모자와 망토를 보면 외출을 예상하며 기대하는 행동을 보였다. 7개월 무렵에는 유모의 이름을 듣고 유모를 찾으려는 시도를 하며 언어적 단서를 활용하는 능력이 나타났다. 9개월 무렵에는 그림자가 생기면 물체의 위치를 역추적하는 모습을 보이며 점차 논리적 사고 능력이 발달하기 시작했다. 1세 이후에는 반복적으로 들은 짧은 문장을 이해하기 시작하였으며, 2세 무렵에는 거울 속 자신의 모습을 인식하고 반응하는 등 자기 개념이 형성되는 모습을 보였다.

· 언어 발달

생후 46일경부터 의미 없는 소리를 내며 발성을 시작하였다. 113일 무렵에는 웃음과 함께 보다 명확한 의사 표현을 보였으며, 5개월 반이 지나면서 '다'와 같은 단순한 소리를 발화하였다. 생후 12개월 무렵에는 '엄마'라는 단어를 만들어 사용하기 시작하였으며, 이후 이 단어를 음식 전반을 가리키는 용어로 확장해 사용하였다.

18~21개월경에는 단어의 억양을 조절하며 감정을 표현하기 시작했으며, 2세 이후에는 새로운 단어와 문장을 빠르게 습득하며 언어 능력이 급격히 발달하였다.

· 도덕성과 수줍음

13개월 무렵, 부모가 키스를 하지 않으면 '못된 도디'라고 말하자 불

심리학으로 읽는 아이의 마음

편한 표정을 지으며 도덕적 감각의 초기 형태를 보였다. 2년 3개월경
에는 앞치마에 몰래 피클을 숨기는 등 속임수를 쓰는 행동이 나타났
다. 2년 7개월 무렵에는 자신의 잘못을 감추려는 모습을 보였으며, 2
년 3개월 무렵 오랜만에 집을 떠나 있다가 돌아오자 부모를 보고 수줍
어하는 태도를 보이며 사회적 관계에 대한 인식이 점차 발달하는 모습
을 확인할 수 있었다.

이와 같은 발달 과정은 아이가 신체적, 정서적, 인지적으로 성장해
가는 중요한 단계를 보여준다. 아이의 감각과 운동 능력의 발달은 인
지적 성장과 감정 표현의 기초가 되며, 사회적 감정과 도덕적 판단의
형성은 주변 환경과의 상호작용을 통해 발전한다. 이러한 발달의 이해
를 통해 아이의 성장 과정에서 적절한 지원과 관심이 필요함을 알 수
있다.

다윈은 이러한 연구를 통해 인간의 정신 발달이 단계적으로 진행된
다는 점을 강조하였다. 그는 감각 반응에서 시작하여 감정 표현, 언어
학습, 도덕성 발달까지 점진적으로 이루어진다는 것을 밝혔으며, 유
아의 행동이 경험과 학습을 통해 변화하며 감정과 사회적 반응이 어린
시절부터 형성된다고 보았다.

다윈의 연구 의의

· 찰스 다윈의 연구는 발달 심리학(Developmental Psychology)의 기초적인
연구로 평가되며, 유아의 감정 표현, 감각 반응, 사회적 행동이 점진
적으로 발달하는 과정을 체계적으로 기록한 점에서 중요한 의미를
가진다. 다윈은 인간의 감정과 행동이 진화론적 관점에서 어떻게 발

전해 왔는지를 탐구하기 위해, 동물과 인간의 행동을 비교하는 방식으로 연구를 진행하였다.

현대 심리학과의 연관성

다윈의 이 논문은 이후 심리학자들에게 큰 영향을 미쳤으며, 특히 다음과 같은 연구 분야에서 중요한 기초 자료로 활용되었다.

· **발달 심리학**(Developmental Psychology)：장 피아제(Jean Piaget)의 인지 발달 이론에서 영유아의 탐색 행동과 감정 발달을 연구하는 데 기초 자료로 활용되었다.
· **진화심리학**(Evolutionary Psychology)：인간의 감정 표현이 진화 과정에서 어떻게 형성되었는지를 탐구하는 연구에서 중요한 역할을 하였다.
· **아동 언어 발달 연구**(Language Acquisition Studies)：유아가 소리를 인식하고 말을 배우는 과정에 대한 초기 연구로 평가되며, 이후 언어 습득에 관한 다양한 연구의 기초가 되었다.

이 논문은 아동 발달 과정을 체계적으로 탐구한 초기 시도로, 현대 발달 심리학의 기초를 마련했다. 특히, 인간 발달을 진화론적 관점에서 해석하며, 발달 과정을 자연선택의 결과로 설명하는 새로운 접근법을 제시했다.

심리학으로 읽는 아이의 마음

2) 스탠리 홀(Stanley Hall): 발달 심리학의 창시자

스탠리 홀(Stanley Hall)은 발달 심리학의 창시자로 불리며, 아동 발달의 연령별 특성을 체계적으로 연구하였다. 그는 아동 발달을 독립된 연구 분야로 확립하는 데 중요한 역할을 하였다. 특히, '질문지 방법'을 활용하여 대규모의 아동 데이터를 수집하고 분석한 최초의 학자였다. 그의 연구는 아동 발달이 단순히 연속적인 과정이 아니라, 특정 발달 단계를 따라 이루어진다는 점을 강조하였다(Hall, 1905). 예를 들어, 그는 청소년기를 '폭풍과 스트레스의 시기'로 정의하며, 이 시기의 급격한 신체적, 정서적 변화를 설명하였다. 이러한 개념은 현대 발달 심리학에서 단계적 발달 이론의 기초가 되었다. 또한, 그는 교육 분야에서도 큰 영향을 미쳤다. 그의 연구는 아동이 놀이를 통해 학습하는 과정을 관찰하며 놀이가 인지적, 사회적 발달에 중요한 역할을 한다고 주장하며, 아동 발달 특성에 맞춘 교육 프로그램 개발의 중요성을 제시하였다. 이는 오늘날 아동 중심 교육의 이론적 토대가 되었다고 볼 수 있다.

스탠리 홀의 발달 단계 이론은 생물학적, 심리학적 성숙에 근거하여 인간 발달을 특정 시기로 나누는 데 중점을 둔다. 다음은 스탠리 홀이 정의한 주요 발달 단계다.

유아기(Infancy)
· 연령: 출생~약 4세

이 시기는 생리적 욕구 충족과 기본적인 감각운동 발달이 두드러지며, 아동은 주변 환경과의 상호작용을 통해 초기 학습을 시작하고 부모와의 애착 관계를 형성하면서 사회적, 정서적 발달의 기초를 다진다. 이러한 초기 경험은 아이의 인격 형성과 정서적 안정에 중요한 영향을 미치며, 이후 전반적인 발달 과정에도 큰 영향을 준다.

아동기(Childhood)

· 연령: 약 4~12세

이 시기의 아동은 빠르게 사회적 기술을 습득하며, 언어 발달과 함께 초기 논리적 사고 능력이 향상된다. 홀은 놀이가 아동 발달에서 핵심적인 역할을 한다고 강조하며, 놀이를 통해 아동이 협동, 경쟁, 문제 해결 등의 사회적 기술을 익히고 성장한다고 보았다.

청소년기(Adolescence)

· 연령: 약 12~18세

이 시기를 '폭풍과 스트레스의 시기'라고 명명하였으며, 이는 급격한 신체적 변화(사춘기), 정서적 불안정, 그리고 사회적 역할 탐색이 주요 특징으로 나타나는 시기이다. 청소년은 이 과정에서 자아 정체성을 확립하려고 노력하며, 도덕적·철학적 사고가 확장된다. 홀은 이러한 변화를 생물학적 성숙과 사회적 기대의 상호작용으로 설명하며, 청소년기의 발달이 개인의 성격과 가치관 형성에 중요한 영향을 미친다고 보았다.

성인기(Adulthood)

· 연령: 18세 이후

이 시기는 자아 정체성이 확립되고 사회적·직업적 책임을 맡는 시

심리학으로 읽는 아이의 마음

기로 정의된다. 홀은 성인기를 발달의 안정기로 간주하며, 이 시기의 주요 과제는 가족, 직업, 사회적 기여를 통해 자기 역할을 완성하는 것이라고 보았다. 이를 통해 개인은 자신의 정체성을 더욱 확고히 하며, 사회적 관계와 역할 수행을 통해 성숙한 삶을 구축해 나간다.

스탠리 홀의 발달 단계 이론은 생물학적 성숙을 강조하며, 청소년기의 독특한 발달적 특성을 체계적으로 연구한 점에서 현대 발달 심리학의 기초가 되었다. 특히, 그는 청소년기의 정체성 형성과 심리적 불안정성을 구체적으로 설명함으로써, 이후의 발달 단계 이론에 큰 영향을 미쳤다.

3) 장 피아제(Jean Piaget): 인지 발달 이론

장 피아제(Jean Piaget, 1896~1980)는 아동의 인지 발달을 연구하며 발달 심리학의 지평을 넓힌 학자로, 아동이 환경과 상호작용 하며 사고 과정을 점진적으로 발전시키는 방식을 체계적으로 설명했다. 그는 아동의 사고가 단순히 지식의 축적 결과가 아니라, 환경과의 상호작용을 통해 변화하고 발전한다고 보았다. 이를 토대로 피아제는 인지 발달 단계 이론을 제시하며, 아동 발달 과정을 이해하는 데 중요한 이론적 틀을 제공했다(Piaget, 1952).

피아제는 아동의 사고 과정이 성인의 사고와 질적으로 다르다고 주장하며, 이를 감각운동기(Sensorimotor Stage), 전조작기(Preoperational Stage), 구체적 조작기(Concrete Operational Stage), 형식적 조작기(Formal

Operational Stage)의 네 가지 주요 단계로 나누었다.

피아제는 아동이 자기 주도적 학습을 통해 세상을 탐구하며 인지 구조를 구성한다고 보았다. 예를 들어, 한 연구에서 그는 아동이 물리적 보존 개념을 이해하는 과정을 관찰하며, 아동이 이를 학습하는 데 시간이 필요하다는 점을 발견하였다. 그의 연구는 교육학에 큰 영향을 미쳐, 아동의 발달 수준에 맞춘 교수법 개발의 기초가 되었다. 특히, 놀이를 통한 학습과 탐구 중심의 교육 방식은 피아제 이론에 기반을 두고 있다.

4) 이들의 연구와 현대적 활용

다윈, 홀, 피아제의 연구는 아동 발달 연구의 토대를 마련하며, 현대 발달 심리학의 이론적 틀을 형성하였다. 다윈은 아동 발달에 대한 생물학적 접근을, 홀은 연령별 발달 특성과 데이터 수집의 중요성을, 피아제는 인지 발달의 구조적 과정을 제시하며 각자의 방식으로 아동 심리학의 발전에 기여하였다.

이들의 연구는 현재에도 아동 발달 이해와 실천적 응용에 중요한 참고 자료로 사용되고 있다. 예컨대, 피아제의 단계 이론은 아동 중심 교육 프로그램 설계의 기초로 활용되고 있으며, 홀의 연구는 청소년 상담 프로그램 개발에 기여하고 있다.

심리학으로 읽는 아이의 마음

4.
│ 아동 발달 연구의 현대적 접근 │

    현대 아동 심리학은 다양한 학문 분야의 융합적 접근 방식을 채택하여 아동 발달 과정을 보다 심층적으로 이해하고 있다. 이러한 접근법은 유전학, 신경과학, 환경심리학, 디지털 미디어와 같은 다양한 영역에서 아동 발달에 미치는 요인을 체계적으로 탐구한다. 이와 같은 다학문적 접근은 아동 발달 연구의 폭과 깊이를 확장하며, 새로운 도전 과제를 해결하는 데 기여한다.

1) 유전학 및 신경과학: 아동 발달의 생물학적 기초 탐구

    현대 아동 심리학은 유전학과 신경과학을 통해 아동 발달의 생물학적 기초를 심층적으로 탐구하고 있다. 유전학은 아동의 기질, 지능, 행동 특성이 유전적 요인과 밀접하게 연관되어 있음을 설명하며, 이러한 유전적 요인의 영향은 아동 발달 과정 전반에 걸쳐 나타난다. 예를 들어, 특정 유전자 변이가 아동의 학습 능력과 언어 발달에 중요한 영향을 미칠 수 있다는 연구 결과는 유전학적 요인의 실질적인 역할을 보여주는 사례다.

신경과학은 아동의 뇌 발달 과정을 분석하며, 뇌 구조와 기능이 행동과 학습에 어떤 영향을 미치는지 탐구한다. 예를 들어, MRI 연구는 유아기의 뇌 가소성이 아동이 새로운 기술을 배우고 환경에 적응하는 데 중요한 역할을 한다는 것을 보여주었다(Siegler, DeLoache & Eisenberg, 2003). 또한, 신경과학적 연구는 아동기 스트레스가 뇌의 편도체 및 전두엽 발달에 미치는 영향을 분석하여 정서 조절과 사회적 상호작용 능력과의 연관성을 밝히는 데 기여하고 있다.

2) 환경심리학: 사회적 맥락과 환경 요인의 영향 연구

환경심리학은 아동 발달이 단순히 개인의 내부적 요인에 의해 결정되는 것이 아니라, 주변 환경과의 상호작용에 의해 크게 영향을 받는다는 점을 강조한다(Bronfenbrenner, 1979). 아동의 가정 환경, 지역 사회, 문화적 맥락은 모두 발달 과정에서 중요한 역할을 한다.

예를 들어, 저소득층 가정의 아동은 학습 자원 부족, 스트레스, 건강 문제 등의 환경적 요인으로 인해 발달 과정에서 특정 영역(신체적, 인지적, 정서적, 사회적 등)에 어려움이나 장애를 경험할 가능성이 높다. 그러나 긍정적인 사회적 지원이나 프로그램은 이러한 위험 요소를 완화할 수 있다. 한 연구에서는 지역 사회의 놀이 공간과 같은 물리적 환경이 아

심리학으로 읽는 아이의 마음

동의 신체적 활동성과 사회적 상호작용을 증진시키는 데 기여한다는 점을 보여주었다.

환경심리학적 접근은 이러한 연구 결과를 바탕으로 정책 개발에 기여하고 있으며, 아동 친화적인 도시 설계, 교육 환경 개선, 그리고 가족 지원 프로그램의 중요성을 강조하고 있다.

3) 디지털 미디어와 기술: 학습, 상호작용, 정서 발달에 미치는 영향

현대 아동 심리학은 디지털 미디어와 기술이 아동 발달에 미치는 영향을 중요한 연구 주제로 다룬다. 디지털 미디어는 아동의 학습 기회를 확장하며, 특히 정보에 접근하는 방식과 학습 도구로서의 역할을 강조하고 있다. 예를 들어, 사용자와 시스템 또는 둘 이상의 주체 간에 실시간으로 정보나 행동이 교환되는 과정인 인터랙티브 학습 앱은 아동의 참여를 유도하고 능동적인 학습을 촉진하는 데 중요한 역할을 하여, 아동의 언어 및 수학적 사고 능력을 향상시키는 데 효과적이라는 연구 결과가 있다(Hirsh-Pasek, Golinkoff, Gray, Robb & Kaufman, 2015).

그러나 디지털 미디어의 과도한 사용은 신체적 건강 문제(예: 시력 저하), 정서적 불안, 그리고 사회적 기술 저하와 같은 부정적인 영향을 미칠 수 있다. 부적절한 콘텐츠에 대한 노출은 아동의 도덕적 가치관 형성에도 부정적인 영향을 줄 수 있다. 이를 예방하기 위해 부모와 교사는 아동 발달에 적합한 콘텐츠를 선택하고, 디지털 미디어 사용 시간을 체계적으로 관리해야 한다.

또한, 디지털 미디어가 아동의 정서 발달에 양면적인 영향을 미친다는 점을 강조한다. 예를 들어, 소셜 미디어는 아동이 친구와 소통하고 사회적 관계를 유지하는 데 도움을 줄 수 있지만, 사이버 괴롭힘이나 비교 문화는 부정적인 정서적 결과를 초래할 수 있다. 따라서, 디지털 미디어 리터러시 교육은 아동이 미디어를 비판적으로 이해하고 윤리적으로 활용할 수 있는 능력을 키우는 데 중요하다(노보람, 2022).

이와 같은 현대적 접근법은 아동 발달 연구의 폭과 깊이를 확장하며, 아동 발달에 대한 새로운 통찰을 제공하고 있다. 유전학 및 신경과학은 생물학적 기초를 탐구하는 데 기여하며, 환경심리학은 사회적 맥락과 환경의 중요성을 강조하고 있다. 또한, 디지털 미디어와 기술의 영향에 대한 연구는 아동 발달에서 현대적인 도전 과제를 해결하는 데 도움을 준다. 이러한 융합적 접근은 아동의 건강하고 균형 잡힌 발달을 지원하기 위한 이론적 및 실천적 기초를 제공하고 있다.

심리학으로 읽는 아이의 마음

제2장

발달의 이론적 기초

발달의 이론적 기초는 아동 발달을 체계적으로 이해하고 설명하기 위해 제안된 여러 이론들로 구성된다. 이 중에서 피아제, 비고츠키, 에릭슨의 발달 이론, 스키너와 왓슨의 행동주의 이론, 그리고 브론펜브레너의 생태학적 체계 이론은 발달 심리학의 핵심적 접근법으로 간주된다. 각 이론은 아동 발달의 다양한 측면을 강조하며, 이를 바탕으로 아동의 성장 과정과 그를 지원하는 환경을 이해할 수 있다.

1.
발달 이론: 피아제, 비고츠키, 에릭슨

피아제(Jean Piaget)는 아동의 인지 발달을 네 가지 단계로 구분하며, 각 단계가 사고의 질적 변화를 나타낸다고 주장했다. 그는 아동이 감각운동기, 전조작기, 구체적 조작기, 형식적 조작기를 거치며 환경과 상호작용을 통해 사고 구조를 발달시킨다고 보았다(Piaget, 1952). 비고츠키(Lev Vygotsky)는 아동 발달에서 사회적 상호작용과 문화적 맥락의 중요성을 강조하며, 발달이 성인이나 또래와의 협력을 통해 이루어진다고 주장했다. 그의 근접발달영역(Zone of Proximal Development, ZPD) 개념은 아동이 독립적으로 해결할 수 없는 과제를 도움을 통해 성공적으로 수행하며 발달한다고 설명한다(Penuel & Wertsch, 1995; Vygotsky, 1978). 에릭슨(Erik Erikson)은 심리사회적 발달 이론을 통해 인간의 생애를 8단계로 구분하고, 각 단계마다 독특한 심리사회적 과제가 있다고 주장했다. 이 이론들을 구체적으로 살펴보면 다음과 같다.

1) 피아제의 인지 발달 단계

피아제(Jean Piaget)는 아동의 사고 과정이 성인과 질적으로 다르다고 주장하며, 인지 발달 과정을 네 가지 주요 단계로 구분하였다. 각 단계는 특정 연령대에서 나타나는 사고의 특징과 능력을 설명하며, 아동이 환경과 상호작용 하면서 지식을 구성하는 방식에 중점을 둔다(Piaget, 1952).

감각운동기(Sensorimotor Stage)
· 출생부터 약 2세까지
· 주요 특징: 아동은 감각과 운동을 통해 세상을 이해한다. 이 단계에서 아동은 주변 환경과의 상호작용을 통해 기본적인 경험을 축적하고, '대상 영속성(Object Permanence)'을 습득한다. 대상 영속성이란 물체가 보이지 않아도 여전히 존재한다는 개념을 이해하는 것을 의미한다.
· 아기가 눈앞의 장난감을 담요로 덮어 가려도, 그 아래에 장난감이 있음을 알고 찾으려 한다.
· 부모가 장난감을 보여준 후 숨기면, 처음에는 장난감을 찾지 못하지만 시간이 지나며 숨긴 장소를 살피기 시작한다.
· 아기가 작은 공을 손으로 만지거나 던지는 행동을 반복하며 물체가 움직이는 방식을 배우는 과정에서 기본적인 물리적 원리를 체험한다.

전조작기(Preoperational Stage)
· 약 2세부터 7세까지

심리학으로 읽는 아이의 마음

· 주요 특징: 아동은 상징적 사고를 발달시키며, 언어 능력이 급격히 향상된다. 그러나 논리적 사고는 부족하며, '자기중심적 사고(Egocentrism)'를 보인다. 이는 다른 사람의 관점을 이해하는 데 어려움을 겪는 것을 의미한다. 또한, 아동은 보존 개념(Conservation)을 이해하지 못한다.

· 아동이 엄마에게 자신이 좋아하는 장난감을 선물하며, 엄마도 자신과 똑같은 것을 좋아할 것이라고 생각한다.

· 아동이 언어적으로 자신의 경험만 설명하며, 친구가 다르게 느낄 수 있다는 것을 이해하지 못한다. 예를 들어, 자신이 봤던 애니메이션을 이야기하며 친구도 이미 알고 있다고 가정한다.

· 아동이 두 개의 동일한 크기의 컵에 물을 담고, 한 컵의 물을 길고 좁은 잔에 옮겼을 때 물의 양이 다르다고 생각한다.

구체적 조작기(Concrete Operational Stage)

· 약 7세부터 11세까지

· 주요 특징: 아동은 논리적 사고와 문제 해결 능력을 발달시키며, 구체적인 사물과 상황에 대해 논리적으로 사고할 수 있다. 이 단계에서 아동은 '보존 개념(Conservation)'을 이해하며, 물리적 속성이 변하지 않는다는 것을 깨닫는다. 또한, 분류와 서열화와 같은 추론 능력도 발달한다.

· 아동이 물을 좁고 긴 잔에서 넓고 낮은 잔으로 옮겨도, 물의 양이 변하지 않는다는 것을 이해한다.

· 언어적으로 복잡한 문장 구조를 사용하여 설명하거나 이야기의 주제와 관련된 질문에 논리적으로 답변한다. 예를 들어, '왜 친구와 싸우

지 않는 것이 좋은가?'라는 질문에 구체적인 이유를 들어 답한다.
· 아동이 블록을 크기 순서대로 배열하거나, 동전 열 개를 두 줄로 나
  란히 늘어놓고 두 줄의 길이가 달라 보여도 동전의 수는 같다는 것
  을 이해한다.

형식적 조작기(Formal Operational Stage)

· 약 11세 이후
· 주요 특징: 아동은 추상적 사고와 가설적 문제 해결 능력을 발달시
  키며, 논리적이고 체계적으로 사고할 수 있다. 이 단계에서는 가설
  을 설정하고, 그 가능성을 시험하는 능력이 확립된다. 또한, 복잡한
  문제를 다각도로 분석하고 해결할 수 있다.
· 청소년이 '만약 지구상의 모든 사람이 갑자기 날 수 있게 된다면, 교
  통 체계는 어떻게 변할까?'라는 가설적 질문에 논리적으로 답변한다.
· 언어적 논증을 통해 자신의 주장을 뒷받침하거나, 토론에서 상대방
  의 관점을 이해하며 반박한다. 예를 들어, '왜 교육이 사회를 발전시
  키는 데 중요한가?'라는 질문에 구체적이고 논리적인 근거를 들어
  설명한다.
· 청소년이 '온도가 액체의 증발 속도에 어떻게 영향을 미칠까?'라는
  가설을 세우고, 다양한 조건에서 실험을 통해 이를 검증한다.

심리학으로 읽는 아이의 마음

2) 비고츠키의 근접발달영역(Zone of Proximal Development, ZPD)

근접발달영역(Zone of Proximal Development, ZPD)은 비고츠키(Lev Vygotsky)가 제안한 개념으로, 아동이 혼자서는 해결할 수 없지만, 성인이나 능숙한 또래의 도움을 받으면 성공적으로 해결할 수 있는 과제를 포함하는 학습을 지원하는 발달영역을 의미한다(Penuel & Wertsch, 1995; Vygotsky, 1978). 이 개념은 학습과 발달이 상호작용 하며, 사회적 상호작용을 통해 아동의 잠재력을 최대한 이끌어 낼 수 있다는 점을 강조한다(정옥분, 2002). ZPD는 학습이 두 가지 수준에서 이루어진다고 본다.

현재 발달 수준

현재 발달 수준(Current Developmental Level)은 아동이 스스로의 힘으로 해결할 수 있는 과제나 문제의 난이도를 의미한다(Penuel & Wertsch, 1995; Vygotsky, 1978). 이는 아동이 이미 학습하거나 숙달한 능력으로, 독립적으로 수행할 수 있는 모든 활동과 기술이 포함된다.

현재 발달 수준은 아동의 현재 상태를 평가하고, 이미 습득된 지식과 기술의 범위를 이해하는 데 중요한 역할을 한다. 이 수준은 아동의 기초적인 학습 능력을 보여주며, 이후 학습이나 발달을 위한 발판 역할을 한다.

· **독립적 수행:** 아동은 현재 발달 수준에서 과제를 해결하는 데 외부의 도움을 필요로 하지 않는다. 예를 들면, 아동이 스스로 숫자를 세거나 간단한 문장을 읽을 수 있다면, 이는 현재 발달 수준에 해당한다.

· **기초 능력**: 현재 발달 수준은 아동의 기존 지식과 능력으로, 새로운 학습이나 도전에 대한 준비 상태를 나타낸다.

· **고착 가능성**: 학습 기회와 적절한 자극이 부족하면, 현재 발달 수준에 머물러 성장이 제한될 수 있다. 따라서 적절한 환경적 자극과 사회적 상호작용이 필요하다.

· 유아가 간단한 퍼즐을 혼자서 해결할 수 있다면, 이 퍼즐의 난이도는 해당 아동의 현재 발달 수준에 해당한다.

· 초등학생이 스스로 책을 읽고 줄거리를 이해한다면, 이는 현재 발달 수준에서 독립적으로 수행 가능한 과제의 예이다.

현재 발달 수준은 근접발달영역(ZPD)에서 중요한 요소로, 이 수준을 기반으로 새로운 학습 과제를 설계하고, 성인이나 또래의 지원을 통해 아동이 더 높은 수준으로 발달할 수 있도록 돕는다.

잠재적 발달 수준

잠재적 발달 수준(Potential Developmental Level)은 아동이 혼자서는 해결할 수 없지만, 성인이나 능숙한 또래의 지원을 통해 성공적으로 해결할 수 있는 과제나 문제의 수준을 의미한다(Penuel & Wertsch, 1995; Vygotsky, 1978). 이 개념은 학습이 사회적 상호작용을 통해 이루어질 때 아동이 도달할 수 있는 최고 수준의 발달 상태를 나타낸다. 성인이나 능숙한 또래가 제공하는 힌트나 단계적 지침과 같은 지원을 통해 아동은 이러한 과제를 점차 스스로 해결할 수 있는 능력으로 전환할 수 있다. 이는 아동의 학습 가능성을 반영하며, 적절한 도움을 통해 자율적 수행 능력을 향상시키는 중요한 과정이다.

심리학으로 읽는 아이의 마음

- **사회적 상호작용의 중요성:** 잠재적 발달 수준은 아동이 성인이나 또래로부터 제공받는 도움(발판 제공, 스캐폴딩)을 통해 학습하고 성장할 수 있는 영역이다. 예를 들면, 교사가 단어를 설명하고 아동이 그 단어를 활용하여 문장을 만드는 과정을 지원하면, 이는 잠재적 발달 수준의 학습을 보여준다.
- **능력 확장:** 이 수준은 현재 발달 수준을 넘어서는 과제를 포함하며, 아동이 새로운 지식을 습득하고 문제 해결 능력을 확장하는 기회를 제공한다.
- **학습과 발달의 연계:** 잠재적 발달 수준은 학습이 발달을 이끈다는 비고츠키의 주요 관점을 뒷받침하며, 아동의 학습 과정이 단순히 현재 상태를 반영하는 것을 넘어, 성장과 발달을 촉진할 수 있음을 보여준다.
- **지원의 필요성:** 성인이나 능숙한 또래의 구체적이고 단계적인 지도가 필요하며, 이러한 지원은 아동이 점차 독립적으로 해당 과제를 수행할 수 있도록 돕는다.
- **수학 문제 해결:** 초등학생이 혼자서는 풀기 어려운 분수 계산 문제를 교사의 도움을 받아 단계적으로 해결한다.

ZPD는 이 두 수준 사이의 간격에 해당하며, 학습과 발달이 가장 활발히 이루어지는 영역으로 간주된다. 교사나 부모가 적절한 도움(스캐폴딩)을 제공하면, 아동은 더 높은 수준의 과제를 수행하고 새로운 능력을 습득할 수 있다. 예를 들어 살펴보면 다음과 같다.

- **읽기 학습:** 단어를 읽으려 하지만, 혼자서는 특정 단어의 발음을 이

해하지 못한다. 교사가 그 단어를 천천히 소리 내어 읽거나, 발음하는 방법을 단계적으로 알려주면, 아동은 이를 따라 하며 단어를 읽는 법을 익힌다. 이후, 이 도움 없이도 같은 단어를 스스로 읽을 수 있게 된다. 이 과정에서 아동이 성인의 도움을 받으면서 학습했던 것이 ZPD의 영역에 해당하며, 이후 혼자서 해낼 수 있는 능력으로 전환된다.

· **문제 해결:** 퍼즐을 맞추는 중에 특정 조각의 위치를 찾는 데 어려움을 겪는다. 또래 친구가 '이 조각을 가장자리에 놓아야 해'라고 말하며 힌트를 제공하면, 아동은 그 조언을 따라 퍼즐을 맞추는 데 성공한다. 이후에는 비슷한 퍼즐을 스스로 완성할 수 있게 되며, 이러한 경험을 통해 문제 해결 능력을 향상시킨다.

· **수학 문제 해결:** 교사가 덧셈 문제에서 숫자를 더 작은 단위로 나누어 계산하는 방법을 안내하거나, 분수 비교에서 시각적 도구를 사용해 개념을 설명함으로써 아동이 점차 스스로 해결할 수 있는 능력을 갖추게 한다. 또한, 방정식 문제에서 질문과 힌트를 제공하며 문제 해결 과정을 단계적으로 지원하면, 아동은 복잡한 문제에도 논리적으로 접근하는 능력을 발달시킨다. 이러한 도움은 아동이 현재의 능력을 넘어서 더 높은 수준의 수학적 사고를 형성하는 데 중요한 역할을 한다.

잠재적 발달 수준은 근접발달영역(ZPD)의 핵심 개념으로, 학습과 발달의 동적 관계를 설명한다. 이를 통해 교육자는 아동의 현재 수준을 넘어, 적절한 지원과 도전을 제공함으로써 아동의 잠재력을 극대화할 수 있다. 이 개념은 개인화된 학습과 단계적 지원의 중요성을 강조하

심리학으로 읽는 아이의 마음

며, 효과적인 교수법과 학습 환경 설계에 중요한 이론적 기반을 제공한다.

3) 에릭슨의 심리사회적 발달 이론

에릭 에릭슨(Erik Erikson)은 심리사회적 발달 이론을 통해 인간 발달을 8단계로 구분하며, 각 단계마다 특정 심리사회적 과제가 존재한다고 주장하였다. 성공적으로 해결된 과제는 긍정적인 심리적 성장을 촉진하며, 실패한 과제는 이후 발달에 부정적인 영향을 미칠 수 있다(Erikson, 1963). 각 단계는 생애 전반에 걸쳐 일어나며, 사회적 환경과 상호작용 속에서 개인의 정체성이 형성된다고 본다.

신뢰 대 불신(Trust vs. Mistrust): 출생부터 약 1세까지
· 이 단계에서 아동은 기본적인 신뢰감을 형성하게 된다. 양육자가 일관성 있게 보살피고 정서적 지원을 제공하면, 아동은 세상을 신뢰할 수 있는 안전한 곳으로 인식하게 된다. 반대로, 양육자가 신뢰감을 형성하지 못할 경우 아동은 세상을 불신하며 불안정한 애착을 형성할 가능성이 높다.
· 아기가 울 때 부모가 즉각적으로 반응하여 먹이거나 안아줄 경우, 아기는 세상과 양육자에 대한 신뢰를 형성한다. 반대로, 아기의 요구가 지속적으로 무시되면 불신이 형성될 수 있다.

자율성 대 수치심(Autonomy vs. Shame and Doubt): 약 1~3세까지

· 이 단계에서 아동은 스스로 행동하려는 자율성을 발달시킨다. 부모가 격려하고 실패를 허용하면 아동은 자신감을 갖게 된다. 그러나 과도하게 통제하거나 비난하면 아동은 수치심과 의심을 느낄 수 있다.

· 아동이 스스로 옷을 입으려 할 때 부모가 이를 격려하면 자율성이 발달한다. 반대로, '너는 못 해'라고 비난하거나 방해하면 수치심을 느끼게 된다.

주도성 대 죄책감(Initiative vs. Guilt): 약 3~6세까지

· 이 단계에서 아동은 새로운 활동을 시도하고 목표를 설정하는 주도성을 발달시킨다. 부모나 교사가 아동의 주도성을 지원하면, 아동은 자신감을 느끼며 창의력을 발휘한다. 반면, 지나치게 비난받거나 방해받으면 죄책감을 느낄 수 있다.

· 아동이 그림을 그리거나 역할 놀이를 하려 할 때 이를 격려하면 주도성이 발달한다. 그러나 '네가 하는 일은 다 엉망이야'라는 말을 들으면 죄책감이 형성될 수 있다.

근면성 대 열등감(Industry vs. Inferiority): 약 6~12세까지

· 이 단계에서 아동은 기술을 배우고, 학업이나 과제를 수행하며 자신감을 발달시킨다. 성취를 경험하면 근면성이 발달하지만, 실패 경험이 반복되거나 비난받으면 열등감을 느낄 수 있다.

· 아동이 학교에서 수학 문제를 풀거나, 스포츠 경기에 참여해 성취를 경험하면 근면성이 형성된다. 반대로, 실패할 때마다 '너는 왜 이것도 못 하니?'라는 말을 들으면 열등감이 발달한다.

심리학으로 읽는 아이의 마음

정체성 대 역할 혼란(Identity vs. Role Confusion): 약 12~18세까지

· 이 단계에서 청소년은 자신의 정체성을 탐색하며, 사회적 역할과 목표를 설정하려 한다. 정체성을 성공적으로 형성하면 자신에 대한 확신을 가지지만, 실패하면 역할 혼란을 겪게 된다.

· 청소년이 여러 활동을 시도하며 자신의 흥미를 탐구하고 지원받으면 정체성을 형성한다. 반대로, 부모나 사회가 지나치게 억압하거나 부정적인 피드백을 줄 경우 역할 혼란이 발생한다.

친밀감 대 고립(Intimacy vs. Isolation): 약 20~40세까지

· 성인(초기 성인기)이 다른 사람과 친밀한 관계를 형성하고, 정서적으로 연결될 수 있는 능력을 발달시킨다. 성공적으로 친밀감을 형성하면 만족스러운 대인 관계를 가지지만, 실패하면 고립감을 느낄 수 있다.

· 친구나 연인과 깊은 신뢰 관계를 형성할 때 친밀감이 발달한다. 반대로, 과거의 상처로 인해 관계를 회피하면 고립감을 경험할 수 있다.

생산성 대 침체감(Generativity vs. Stagnation): 약 40~65세까지

· 중년기에 개인은 다음 세대에 기여하고자 하는 욕구를 느낀다. 이를 통해 생산성을 발달시키지만, 자신의 삶이 의미 없다고 느끼면 침체감을 경험할 수 있다.

· 직장에서의 성취나 자녀 양육을 통해 보람을 느끼면 생산성이 발달한다. 반대로, 성취감 없이 반복적인 삶을 살 경우 침체감을 경험한다.

자아통합 대 절망(Integrity vs. Despair): 약 65세 이후(노년기)

· 개인은 자신의 삶을 돌아보며, 만족과 통합감을 느끼거나, 후회와

절망을 경험할 수 있다. 성공적으로 통합감을 느낀다면 죽음도 자연스러운 삶의 일부로 받아들인다.

· 자신의 삶을 긍정적으로 평가하며, '내 삶은 가치 있었다'고 느끼면 자아통합이 이루어진다. 반대로, '내 삶은 후회와 실패로 가득 차 있다'고 느끼면 절망감을 경험할 수 있다.

심리학으로 읽는 아이의 마음

2.
행동주의 이론: 스키너, 파블로프, 왓슨

1) 스키너의 조작적 조건화(Operant Conditioning)

스키너(B.F. Skinner)는 아동의 행동이 환경적 자극과 강화의 결과로 형성된다고 주장하며, 조작적 조건화(Operant Conditioning) 이론을 발전시켰다. 그는 행동이 결과에 의해 학습되고 조절된다는 개념을 중심으로 행동이 강화(긍정적인 결과)에 의해 유지되거나 처벌(부정적인 결과)에 의해 감소될 수 있다고 설명했다(Skinner, 1957). 예를 들어, 부모가 아동의 올바른 행동을 칭찬하면, 아동은 그 행동을 반복하려는 경향을 보인다. 이 이론의 핵심은 행동과 그 결과 사이의 연관성으로, 이를 통해 행동을 조작하거나 수정할 수 있다는 것이다. 조작적 조건화는 주로 두 가지 주요 메커니즘, 즉 '강화(Reinforcement)'와 '처벌(Punishment)'로 구분된다. 조작적 조건화의 주요 개념은 다음과 같다.

(1) 강화(Reinforcement)

강화는 행동의 발생 가능성을 증가시키는 모든 결과를 의미한다.

정적 강화(Positive Reinforcement)

행동 뒤에 긍정적인 자극이 주어지면 해당 행동이 강화된다. 예를 들어, 아이가 숙제를 제시간에 제출했을 때 선생님이 칭찬하거나 스티커를 제공하면, 아이는 이후에도 숙제를 시간에 맞춰 제출하려는 동기가 강화된다. 이때 칭찬과 스티커는 행동을 강화하는 정적 강화 요소로 작용한다.

부적 강화(Negative Reinforcement)

행동 뒤에 부정적인 자극이 제거되면 해당 행동이 강화된다. 예를 들어, 학생이 시험공부를 열심히 해서 높은 점수를 받았을 때, 부모가 '이번 주말에는 집안일을 면제해 줄게'라고 말하며 부담을 덜어주면, 학생은 앞으로도 열심히 공부하려는 동기가 강화된다. 또 다른 사례로, 학생이 수업 시간에 올바른 자세로 앉아 있지 않을 때 교사가 반복적으로 지적하지만, 학생이 바르게 앉는 순간 지적을 멈춘다면, 지적을 피하기 위해 올바른 자세로 앉으려는 행동이 강화될 수 있다. 이처럼 부정적 자극의 제거는 부적 강화의 역할을 한다.

(2) 처벌(Punishment)

처벌은 행동의 발생 가능성을 감소시키는 모든 결과를 의미한다.

심리학으로 읽는 아이의 마음

정적 처벌(Positive Punishment)

행동 뒤에 부정적인 자극이 추가되면 해당 행동이 감소한다. 예를 들어, 아이가 친구의 장난감을 뺏는 행동을 했을 때, 부모가 '그건 친구에게 옳지 않은 행동이야'라고 엄하게 말하거나 장난감 놀이 시간을 줄인다면, 아이는 이러한 부정적 결과를 피하기 위해 친구의 장난감을 뺏는 행동을 줄이게 된다.

부적 처벌(Negative Punishment)

행동 뒤에 긍정적인 자극이 제거되면 해당 행동이 감소한다. 예를 들어, 아이가 동생을 때리는 행동을 했을 때 부모가 아이가 좋아하는 게임을 하루 동안 금지하면, 아이는 동생을 때리는 행동을 줄일 가능성이 높아진다. 또 다른 예로, 아이가 형제와 장난감을 두고 싸우는 경우, 부모가 장난감을 치워버리면 아이는 장난감을 잃는 부정적 결과로 인해 싸움을 줄이게 될 수 있다.

(3) 소거(Extinction)

행동 뒤의 강화가 제거되어 점차 그 행동이 사라지는 과정을 말한다. 예를 들어, 아이가 장난감을 사달라고 떼를 쓸 때, 부모가 평소에는 장난감을 사주며 아이의 행동을 강화했지만, 어느 순간부터 아이의 요구를 무시하기 시작했다고 가정하자. 시간이 지나 아이는 떼를 써도 장난감을 얻지 못한다는 것을 학습하고, 떼쓰는 행동이 점차 줄어들고 사라지게 된다.

또 다른 예로, 아이가 저녁 식사 중 부모의 관심을 끌기 위해 의도적으로 숟가락을 떨어뜨리는 행동을 반복했을 때, 부모가 더 이상 그 행동에 반응하지 않으면, 아이는 이 행동으로 관심을 얻을 수 없다는 것을 깨닫고 점차 숟가락을 떨어뜨리는 행동을 멈추게 된다.

(4) 강화 스케줄(Reinforcement Schedules)

강화는 일정한 간격으로 이루어질 수도 있고, 행동이 일어날 때마다 제공될 수도 있다.

간헐적 강화(Intermittent Reinforcement)

행동이 발생할 때마다 강화하지 않고, 일정한 간격이나 기준에 따라 선택적으로 강화하는 방법을 간헐적 강화라고 한다. 이는 행동의 지속성을 높이고 안정적으로 유지하는 데 효과적인 방식이다.

간헐적 강화 유형

· **고정 비율 강화**(Fixed Ratio, FR)**:** 특정 횟수의 행동 뒤에 강화가 주어지는 방식이다. 예를 들어, 학생이 숙제를 5번 완료할 때마다 칭찬이나 보상을 받는 경우가 이에 해당한다(예: 커피 10잔 구매 시 1잔 무료로 제공하는 스탬프 카드).

· **변동 비율 강화**(Variable Ratio, VR)**:** 강화가 주어지는 행동의 횟수가 불규칙한 방식이다. 예를 들어, 슬롯머신에서 일정하지 않은 횟수로 당첨이 발생하는 상황은 변동 비율 강화의 대표적인 예다(예: 언제 당첨될지 모르는 슬롯머신, 복권, 소셜 미디어 '좋아요').

· **고정 간격 강화**(Fixed Interval, FI)**:** 일정한 시간이 지난 후 행동이 발생

심리학으로 읽는 아이의 마음

하년 강화가 주어지는 방식이다. 예를 들어, 매주 금요일마다 숙제를 성실히 완료한 학생에게 칭찬을 제공하는 경우가 이에 해당한다(예: 매월 말에 지급되는 월급, 매주 특정 요일에 출석한 학생에게 보너스 점수 지급).

· **변동 간격 강화**(Variable Interval, VI)**:** 강화가 주어지는 시간이 불규칙한 방식이다. 예를 들어, 선생님이 교실을 무작위로 돌아다니며 과제를 열심히 하는 학생을 칭찬하는 경우를 들 수 있다(예: 언제 시험이 있을지 모르는 랜덤 퀴즈, 상사의 갑작스러운 방문).

(5) 스키너 상자(Box) 실험

스키너 상자(Skinner Box)는 스키너가 행동주의 심리학 연구에서 조작적 조건화를 실험하기 위해 고안한 도구이다(Skinner, 1957). 이 실험 장치는 동물이 특정 행동(예: 레버를 누르는 행동)을 학습하는 과정을 관찰하고 강화와 처벌의 영향을 연구하기 위해 설계되었다.

구체적인 실험 과정

스키너 상자는 쥐나 비둘기와 같은 동물을 대상으로 실험을 진행하기 위해 설계된 장치로, 내부에는 동물이 행동을 수행할 수 있는 레버 또는 버튼, 행동에 따른 보상을 제공하는 먹이 투입구, 그리고 선택적으로 처벌을 제공할 수 있는 전기 충격 장치 등이 포함되어 있다.

· **레버 또는 버튼:** 동물이 행동을 수행할 수 있는 도구
· **먹이 투입구:** 동물이 정해진 행동을 수행했을 때 먹이가 제공되는 보상 시스템

· **전기 충격 장치**(선택적): 특정 조건에서 처벌을 제공하는 기능

실험 절차

· **강화**(보상) **실험:** 쥐를 스키너 상자에 넣고, 레버를 누르면 먹이가 나오도록 설정한다. 쥐는 처음에는 우연히 레버를 누르다가, 점차 행동과 보상 간의 관계를 학습하게 된다. 이후, 쥐는 먹이를 얻기 위해 반복적으로 레버를 누르는 행동을 수행한다.

· **처벌 실험:** 레버를 누르면 약한 전기 충격이 주어지도록 설정한다. 쥐는 레버를 누르는 행동이 부정적인 결과를 초래한다는 것을 학습하고, 행동을 줄이거나 멈춘다.

강화 스케줄의 효과

스키너는 행동이 강화되는 빈도와 시간 간격에 따라 학습 속도와 지속성이 어떻게 달라지는지 연구하기 위해 강화 스케줄을 적용했다.

· **고정 비율 강화**(Fixed Ratio): 일정 횟수의 행동 후 보상을 제공

  – **특징:** 일정한 횟수의 행동 후 보상 제공

  – **행동 패턴:** 보상이 주어진 후 잠시 멈춘 후 다시 행동하는 경향(계단형 반응)

  – **예시 실험:** 쥐가 레버를 5번 누르면 음식 제공(FR-5)

  – **일반적 효과:** 보상을 받을 때까지 빠르게 반응하지만, 보상을 받은 후에는 반응 속도가 잠시 느려짐

· **변동 비율 강화**(Variable Ratio): 불규칙한 행동 횟수 후 보상을 제공

  – **특징:** 무작위 횟수의 행동 후 보상 제공

심리학으로 읽는 아이의 마음

- **행동 패턴:** 가장 높은 반응률을 보이며, 행동을 지속하는 경향
- **예시 실험:** 쥐가 레버를 3~7번 누르면 랜덤하게 음식 제공
- **일반적 효과:** 보상이 언제 주어질지 모르므로 끊임없이 행동 유지
  (가장 강한 행동 유지 효과)

· **고정 간격 강화**(Fixed Interval): 일정 시간 간격 후 행동에 보상을 제공
- **특징:** 일정한 시간 간격이 지나야 보상 제공
- **행동 패턴:** 시간이 다가올수록 행동 빈도가 증가하는 경향
- **예시 실험:** 30초마다 레버를 누르면 음식 제공(FI-30초)
- **일반적 효과:** 보상이 주어지는 시간에 맞춰 반응 증가(시간 다가올 때 행동 급증)

· **변동 간격 강화**(Variable Interval): 불규칙한 시간 간격 후 행동에 보상을 제공
- **특징:** 무작위 시간 간격 후 보상 제공
- **행동 패턴:** 일정하고 지속적인 반응 유지
- **예시 실험:** 10~50초 사이의 랜덤한 시간 후 레버를 누르면 음식 제공
- **일반적 효과:** 변동 비율보다 반응률은 낮지만, 안정적인 행동 유지

스키너 상자 실험의 주요 발견

· **조작적 조건화 원리 확인:** 동물은 행동과 그 결과 간의 관계를 학습하며, 보상(강화) 또는 처벌에 의해 행동의 빈도가 증가하거나 감소한다는 것을 입증했다.
· **강화 스케줄의 중요성:** 강화가 주어지는 빈도와 간격에 따라 학습의 효율성과 행동의 지속성이 달라짐을 확인했다.

· **응용:** 스키너 상자의 원리는 교육(예: 학생의 학습 행동 강화), 동물 훈련, 조직 관리 및 행동 수정 프로그램에 실질적으로 적용되고 있다.

스키너 상자 실험의 응용 예시

· **교육에서의 활용:** 아동이 매일 숙제를 시간 내에 완성할 때마다 스티커를 받는다고 가정하자. 스티커를 여러 개 모으면 좋아하는 장난감을 받을 수 있는 보상이 제공된다. 이 과정에서 스티커는 강화물로 작용하며, 아동은 숙제를 제시간에 완성하려는 동기가 강화된다.
· **행동 교정:** 아이가 손을 씻을 때마다 부모가 '정말 잘했어, 깨끗하게 손 씻었구나'라고 칭찬하거나 작은 보상을 제공한다면, 아이는 손 씻는 습관을 꾸준히 유지하려는 동기가 생긴다.

스키너 상자(Skinner Box) 실험은 행동주의 심리학의 핵심 연구로, 행동이 환경적 자극과 그 결과(보상이나 처벌)에 의해 어떻게 형성되고 변화하는지를 탐구한 실험이다(Skinner, 1957). 스키너는 행동이 내적 동기보다 외부 환경의 영향을 받는다고 주장하며, 동물이 특정 행동(예: 레버 누르기)을 했을 때 보상(먹이)이나 처벌(전기 자극)이 주어지는 과정을 관찰했다. 이 실험은 '조작적 조건화(Operant Conditioning)'의 원리를 입증하며, 행동이 환경의 결과에 의해 강화되거나 감소된다는 점을 보여주었다. 이 연구는 교육, 치료, 훈련 등 다양한 분야에서 적용되며, 행동 변화와 환경적 요인의 중요성을 강조한 행동주의 심리학의 기반을 마련했다.

심리학으로 읽는 아이의 마음

조작적 조건화의 활용

조작적 조건화는 교육, 부모의 양육, 조직 관리 등 다양한 분야에서 활용되어 행동을 강화하거나 수정하는 데 효과적인 방법으로 입증되었다.

예를 들어, 교육 현장에서 교사가 학생이 숙제를 제시간에 제출했을 때 칭찬이나 스티커 보상을 제공하면, 학생은 긍정적 결과를 기대하며 숙제 제출 행동을 반복하게 된다. 또한, 가정에서 부모가 아이가 장난감을 정리한 후 아이가 좋아하는 간식을 제공하면, 아이는 스스로 정리하는 습관을 형성하게 된다.

조작적 조건화는 아동 양육 현장에서 특히 효과적으로 활용되며, 학습 행동을 강화하고 문제 행동을 감소시키는 데 기여하는 연구로 평가된다. 이 접근법은 아동의 긍정적인 행동을 지속적으로 강화하고, 잘못된 행동을 줄이는 데 과학적으로 뒷받침된 방법을 제공한다.

2) 파블로프의 고전적 조건화(Classical Conditioning)

이반 파블로프(Ivan Pavlov)는 학습의 기본 원리를 설명하기 위해 '고전적 조건화(Classical Conditioning)'라는 개념을 제시한 러시아의 생리학자이다. 그의 연구는 학습이 자극과 반응 간의 연합을 통해 이루어진다는 점을 과학적으로 입증하며, 심리학의 학습 이론 발전에 기여한 선구적인 업적이다.

(1) 고전적 조건화의 원리

고전적 조건화는 학습이 특정 자극(Stimulus)과 반응(Response)의 연합을 통해 이루어진다는 것을 보여준다. 파블로프는 학습이 본능적 반응(예: 침 분비, 두려움 등)을 유발하는 자극과 중립적 자극 간의 연합으로 이루어질 수 있음을 발견했다. 고전적 조건화의 구성 요소는 다음과 같다.

무조건 자극(Unconditioned Stimulus, UCS)

학습이 필요 없이 본능적으로 반응을 유발하는 자극을 의미한다. 예를 들어, 개에게 먹이를 보여주면 학습 없이도 자연스럽게 침을 흘리는 반응을 보인다. 이러한 자극은 항상 본능적인 반응을 유발한다는 점에서 '무조건적'이라고 불린다.

무조건 반응(Unconditioned Response, UCR)

무조건 자극(UCS)에 의해 자연스럽게 나타나는 본능적인 반응을 의미한다. 이는 학습이 필요 없는 행동으로, 예를 들어 개가 먹이를 보고 침을 흘리는 것이 해당된다. 먹이는 본능적으로 침을 흘리게 하는 자극이므로, 이 반응은 학습되지 않은 자연스러운 반응이다. 무조건 반응은 항상 무조건 자극(UCS)에 의해 유발된다.

중립 자극(Neutral Stimulus, NS)

학습 이전에는 특정 반응을 유발하지 않는 자극을 의미한다. 예를 들어, 개에게 종소리를 들려주었을 때 초기에는 침을 흘리는 반응을 일으키지 않는다. 중립 자극은 학습(조건화) 과정을 통해서만 특정 반응

심리학으로 읽는 아이의 마음

을 유도할 수 있으며, 학습 이전까지는 아무런 의미를 가지지 않는다.

조건 자극(Conditioned Stimulus, CS)

조건 자극(Conditioned Stimulus, CS)은 학습을 통해 새로운 반응을 유발하도록 변한 자극을 의미한다. 중립 자극(NS)과 무조건 자극(UCS)을 반복적으로 함께 제시하면, 중립 자극이 조건 자극으로 바뀐다. 예를 들어, 개에게 반복적으로 종소리(NS)를 들려준 뒤 먹이(UCS)를 제공하면, 시간이 지나 개는 종소리만 듣고도 침을 흘리게 된다. 이때 종소리는 조건 자극(CS)으로 작용한다. 조건 자극은 학습 과정을 통해 의미를 가지게 되며, 이전에는 반응을 유발하지 못했던 자극이 새로운 반응을 이끌어 낼 수 있게 되는 것이다.

조건 반응(Conditioned Response, CR)

조건 자극(Conditioned Stimulus, CS)에 의해 유발된 학습된 반응을 의미한다. 예를 들어, 개가 종소리(CS)를 듣고 침을 흘리는 행동은 조건 반응에 해당한다. 조건 반응은 조건 자극을 통해 나타나는 학습된 행동이며, 이는 반복적인 학습 과정의 결과로 형성된다.

(2) 개와 침 분비 실험

파블로프는 자신의 연구에서 개의 침 분비 반응을 관찰하며 자극과 반응 간의 연합 과정을 실험적으로 입증했다. 실험 과정은 다음과 같다.

1단계: 기본 반응 확인(학습 이전 상태)

조건화 이전에 자극과 반응이 어떻게 연결되어 있는지를 확인하기 위해 기본적인 관계를 관찰한다.

· 먹이(UCS)를 보여주면, 개는 자동으로 침을 흘리는 반응(UCR)을 보인다.
· 종소리(NS)를 단독으로 들려줄 때는, 개가 아무 반응도 하지 않는다.
· 결론: 먹이는 본능적으로 반응을 유발하는 무조건 자극이며, 종소리는 학습 이전에는 의미를 가지지 않는 중립 자극이다.

2단계: 조건화 과정(학습 진행 중)

· 중립 자극(NS)과 무조건 자극(UCS)을 연합하여 조건화를 이루는 것이다.

· 종소리(NS)와 먹이(UCS)를 동시에 제시하여 두 자극 간의 연합을 형성한다.
· 종소리가 울릴 때마다 먹이를 제공하여 종소리와 먹이 사이의 연관성을 학습하도록 한다.
· 개는 종소리가 먹이와 연관되어 있다는 사실을 점차 학습하게 된다.
· 결론: 종소리와 먹이를 반복적으로 함께 제시하면 종소리만으로도 침을 흘리는 반응을 유발할 수 있게 된다.

3단계: 조건화 완료(학습 결과 확인)

학습이 완료되었는지를 확인한다.

심리학으로 읽는 아이의 마음

· 먹이(UCS) 없이 종소리(CS)만 단독으로 들려준다.

· 개는 종소리만 듣고도 침을 흘리는 반응(CR)을 보인다.

· 결론: 종소리는 반복적인 조건화 과정을 통해 단순한 중립 자극에서 학습된 '조건 자극(CS)'으로 변화하였다. 이에 따라 개가 침을 흘리는 행동은 이제 학습된 '조건 반응(CR)'으로 나타나게 된다.

실험 결과, 중립 자극(NS)이 무조건 자극(UCS)과 반복적으로 연결되면서 조건 자극(CS)으로 변화하였다. 그 결과, 조건 자극(CS)은 무조건 자극 없이도 조건 반응(CR)을 유발할 수 있게 되었으며, 이는 자극과 반응 간의 연합이 형성된 것을 의미한다. 이 실험은 학습이 자극과 반응의 연합을 통해 이루어진다는 점을 과학적으로 증명하였다. 이해를 돕기 위해 비유하자면, 처음에는 아무 의미가 없던 종소리(NS)가 낯선 사람처럼 무의미했지만, 이 종소리가 먹이(UCS)와 반복적으로 연합되면서 점차 조건 자극(CS)으로 변했다. 마치 낯선 사람이 항상 선물을 들고 나타난다면, 나중에는 그 사람만 봐도 선물이 떠오르는 것과 같은 원리와 같다.

(3) 주요 기여와 심리학적 의의

· **자극-반응 연합 원리 제시:** 파블로프의 연구는 학습의 본질이 자극과 반응의 연합에 기반한다는 점을 실험적으로 입증하며, 행동주의 심리학의 기초를 제공했다.

· **심리학의 학습 이론 발전에 기여:** 고전적 조건화는 이후 왓슨(John Watson)의 행동주의 심리학과 스키너(B.F.)의 조작적 조건화 이론 등

다양한 학습 이론 발전에 영향을 미쳤다.
· **현대적 응용:** 심리 치료, 공포증 치료(예: 체계적 둔감화)와 같은 치료 기
  법의 기초를 형성
· **교육 분야:** 보상과 피드백의 효과를 활용한 학습 전략
· **광고 및 마케팅:** 브랜드와 긍정적 감정을 연합시키는 전략
· 아동이 병원에 갈 때마다 주사를 맞아 두려움을 느끼게 되는 경우,
  병원의 환경(중립 자극)이 공포(조건 반응)를 유발하게 되는 학습 과정이
  고전적 조건화로 설명될 수 있다.
· 특정 노래를 들을 때 행복했던 과거의 기억이 떠오르며 긍정적인 감
  정을 느끼는 것은, 노래(조건 자극)와 감정(조건 반응)의 연합 결과다.

3) 왓슨 행동주의(Behaviorism)

존 왓슨(John B. Watson)은 '아동은 환경의 산물이다'라는 명제를 바탕
으로 행동주의 심리학의 기초를 확립했다(Watson, 1924). 그는 파블로프
의 고전적 조건화 이론을 인간 행동에 적용하여, 인간의 행동이 환경
적 자극에 의해 형성된다고 주장했다. '꼬마 앨버트(Little Albert)' 실험을
통해 흰 쥐(중성 자극)에 대한 공포가 조건화 과정을 통해 학습될 수 있
음을 입증하며, 정서적 반응 또한 조건화될 수 있음을 보여주었다. 왓
슨은 심리학이 관찰 가능한 행동을 중심으로 연구되어야 한다고 강조
했으며, 그의 이론은 아동 학습과 행동 수정, 그리고 이후 행동 치료
및 학습 프로그램 설계의 기초를 마련했다.

심리학으로 읽는 아이의 마음

(1) 핵심 개념

심리학의 과학화

왓슨은 심리학을 과학적으로 연구하기 위해 관찰 가능한 행동에만 초점을 맞추어야 한다고 주장했다. 그는 내적 정신 과정을 다루는 심리학이 과학적 근거를 확보하기 어렵다고 보았다. 따라서, 심리학의 연구 대상을 행동으로 한정하고, **행동**과 환경 간의 관계를 분석했다.

학습의 기본 원리: 자극-반응(S-R) 연합

왓슨의 행동주의는 자극(Stimulus)과 반응(Response) 간의 연합을 학습의 기본 원리로 삼았다.

· 자극: 환경에서 발생하는 사건이나 상황
· 반응: 자극에 대해 유기체가 보이는 행동. 왓슨은 자극과 반응 간의 연합이 학습의 기초라고 주장하며, 모든 행동은 학습된 결과라고 보았다.

조건화의 중요성

왓슨은 행동이 학습을 통해 형성된다는 점을 증명하기 위해 고전적 조건화의 원리를 인간 행동에 적용했다.

· **'꼬마 앨버트**(Little Albert)**' 실험**: 왓슨은 흰 쥐(중립 자극)와 큰 소음(무조건 자극)을 반복적으로 함께 제시하여, 앨버트가 흰 쥐에 대해 두려움(조건 반응)을 느끼게 만들었다. 이를 통해 정서적 반응조차도 조건화

를 통해 학습될 수 있음을 입증했다.

행동은 환경에 의해 형성된다

왓슨은 인간의 모든 행동이 환경적 요인에 의해 결정된다고 보았다. 그는 '아동은 환경의 산물이다'라는 명제를 통해, 유전적 요인보다 환경적 자극이 행동 형성에 더 중요한 역할을 한다고 주장했다.

행동 수정과 응용

왓슨은 행동주의 원리가 교육, 치료, 그리고 부모의 양육 방식 등 다양한 분야에 응용될 수 있음을 강조했다. 그는 올바른 강화와 처벌을 통해 바람직한 행동을 유도하거나 문제 행동을 수정할 수 있다고 보았다.

정서적 반응의 학습 가능성

왓슨은 두려움, 분노, 기쁨과 같은 정서적 반응도 학습될 수 있다고 주장했다. 이를 통해 인간의 정서와 행동이 환경적 자극에 의해 변화될 수 있음을 증명했다.

행동의 일반화

왓슨은 학습된 반응이 특정 자극에만 한정되지 않고, 유사한 자극으로 일반화될 수 있음을 보여주었다. 예를 들어, 앨버트는 흰 쥐뿐만 아니라 흰 털 달린 모든 물체에 대해 두려움을 느꼈다.

왓슨의 행동주의는 인간 행동이 본능적이지 않고, 환경적 자극과 학습 과정을 통해 형성된다는 점을 강조했다. 그의 연구는 심리학의 과

심리학으로 읽는 아이의 마음

학화를 촉진했으며, 교육, 치료, 행동 수정과 같은 다양한 응용 분야에서 활용되고 있다.

(2) 꼬마 앨버트 실험(Little Albert Experiment)

왓슨은 정서적 반응도 조건화를 통해 학습될 수 있다는 것을 입증하기 위해 '꼬마 앨버트' 실험을 수행했다. 이 실험은 아동이 환경적 요인과 조건화 과정을 통해 두려움을 학습할 수 있음을 보여주었다.

기본 상태(Before Conditioning)

· **앨버트와 중립 자극**(NS): 실험 초기, 생후 11개월 된 아동인 앨버트는 하얀 쥐와 같은 중립적 자극(NS)에 대해 공포를 느끼지 않았다. 그는 쥐를 보고도 흥미로워하며 자연스럽게 다가갔다.

· **무조건 자극**(UCS)**과 무조건 반응**(UCR): 왓슨은 금속 막대를 망치로 치며 큰 소리(무조건 자극, UCS)를 만들어 냈다. 이 소리는 매우 크고 갑작스러워 앨버트는 본능적으로 공포와 울음(무조건 반응, UCR)을 보였다.

· 큰 소리를 들었을 때, 앨버트는 놀라며 울음을 터뜨렸다.

조건화 과정(During Conditioning)

· **중립 자극**(NS)**과 무조건 자극**(UCS)**의 연합**: 하얀 쥐(NS)를 보여주면서 큰 소리(UCS)를 동시에 들려주는 과정을 반복했다.

· 앨버트는 하얀 쥐를 볼 때마다 큰 소리가 날 것이라는 것을 예상하게 되었다.

· 이러한 반복적인 경험을 통해 하얀 쥐와 공포 반응이 연합되었다.

조건 형성 후(After Conditioning)

- **조건 자극(CS)과 조건 반응(CR)**: 조건화가 완료된 후, 하얀 쥐(CS)만 보더라도 앨버트는 공포 반응(CR)을 보였다. 이제는 큰 소리 없이도 하얀 쥐를 보는 것만으로 울음을 터뜨리고 두려워했다.
- **자극 일반화(Stimulus Generalization)**: 앨버트는 하얀 쥐뿐만 아니라 하얀 털이 있는 다른 물체(예: 토끼, 털모자, 솜)에 대해서도 공포 반응을 보였다. 이는 조건화된 반응이 유사한 자극으로 확장될 수 있음을 보여주는 사례이다.

실험 결과와 의의

- **정서적 반응의 학습 가능성**: 이 실험은 두려움과 같은 정서적 반응도 학습될 수 있음을 입증했다. 이는 정서가 본능적으로만 형성되는 것이 아니라 환경적 자극과 학습 과정을 통해 만들어질 수 있음을 보여준다.
- **환경적 자극의 영향**: 환경적 자극이 정서와 행동에 얼마나 강력한 영향을 미치는지 증명했다. 이는 행동 수정 및 학습 이론의 발전에 중요한 기초를 제공했다.

비판과 윤리적 논란

꼬마 앨버트 실험은 오늘날 윤리적 기준에서 볼 때 상당히 비윤리적이다.

- **아동의 복지 부족**: 실험은 앨버트의 공포를 의도적으로 유발했지만, 이후 조건 반응을 소거하거나 앨버트의 심리적 안정을 회복시키기 위한 조치를 취하지 않았다.

심리학으로 읽는 아이의 마음

- **연구 대상자의 권리 침해:** 실험 동의는 보호자를 통해 이루어졌으나, 앨버트 자신은 자신의 참여 여부를 선택할 권리가 없었다.
- **심리적 손상 가능성:** 실험은 아동에게 장기적인 공포 반응을 유발했을 가능성이 높으며, 이는 아동의 정신 건강에 부정적인 영향을 미칠 수 있다.

주요 기여: 심리학의 과학적 접근법 강화

그는 관찰 가능한 행동에 초점을 맞추어 인간 행동을 이해하려 했으며, 행동의 형성 과정에서 환경적 요인의 중요성을 강조했다.

- **심리학의 과학적 연구 기반 확립:** 왓슨은 행동을 실험적으로 분석하고, 환경적 자극과 행동 간의 관계를 체계적으로 설명했다.
- **학습 이론 발전:** 행동 수정 프로그램, 광고 심리학, 교육 심리학 등 다양한 분야에 응용되었다.
- **정서적 학습의 개념 제시:** 감정과 같은 정서적 반응도 학습과 조건화를 통해 형성될 수 있음을 입증했다.
- **아동의 공포증 치료:** 아동이 특정 자극(예: 동물)에 대해 두려움을 느끼는 경우, 체계적 둔감화 같은 행동 치료 기법을 통해 공포 반응을 수정할 수 있다(체계적 둔감화는 공포나 불안을 점진적으로 줄이는 행동 치료 기법으로, 이완 기법을 익히며, 불안 유발 자극에 점진적으로 노출되어 두려움을 감소시키는 방식).
- **광고 심리학:** 특정 제품이 긍정적인 감정(예: 행복, 성공)과 연합되도록 광고를 설계하여 소비자의 행동을 유도한다.

현대 심리학에서는 실험 참여자의 동의, 심리적 안정 보장, 그리고 피해 최소화와 같은 윤리적 기준이 확립되어 있다. 따라서 '꼬마 앨버트' 실험과 같은 연구는 현재 허용되지 않는다. 그럼에도 불구하고, 이 실험은 행동주의 이론과 학습 심리학의 발전에 중대한 기여를 했다는 점에서 역사적 가치를 인정받고 있다. '꼬마 앨버트' 실험은 인간의 정서가 환경적 요인과 조건화를 통해 학습될 수 있음을 입증하며, 행동주의 심리학 발전에 큰 영향을 미쳤다. 그러나 이러한 기여와 별개로, 실험의 윤리적 한계는 현대 심리학에서 여전히 중요한 논의 주제로 남아 있다.

3.
생태학적 접근: 브론펜브레너의
생태학적 체계 이론

유리 브론펜브레너(Urie Bronfenbrenner)는 아동 발달이 단순히 개인적 특성의 결과가 아니라, 환경적 체계와의 상호작용에 의해 형성된다고 주장하였다. 그는 인간 발달을 환경의 여러 층으로 구성된 체계적 구조로 설명하며, 이를 다섯 가지 체계로 구분했다(Bronfenbrenner, 1979). 이 이론은 각 체계가 서로 상호작용 하며 아동 발달에 영향을 미친다는 점을 강조한다.

미시체계(Microsystem)

미시체계는 아동이 직접적으로 상호작용 하는 가장 가까운 환경이다. 여기에는 가족, 학교, 또래 친구, 지역 사회 등이 포함된다. 이 체계는 아동 발달에 가장 즉각적이고 강력한 영향을 미치며, 긍정적 또는 부정적 상호작용이 아동의 발달에 직접적인 영향을 준다.

· **가족:** 부모와의 따뜻한 상호작용은 아동의 정서적 안정과 자존감 형
성에 도움을 준다. 예를 들어, 부모가 아동을 칭찬하고 격려하면 아
동은 긍정적인 자아 개념을 형성하게 된다.
· **학교:** 교사가 아동의 질문에 관심을 갖고 대답해 주는 행동은 아동
의 학습 동기와 사회적 기술 발달을 촉진한다.

중간체계(Mesosystem)

중간체계는 미시체계 간의 상호작용을 의미하며, 아동이 간접적으
로 영향을 받는 환경적 관계를 다룬다. 부모와 교사의 협력이나 가족
과 지역 사회의 상호작용이 이 체계에 해당한다. 또한, 중간체계는 미
시체계 간의 관계가 긍정적일 때, 아동 발달에 더 큰 시너지 효과를 가
져온다.

· 부모가 교사와 정기적으로 소통하며 아이의 학습 상황을 공유하고
협력하면, 아동의 학업 성취도가 향상된다.
· 친구의 부모와 원활한 관계를 맺으면, 아동은 더 많은 놀이 기회를
얻고 사회적 기술을 발전시킬 수 있다.

외체계(Exosystem)

외체계는 아동이 직접적으로 참여하지는 않지만, 간접적으로 아동
에게 영향을 미치는 환경을 의미한다. 이 체계는 부모의 직장, 지역 사
회의 자원, 미디어 환경 등을 포함한다.

· 부모의 직장이 안정적이고 유연한 근무 조건을 제공하면, 부모는 자

심리학으로 읽는 아이의 마음

녀와 더 많은 시간을 보낼 수 있어 아동의 정서적 안정에 긍정적으로 작용한다.
· 지역 사회에서 제공하는 아동 돌봄 센터나 공공 도서관과 같은 자원은 아동의 학습 및 사회적 경험을 확장하는 데 도움을 준다.

거시체계(Macrosystem)

거시체계는 아동이 속한 문화적, 사회적 가치, 법적 시스템, 경제적 구조를 포함한다. 이는 아동 발달에 대한 사회적 틀을 제공하며, 각 개인의 신념, 행동, 생활 방식을 형성한다. 또한, 환경적 요소의 가장 광범위한 영향을 제공하며, 아동 발달의 전반적인 틀을 형성한다.

· **문화적 가치:** 아동 중심의 교육 철학을 강조하는 문화에서는 학교가 아동의 창의성과 비판적 사고를 더 적극적으로 지원할 가능성이 크다.
· **사회적 규범:** 남녀 평등을 중요시하는 사회에서는 여아와 남아 모두 평등한 기회를 제공받아 교육과 직업 선택에서 차별을 경험하지 않는다.

시간체계(Chronosystem)

시간체계는 아동 발달에 영향을 미치는 환경적 사건이나 변화가 시간에 따라 어떻게 나타나는지를 설명한다. 이 체계는 개인적 사건(예: 부모의 이혼)과 사회적 변화(예: 기술 발전) 모두를 포함한다.

· 부모의 이혼이 아동의 발달 과정에서 단기적으로 정서적 충격을 주지만, 시간이 지나면서 적응하고 안정감을 회복할 수 있다.

· 인터넷과 디지털 기술의 발달은 아동의 학습 및 사회적 상호작용 방식을 크게 변화시켰다.

브론펜브레너의 생태학적 체계 이론은 아동 발달 연구뿐만 아니라 교육, 사회복지, 정책 개발 등 다양한 분야에서 활용되고 있다.

· **교육:** 가정, 학교, 지역 사회 간의 협력을 통해 아동의 전인적 발달을 지원하는 프로그램이 설계된다.
· **사회복지:** 지역 자원을 활용한 사회적 지원 프로그램(예: 아동 돌봄 서비스, 멘토링 프로그램)을 통해 취약 계층 아동의 발달을 돕는다.
· **정책:** 아동 친화적 환경 조성을 위한 법적, 제도적 기반 마련에 기여한다.

브론펜브레너의 이론은 아동 발달이 개인과 환경의 상호작용 속에서 이루어진다는 점을 강조하며, 아동이 속한 환경을 통합적으로 이해하는 데 중요한 틀을 제공한다.

심리학으로 읽는 아이의 마음

제3장

신체적 발달

신체적 발달은 아동의 전반적인 성장과 기능적 능력을 향상시키는 중요한 과정으로, 신경계와 두뇌의 발달, 운동 발달, 유전과 환경의 상호작용이라는 세 가지 주요 영역으로 나누어 설명할 수 있다. 각 영역은 서로 밀접하게 연관되어 아동의 인지적, 정서적, 사회적 발달에도 영향을 미친다.

1.
| 신경계와 두뇌 발달 |

신경계와 두뇌 발달은 아동기의 학습과 적응 능력의 기초를 형성하며, 발달 과정은 유전적 요인과 환경적 자극의 상호작용에 의해 결정된다(Siegler, DeLoache & Eisenberg, 2003). 뉴런의 시냅스 연결은 출생 후 급격히 증가하며, 초기 경험이 시냅스의 강화를 결정짓는다. 또한, 특정 영역의 두뇌 발달 시기에 따라 언어, 운동, 정서적 조절 능력이 강화된다.

· 아동이 생후 6개월에 처음으로 웃는 행동은 시각 및 정서적 반응과 관련된 신경 회로의 발달을 반영한다.
· 유아가 주변 소리를 모방해 첫 단어를 말할 때, 이는 뇌의 언어 영역(브로카와 베르니케 영역)의 성장이 반영된 결과이다.

두뇌의 특정 영역은 경험 의존적 발달을 통해 더욱 정교해지며, 환경적 자극이 두뇌 가소성(Plasticity)에 중요한 역할을 한다. 따라서 긍정적 환경은 신경계 발달을 촉진하지만, 부정적 환경(예: 스트레스, 학대)은 발달을 저해할 수 있다.

1) 뉴런의 시냅스 연결과 아동 발달

뉴런의 시냅스 연결은 아동기의 신경계 발달에서 핵심적인 과정으로, 학습과 기억을 포함한 두뇌 기능의 기초를 형성한다. '시냅스 연결(Synaptogenesis)'은 뉴런 간의 정보 전달을 위한 연결이 형성되는 과정으로, 특히 태아기와 영유아기에 급격히 증가한다. 이 과정은 두뇌 발달의 유연성과 가소성(Plasticity)을 반영하며, 환경적 자극과 경험에 의해 크게 영향을 받는다(Siegler, DeLoache & Eisenberg, 2003).

2) 시냅스 연결의 주요 단계

우리 두뇌의 시냅스 연결 과정은 초기 생성, 가지치기, 마이엘린화라는 세 가지 주요 단계를 거쳐 이루어진다. 이 과정은 경험과 환경적 자극에 따라 조정되며, 아동의 두뇌 발달에서 핵심적인 역할을 한다.

(1) 초기 생성(Initial Overproduction)

출생 직후, 유아의 두뇌는 급격하게 성장하며 대량의 시냅스를 생성

심리학으로 읽는 아이의 마음

한다.

· **시냅스 형성:** 생후 첫해에 뉴런은 서로 연결되며, 시냅스의 수가 폭
발적으로 증가한다. 신생아의 뇌는 태어날 때 이미 대부분의 뉴런을
보유하고 있지만, 뉴런 간의 연결인 시냅스 형성(Synaptogenesis)은 출
생 후 급격히 증가한다. 특히, 생후 첫해는 시냅스가 가장 활발하게
형성되는 시기로, 뇌 발달의 중요한 전환점이 된다.

· **유아기의 두뇌 특징:** 생후 2~3세경에 시냅스 밀도가 최고치에 도달
하며, 이후 불필요한 시냅스는 시냅스 가지치기(Pruning) 과정을 통해
점차 제거된다. 이 시기의 시냅스 수는 성인보다 약 2배 많다고 보고
되었다. 이는 두뇌가 다양한 경험과 학습에 대비하기 위한 준비 과
정으로 해석될 수 있다.

· 생후 6개월경, 유아는 부모의 얼굴을 보고 미소를 짓는 행동을 학습
하며, 이 과정에서 관련된 시냅스가 활발하게 형성된다. 사회적 미
소(Social Smile)는 생후 6~8주경부터 나타나기 시작하며, 시간이 지
날수록 부모나 익숙한 얼굴에 대한 반응으로 더욱 강화된다. 이러
한 과정에서 시냅스가 활발히 형성되고 신경 연결이 강화되며, 이는
뇌의 발달에 중요한 역할을 한다. 특히, 사회적 상호작용은 전두엽
(Prefrontal Cortex), 변연계(Limbic System), 시각 피질(Visual Cortex) 등 다양
한 뇌 영역의 발달과 밀접하게 연결되어 있다.

(2) 시냅스 가지치기(Synaptic Pruning)

이후 사용되지 않는 시냅스는 점차 제거되기 시작하며, 이 과정은

어린 시절부터 청소년기까지 지속된다. 시냅스 가지치기(Pruning)는 두뇌가 보다 효율적으로 작동할 수 있도록 불필요한 시냅스를 정리하는 중요한 과정이다.

· **사용과 제거:** 자주 사용되는 시냅스는 강화되고, 사용되지 않는 시냅스는 제거된다.
· **효율성 증가:** 이 과정은 두뇌의 구조를 단순화하고 신호 전달의 효율성을 높이며, 환경적 경험에 따라 두뇌가 최적화되는 '사용—종속적 발달'을 반영한다.
· 아동이 언어를 학습할 때, 자주 사용되는 언어와 관련된 시냅스는 유지되고, 사용하지 않는 언어와 관련된 시냅스는 줄어든다. 예를 들어, 영어를 사용하는 아동은 영어 발음에 관련된 시냅스가 강화되지만, 다른 언어 발음과 관련된 시냅스는 점차 줄어든다. 또 다른 예로는 유아는 처음에는 손으로 물체를 만지거나 입에 넣어보는 방식으로 탐색하지만, 성장하면서 점차 시각과 인지 능력을 활용해 사물을 분석하는 능력이 발달한다. 만 3세 무렵에는 퍼즐 맞추기와 같은 문제 해결 능력이 향상되며, 두뇌는 불필요한 감각 탐색 시냅스를 정리하고, 논리적 사고와 문제 해결을 위한 신경망을 더욱 강화한다.

(3) 마이엘린화(Myelination)

마이엘린화는 뉴런의 축삭(Axon)이 마이엘린이라는 물질로 둘러싸여 신경 신호 전달 속도를 증가시키는 과정이다.

심리학으로 읽는 아이의 마음

· **역할:** 신경 신호가 더 빠르고 정확하게 전달되며, 이로 인해 감각 및 운동 능력뿐만 아니라 고차원적 인지 기능이 발달한다.
· **발달 과정:** 이 과정은 신생아기부터 시작되며, 청소년기와 성인기까지 지속된다.
· 유아가 처음으로 걸음을 배우는 과정에서 마이엘린화가 진행되며, 근육 조절 능력이 점점 더 세밀하고 효율적으로 발달한다.

시냅스 연결은 두뇌 발달에서 매우 중요한 과정으로, 경험과 환경적 자극이 이 과정에 큰 영향을 미친다. 초기 생성은 두뇌의 잠재력을 준비하는 단계이고, 시냅스 가지치기는 두뇌를 효율적으로 만들며, 마이엘린화는 신호 전달을 최적화한다. 이러한 과정을 통해 아동은 감각, 운동, 인지 등 다양한 능력을 발달시킨다.

3) 시냅스 연결과 경험의 중요성

시냅스 연결은 '경험-기대적 발달(Experience-expectant Development)'과 '경험-의존적 발달(Experience-dependent Development)'의 두 가지 과정을 통해 환경적 자극과 상호작용 한다.

(1) 경험-기대적 발달

경험-기대적 발달은 특정 환경적 자극이 뇌의 발달과 기능에 필수적인 역할을 하는 과정을 설명하는 개념이다. 이 이론은 유전적으로 예정된 발달 과정이 환경적 자극에 의존한다는 점을 강조한다(Dornstein, 1985; Bornstein & Lamb, 2010).

결정적 시기(Critical Period)

· 경험-기대적 발달은 특정 시기에 필요한 환경적 자극이 주어질 때 정상적으로 이루어진다. 이 시기를 놓치면 해당 발달이 손상될 수 있다.

· 유아가 생후 몇 개월 동안 시각적 자극(빛, 물체)을 경험하지 못하면 시각 신경망이 제대로 형성되지 않아 시각 발달에 문제가 생긴다(Hubel & Wiesel, 1970).

유전과 환경의 상호작용

· 경험-기대적 발달은 유전적으로 예정된 발달 과정이 환경적 자극에 의해 실현된다는 것을 보여준다. 이 과정에서 유전자와 환경은 상호작용 하며 협력적으로 작용해 발달의 조화를 이루게 된다.

· 언어 발달은 유전적으로 뇌가 언어를 학습할 준비를 갖추고 있지만, 초기의 언어적 상호작용이 없다면 그 능력이 제한될 수 있다.

보편적 발달 과정

· 경험-기대적 발달은 모든 인간이 공통적으로 경험하는 발달 과정을 포함하며, 이는 일반적인 환경에서 자연스럽게 제공되는 시각, 언어, 청각 등의 자극에 의해 이루어진다.

심리학으로 읽는 아이의 마음

시각 발달

· 유아가 생후 초기에 빛과 사물을 경험하지 못하면 시각 신경망이 제
대로 발달하지 않는다. 예를 들어, 고양이 실험에서는 생후 초기의
시각 자극이 부족하면 성체가 된 후에도 정상적인 시각 기능을 회복
하지 못하는 결과가 나타났다(Hubel & Wiesel, 1970).

언어 발달

· 유아가 생애 초기에 언어적 자극(말소리, 대화 등)을 경험하지 못하면 언
어 습득 능력이 제한된다. Genie 사례는 이러한 경험-기대적 발달
의 중요성을 잘 보여준다(Lenneberg, 1967).

Genie 사례는 언어 발달과 환경적 자극의 중요성을 강조하는 심리
학과 발달학에서 가장 잘 알려진 사례 중 하나다. Genie는 극도로 학
대받고 사회적으로 고립된 상태에서 성장한 미국의 한 소녀로, 그녀의
사례는 결정적 시기(Critical Period) 이론을 검증하는 데 중요한 실증 자료
로 활용되었다.

Genie는 1957년 미국에서 태어났다. 생후 20개월부터 13세까지 부
모에 의해 집 안의 작은방에 가두어져 거의 완전한 고립 상태로 자랐
다. Genie는 침대에 묶여 있거나, 밤에는 아기 의자에 묶여 움직이지
못했다. 부모는 Genie와 거의 의사소통하지 않았고, 언어적 자극이 전
혀 없는 상태로 방치했다. Genie는 제한된 음식과 물리적 학대 속에서
성장했다.

1970년, 사회복지 기관에 의해 구조되었을 때 Genie는 13세였지만
언어와 사회적 기술이 거의 없는 상태였다. 구조 후, 심리학자와 언어

학자들은 Genie의 언어와 인지 발달 가능성을 연구했다. 먼저, Genie는 단순한 단어를 학습하고 기본적인 요구를 표현하는 능력을 얻었다. 예를 들어, 'Milk'나 'Cat'과 같은 단어를 사용할 수 있었다. 그러나 문법적 규칙과 문장 구조를 이해하는 데는 실패했다. 그녀는 'I go park yesterday'와 같은 비문법적인 표현을 자주 사용했으며, 문장을 구성하는 데 있어 어려움을 겪었다. 또한, Genie는 사회적 언어 사용에 있어서도 한계를 보였는데, 맥락에 맞는 대화를 이어나가는 데 어려움이 있었고, 대화 중 복잡한 개념을 표현하지 못했다. 이와 같은 결과는 언어 발달에서 환경적 자극과 결정적 시기의 중요성을 시사한다.

Genie 사례는 언어 발달과 환경적 자극의 중요성을 명확히 보여주는 사례로, 여러 가지 의의를 지닌다. 먼저, 언어 발달은 생물학적 기반뿐만 아니라 적절한 환경적 자극과 사회적 상호작용에 크게 의존한다는 점을 시사한다. Genie의 사례는 언어 발달에서 외부 환경의 중요성을 실증적으로 보여주었다. 또한, 결정적 시기의 존재를 입증하는 데 중요한 역할을 했다. Genie는 단순한 어휘는 학습할 수 있었지만, 복잡한 문법 구조와 사회적 언어 사용 능력을 발달시키는 데는 실패했다. 이는 결정적 시기 이후 언어 학습이 제한적일 수 있음을 보여준다 (결정적 시기는 뇌가 특정 능력을 습득하는 데 최적화된 시기를 의미).

마지막으로, Genie 사례는 윤리적 논란을 야기하기도 했다. 연구자들이 그녀를 연구 대상으로 삼는 과정에서 Genie의 심리적 복지와 인권이 충분히 고려되지 않았다는 비판이 제기되었다. 이러한 논란은 심리학 연구에서 연구 윤리의 중요성을 상기시키는 계기가 되었다.

심리학으로 읽는 아이의 마음

청각 발달

· 신생아가 생애 초기부터 청각적 자극(예: 소리, 음악)을 경험하지 못하면 청각 시스템과 관련된 신경망 발달이 저하될 수 있다. 예를 들어, 난청이 있는 아동에게 조기에 보청기를 제공하거나 다양한 청각적 자극을 제공하면 청각 신경망의 발달을 효과적으로 촉진할 수 있다.

경험-기대적 발달의 개념은 발달 심리학에서 초기 환경의 중요성을 강조하는 데 큰 의의가 있다. 이 이론은 부모와 교사가 아동의 결정적 시기에 필요한 시각적, 언어적, 사회적 자극을 충분히 제공해야 함을 시사한다. 또한, 이는 발달 장애를 예방하거나 조기에 개입해야 할 필요성을 설명하는 근거가 된다.

(2) 경험-의존적 발달

경험-의존적 발달은 특정 환경적 경험이나 자극에 의해 뇌에서 변화와 발달이 이루어지는 과정을 의미한다. 이는 개인이 겪는 고유한 환경적 자극과 학습에 따라 발달이 이루어진다는 점에서, 보편적이고 유전적으로 예정된 경험-기대적 발달과 구별된다(Greenough, Black & Wallace, 1987). 개인의 독특한 경험은 시냅스 형성과 강화에 영향을 미치며, 이러한 과정은 발달의 다양성을 만들어 낸다. 예를 들어, 악기 연주를 배우는 것은 시냅스 연결이 독특하게 형성되는 과정을 잘 보여준다.

· **개별적 경험:** 모든 사람에게 공통된 발달이 아니라, 개인이 겪는 고

유한 경험에 의해 형성된다. 예를 들어, 특정 언어를 배우거나 악기를 연주하는 경험은 이에 해당한다.

· **평생에 걸친 발달:** 특정 결정적 시기와 무관하게, 전 생애 동안 이루어질 수 있다. 이는 뇌의 신경 가소성(Plasticity)이 이러한 변화를 가능하게 한다.

· **유연성과 다양성:** 각 개인의 발달은 환경적 경험에 따라 달라질 수 있으며, 이는 개별적인 기술, 능력, 관심사를 형성하는 데 기여한다.

· **언어 학습:** 아동이 특정 언어를 배우는 경험은 경험-의존적 발달의 예이다. 같은 언어 환경에서도 개인마다 언어 능력은 다르게 발달할 수 있다.

· **특수 기술 습득:** 피아노를 연주하거나 스포츠 기술을 배우는 것은 모두 개인의 고유한 경험에 의해 이루어지는 발달이다.

· **문화적 경험:** 예술, 문학, 전통 음식 등 특정 문화적 요소를 접하는 것도 경험-의존적 발달에 해당한다.

뇌 발달

· **시냅스 형성:** 경험-의존적 발달은 환경적 자극에 반응하여 새로운 시냅스를 형성하고 기존 시냅스를 강화한다.

· **유연성:** 개인의 환경과 경험에 따라 뇌의 특정 영역이 활성화되거나 변화할 수 있다.

경험-의존적 발달은 개인의 독창성과 다양성을 형성하는 데 중요한 역할을 하며, 각 개인의 경험이 고유한 능력과 정체성을 만들어 낸다는 것을 보여준다. 또한, 이 발달 과정은 학습과 훈련이 인간 발달에

심리학으로 읽는 아이의 마음

있어 중요한 이유를 설명하며, 특히 성인기에도 새로운 기술을 배우고 발달시킬 수 있는 가능성에 대한 이론적 기반을 제공한다.

4) 시냅스 연결의 사례

(1) 언어 발달

아동이 주변에서 들은 말을 모방할 때, 언어와 관련된 뇌 영역인 브로카 영역과 베르니케 영역의 시냅스 연결이 점차 강화된다. 예를 들어, 생후 6개월 된 아기가 특정 소리를 반복적으로 듣고 '엄마'라는 단어를 말하기 시작하면, 언어와 청각을 담당하는 뉴런 간의 연결이 활성화되고 강화되는 과정을 거치게 된다.

브로카 영역(Broca's Area)
· **위치:** 좌반구 전두엽의 하측전두회(Inferior Frontal Gyrus)에 위치. 일반적으로 브로드만 영역 44와 45에 해당한다.
· **기능:** 브로카 영역은 언어 생성과 발화 조절을 담당하며, 문장을 구성하고 문법적 구조를 형성하는 데 중요한 역할을 한다. 또한, 단어를 적절히 배열하여 의사소통을 가능하게 하며, 말하기뿐만 아니라 글쓰기와 제스처를 활용한 의사소통에도 관여한다.
· **손상 시 결과:** 브로카 영역이 손상되면 브로카 실어증(Broca's Aphasia) 또는 비유창성 실어증(Non-fluent Aphasia)이 발생할 수 있다.
· **주요 증상:** 브로카 실어증의 주요 증상으로는 말이 느리고 단조롭거

나 끊기며, 문법적으로 틀린 문장을 사용하는 것이 있다. 예를 들어, '나는… 학교… 가다'와 같은 형태로 표현된다.

베르니케 영역(Wernicke's Area)

· **위치:** 좌반구 측두엽의 상측두회(Superior Temporal Gyrus)에 위치. 일반적으로 브로드만 영역 22에 해당한다.
· **기능:** 베르니케 영역은 언어 이해와 처리를 담당하며, 듣고 읽는 언어를 해석하고 문장의 의미를 이해하는 데 중요한 역할을 한다.
· **손상 시 결과:** 베르니케 영역이 손상되면 베르니케 실어증(Wernicke's Aphasia) 또는 유창성 실어증(Fluent Aphasia)이 발생할 수 있다.
· **주요 증상:** 베르니케 실어증의 특징은 말은 유창하지만 의미 없는 단어나 비문법적인 문장을 자주 사용하는 것이다. 예를 들어, '내가 학교에서… 음… 뭐라 해야 하지… 좋았어'와 같은 표현을 보일 수 있다.

브로카 영역과 베르니케 영역은 '활꼴 섬유다발(Arcuate Fasciculus)'이라는 신경 섬유로 연결되어 있으며, 언어 생성과 이해 과정에서 상호 협력한다. 이 연결이 손상될 경우, '전도성 실어증(Conduction Aphasia)'이 나타날 수 있는데, 이는 언어를 이해할 수는 있지만 이를 반복하거나 정확히 표현하는 데 어려움을 겪는 것이 특징이다.

(2) 운동 발달

운동 발달은 아동의 대근육과 소근육 활동을 조절하고, 신체적 활동

심리학으로 읽는 아이의 마음

을 수행할 수 있는 능력을 발달시키는 과정으로, 아동의 전반적인 성장과 발달에서 중요한 역할을 한다. 이 과정은 신경계와 근육의 협응을 통해 이루어지며, 반복적인 경험과 학습을 통해 점진적으로 발전한다.

대근육 활동(Gross Motor Skills)

대근육 활동은 신체의 큰 근육을 사용하여 움직임을 조절하는 능력으로, 신체 균형과 이동성을 포함한다. 아동이 처음 걸음마를 시도할 때, 반복적인 연습과 실패를 통해 균형을 유지하고 근육을 조절하는 능력이 점차 발달한다. 이러한 반복적인 행동은 뇌의 관련 영역에서 시냅스 연결을 강화하며, 궁극적으로 안정적인 걷기 기술을 형성하게 된다.

· 생후 0~6개월: 머리 들기, 몸 뒤집기와 같은 기본적인 운동이 시작된다.
· 생후 6~12개월: 앉기, 기기, 서기와 같은 활동이 나타난다.
· 생후 12~24개월: 걷기와 달리기와 같은 복잡한 운동이 가능해진다.

운동 발달과 신경 연결

아동의 운동 활동은 뇌의 신경 연결을 강화하는 중요한 역할을 한다. 걷기, 잡기, 기기와 같은 반복적인 행동은 운동 영역의 시냅스 연결을 증가시키며, 이는 더 정교하고 효율적인 운동을 가능하게 한다. 예를 들어, 아동이 걷는 행동을 반복하면, 뇌의 운동 피질과 소뇌 사이의 연결이 강화되어 안정적인 보행이 가능해진다.

운동 발달은 단순한 신체적 능력 향상에 그치지 않고, 정서적 안정과 사회적 상호작용, 인지 발달에 이르기까지 아동의 전반적인 성장에 긍정적인 영향을 미친다. 따라서 부모와 교사는 아동이 다양한 움직임을 경험할 수 있도록 적절한 환경과 기회를 제공하는 것이 중요하다.

5) 시냅스 연결의 장기적 영향

시냅스 연결은 학습, 기억, 행동 조절과 같은 두뇌 기능에 지속적인 영향을 미친다. 적절한 환경적 자극은 시냅스의 양적 및 질적 강화를 돕지만, 만약 자극이 부족하면 발달이 저하될 수 있다(Siegel, 2020). 따라서 초기 두뇌 발달 시기에 풍부하고 긍정적인 경험을 제공하는 것이 중요하다.

감각적 경험
· **시각 자극:** 밝고 다양한 색상의 시각적 자극은 아동의 두뇌 발달을 촉진하는 데 중요한 역할을 한다. 예를 들어, 아기용 모빌이나 패턴이 있는 장난감은 아동의 시각적 탐색 능력을 자극하고 시냅스 연결을 강화하는 데 도움을 준다.
· **청각 자극:** 부모의 목소리로 자주 대화하거나 다양한 음악을 들려주는 활동은 아동의 청각 발달과 언어 능력 향상에 기여한다. 이러한 자극은 아동이 소리의 패턴을 인식하고, 언어를 배우는 기초를 형성하는 데 도움을 준다.
· **촉각 자극:** 부드러운 천이나 물체를 만지게 하거나 마사지와 같은 신체 접촉은 아동의 촉각 발달을 촉진하고, 정서적 안정감을 형성하

심리학으로 읽는 아이의 마음

는 데 도움을 준다. 이러한 경험은 아동이 자신의 신체를 인지하고, 주변 환경과의 상호작용을 배우는 중요한 기회를 제공한다.

정서적 경험

· **안정적인 양육 환경:** 부모가 따뜻한 반응과 애정을 표현하면, 아동은 정서적으로 안정되고 신뢰감을 형성하게 된다. 이러한 양육 태도는 아동의 건강한 사회적 관계와 긍정적인 자아 개념 발달에 중요한 기초를 제공한다.
· **공감적 상호작용:** 아동의 감정을 이해하고 긍정적으로 반응하는 것은 아동이 자신의 감정을 조절하고 표현하는 능력을 발달시키는 데 도움을 준다. 이러한 접근은 아동의 정서적 안정과 사회적 관계 형성에도 긍정적인 영향을 미친다.

사회적 경험

· **놀이와 상호작용:** 놀이와 상호작용은 아동이 또래나 가족과 함께 사회적 기술과 협력 능력을 배우는 중요한 기회를 제공한다. 이러한 활동은 아동의 대인 관계 능력과 사회적 적응력을 발달시키는 데 기여한다.
· **대화와 언어 자극:** 부모와의 빈번한 대화는 아동의 언어 발달을 촉진하며, 어휘력과 의사소통 능력을 향상시키는 데 중요한 역할을 한다.

학습 경험

· **책 읽기와 이야기:** 그림책을 읽어주거나 간단한 이야기를 들려주는 것은 아동의 언어 발달과 상상력을 자극하는 효과적인 방법이다. 이

러한 활동은 어휘 확장뿐만 아니라 창의적 사고와 이야기 구성 능력을 향상시키는 데 기여한다.

· **문제 해결 놀이:** 퍼즐이나 블록 놀이와 같은 활동은 아동의 사고력과 창의성을 개발하는 데 도움을 준다. 이러한 놀이를 통해 아동은 문제 해결 능력을 키우고, 공간적 인지와 논리적 사고를 향상시킬 수 있다.

신체 활동

· **운동 자극:** 기기, 걷기, 손으로 물체를 잡는 활동은 아동의 대근육과 소근육 발달을 촉진하며, 신체 조정 능력과 운동 기술을 향상시키는 데 중요한 역할을 한다.

· **야외 활동:** 자연 속에서의 탐험과 자유 놀이는 아동의 감각적 자극을 강화하고 신체 발달을 촉진하는 데 효과적이다. 이러한 활동은 아동이 주변 환경과 상호작용 하며 균형감각, 운동 기술, 호기심을 발전시키는 데 도움을 준다.

이러한 풍부하고 긍정적인 경험은 초기 두뇌 발달에 필요한 시냅스 연결을 강화하며, 아동의 학습 능력, 정서적 안정감, 사회적 관계 형성에 중요한 기초를 제공한다.

2.
운동 발달: 대근육 및 소근육 활동

   운동 발달은 아동의 신체적 성장과 움직임을 조율하는 능력을 포함하며, 이는 대근육 활동과 소근육 활동으로 구분된다. 대근육과 소근육의 발달은 아동의 신체적, 인지적, 정서적 발달과 밀접하게 연결되어 있으며, 성장 과정에서 점진적으로 발전한다.

1) 대근육 활동

   대근육 활동은 신체의 큰 근육을 사용하여 큰 움직임을 수행하는 능력을 의미한다. 이는 신체의 균형, 이동, 조정 능력을 포함하며, 아동의 전반적인 신체 능력과 활동성을 형성한다.

주요 발달 단계

· 생후 6개월: 뒤집기, 엎드린 상태에서 머리를 들기

· 생후 12개월: 혼자 앉기, 기기, 처음 걷기

· 2~3세: 달리기, 공 던지기와 잡기, 계단 오르내리기

· 4~5세: 자전거 타기(보조 바퀴 포함), 줄넘기, 간단한 체육 활동 수행

대근육 활동은 아동의 신체적 건강뿐만 아니라 사회적 상호작용에도 중요한 역할을 한다. 예를 들어, 또래와 함께 뛰어노는 과정에서 협동과 소통 능력을 배우게 된다.

2) 소근육 활동

소근육 활동은 손, 손가락, 발과 같은 작은 근육을 사용하여 세부적인 움직임을 수행하는 능력을 의미한다. 이는 정교한 조작 능력과 시각-운동 협응을 포함하며, 아동의 자기 관리 기술과 학업 준비를 돕는다.

주요 발달 단계

· 생후 3~6개월: 장난감을 잡으려 손을 뻗기

· 12개월: 작은 물체를 손가락으로 잡기(엄지와 검지 사용)

· 2~3세: 숟가락과 포크를 사용해 식사하기, 간단한 블록 쌓기

· 4~5세: 글자 쓰기 시작, 가위 사용, 퍼즐 맞추기

소근육 발달은 학습 활동(쓰기, 그리기)과 일상생활 기술(옷 입기, 단추 채우

심리학으로 읽는 아이의 마음

기) 습득에 필수적이다. 이는 아동의 독립성과 자존감을 높이는 데 기여한다.

3) 대근육과 소근육 발달의 상호작용

대근육과 소근육 발달은 서로 독립적으로 이루어지지 않으며, 상호 보완적으로 작용한다. 예를 들어, 놀이터에서 놀 때 미끄럼틀을 오르기 위해 대근육을 사용하고, 장난감을 잡거나 조작할 때 소근육을 사용한다. 이러한 활동은 아동의 전인적 발달을 지원하며, 신체적 능력 외에도 문제 해결, 인지 발달, 사회적 기술 발달을 촉진한다.

4) 운동 발달을 지원하는 방법

· 다양한 놀이 제공: 공놀이, 퍼즐, 블록 쌓기와 같은 활동은 대근육과 소근육 발달을 균형 있게 촉진한다.
· 안전한 환경 조성: 아동이 자유롭게 움직일 수 있는 안전한 공간을 제공한다.
· 적절한 장난감 선택: 연령에 맞는 장난감과 도구는 운동 발달을 효과적으로 지원한다. 예를 들어, 유아기에는 소근육 발달을 위한 블록 장난감, 학령기에는 대근육 발달을 위한 자전거가 유용하다.

운동 발달은 대근육과 소근육 활동을 통해 이루어지며, 이는 아동의 시체적, 인지적, 사회적 성장에 중요한 기초를 제공한다. 부모와 교사는 아동의 발달 단계를 이해하고 적절한 지원을 제공함으로써 건강한 성장과 발달을 도울 수 있다.

3.
│ 유전과 환경의 상호작용 │

아동의 신체적 발달은 '유전적 기질(Genetic Predisposition)'과 '환경적 요인(Environmental Factors)'의 상호작용 결과로 이루어진다. 유전은 아동의 생물학적 특성과 잠재력을 제공하며, 환경은 유전적으로 결정된 특성이 어떻게 표현되고 발전되는지를 조절한다. 이 두 요인은 독립적으로 작용하지 않고, 서로 영향을 주고받으며 발달 과정을 형성한다.

1) 유전의 역할

유전은 아동의 신체적 특성(예: 키, 체중, 눈동자 색)뿐만 아니라 기질, 지능, 성격의 기본 틀을 형성한다. 부모로부터 물려받은 유전자 구조는 아동의 특정 발달 경로와 잠재력을 제공한다(최경숙, 2023).

· 부모가 음악적 재능이 뛰어나다면, 아동도 음악적 재능을 물려받을 가능성이 높다.
· 특정 유전자는 질병에 대한 취약성을 결정할 수도 있다(예: ADHD나 자폐 스펙트럼 장애).

2) 환경의 역할

환경은 유전적으로 형성된 특성을 어떻게 표현할지 결정하는 데 중요한 역할을 한다. 환경은 양육 방식, 교육, 문화적 배경, 또래 관계, 사회경제적 상태와 같은 외부 요인으로 구성된다.

· 양육 환경: 부모의 양육 태도와 가정 내 분위기는 아동의 정서적 안정과 사회적 기술 발달에 영향을 미친다.
· 사회적 환경: 또래와의 상호작용과 학교 경험은 아동의 사회적 행동과 학업 성취에 영향을 준다.
· 문화적 환경: 특정 문화는 아동이 가치관과 도덕성을 형성하는 데 기여한다.
· 음악적 재능을 가진 아동이 적절한 악기 교육과 음악 환경을 제공받을 때 재능이 발휘될 가능성이 높다.
· 스트레스가 많은 가정 환경은 유전적으로 안정적인 기질을 가진 아동도 불안과 정서적 어려움을 겪게 할 수 있다.

심리학으로 읽는 아이의 마음

3) 유전과 환경의 상호작용

유전과 환경은 독립적으로 작용하지 않고, 서로 상호작용 하며 발달 과정에 영향을 미친다. 이는 유전자-환경 상호작용(Gene-environment Interaction)이라는 개념으로 설명된다.

반응성 상호작용(Reaction Range)
· 유전적으로 결정된 특성이 환경적 요인에 따라 어느 정도까지 표현 될 수 있는 범위를 나타낸다.
· 아동이 높은 지능을 타고났더라도 자극이 부족한 환경에서는 지적 잠재력을 충분히 발휘하지 못할 수 있다.

선택적 상호작용(Niche Picking)
· 아동은 자신의 유전적 특성에 맞는 환경을 선택하고 형성하려는 경 향이 있다.
· 활동적인 성격을 가진 아동은 야외 활동과 스포츠를 선호하는 환경 을 선택한다.

유도적 상호작용(Evocative Interaction)
· 아동의 유전적 특성이 환경적 반응을 유도한다.
· 긍정적인 기질을 가진 아동은 부모와 또래로부터 더 많은 애정과 긍 정적 피드백을 받을 가능성이 높다.

4) 유전과 환경의 균형

발달 심리학에서는 유전과 환경 중 어느 요인이 더 중요한지 논의하는 것을 넘어, 이 두 요인이 함께 작용한다는 점에 초점을 맞추고 있다. 특정 행동이나 특성이 유전적으로 결정된다고 해도, 환경은 그 표현 정도를 크게 조절할 수 있다.

· 학업 성취는 유전적으로 물려받은 지능과 학습 환경 모두에 의해 결정된다.
· 유전적으로 내성적인 기질을 가진 아동도, 부모나 교사의 지속적인 격려와 사회적 경험을 통해 더 적극적인 성격으로 변화할 수 있다.

5) 교육적 및 실천적 의의

유전과 환경의 상호작용을 이해하는 것은 아동의 개인적 필요와 잠재력에 맞는 양육과 교육 방식을 설계하는 데 중요한 도움을 준다. 부모와 교사는 아동의 유전적 특성을 존중하면서도, 환경적 요인을 통해 아동이 최상의 발달을 이룰 수 있도록 지원해야 한다.

· 부모와 교사는 아동의 타고난 재능을 관찰하고, 이를 키울 수 있는 환경적 자극을 제공해야 한다.
· 정서적으로 안정적이고 자극이 풍부한 환경은 모든 아동이 잠재력을 발휘할 수 있는 기회를 제공한다.

심리학으로 읽는 아이의 마음

유전과 환경은 아동 발달의 핵심 요인으로, 이 둘은 독립적으로 작용하지 않고 상호작용을 통해 아동의 신체적, 인지적, 정서적 특성을 형성한다. 이러한 이해는 아동 발달에 대한 과학적 접근을 심화시키며, 개별적 필요를 고려한 효과적인 양육과 교육을 가능하게 한다.

제4장

인지 발달

아동의 인지 발달은 사고 과정의 변화와 학습 능력의 향상을 의미하며, 다양한 이론과 개념을 통해 설명될 수 있다. 본 장에서는 피아제의 인지 발달 이론과 정보처리 이론을 중심으로 아동의 사고 과정이 어떻게 발전하는지를 살펴본다. 또한, 메타인지와 다중 작업 능력이 학습과 문제 해결에 미치는 영향을 분석하고, 창의력 발달을 촉진하는 요소들을 탐구한다.

1.
| 피아제의 인지 발달 |

아동의 인지 발달은 세상을 이해하고 적응하는 능력을 학습하는 과정으로, 사고, 기억, 문제 해결, 창의력 등의 다양한 영역을 포함한다. 인지 발달 이론은 피아제의 인지 발달 단계, 정보처리 이론, 문제 해결 능력과 창의력 발달의 세 가지 주요 관점을 통해 설명할 수 있다.

1) 피아제의 인지 발달 단계

장 피아제(Jean Piaget)는 인지 발달이 질적으로 다른 네 가지 단계로 이루어진다고 주장하며, 각 단계에서 아동이 세상을 이해하고 사고하는 방식이 변화한다고 설명했다(Piaget, 1952; 송지성, 이성애, 2012).

(1) 감각운동기(Sensorimotor Stage, 0~2세)

아동은 감각과 운동 활동을 통해 세상을 탐구하며, 대상과의 상호
작용을 통해 주변 세계를 이해한다. 이 과정에서 감각운동적 도식이
상호 통합되면서 점진적으로 발달이 이루어지고, 대상영속성(Object
Permanence)과 같은 중요한 개념을 습득하게 된다.

대상영속성(Object Permanence)

아동이 눈에 보이지 않더라도 사물이나 사람이 계속 존재한다는 것
을 이해하는 인지 발달 개념이며, 약 생후 8~12개월 사이에 발달하기
시작한다.

· **초기 단계:** 아동은 눈앞에서 사라진 물체가 완전히 사라졌다고 생각
  한다. 예를 들어, 부모가 방에서 나가면 다시 돌아오지 않을 것처럼
  반응한다. 부모가 손으로 장난감을 가리면 아동이 관심을 잃고 장난
  감을 찾지 않는다.
· **발달 과정:** 생후 8개월 이후, 아동은 숨겨진 물체를 찾기 시작하며,
  물체가 보이지 않아도 여전히 존재한다고 인식한다. 장난감을 담요
  아래에 숨기면, 아동이 담요를 들어 올려 장난감을 찾으려는 행동을
  보인다.
· **완성 단계:** 약 생후 18~24개월이 되면 대상영속성 개념이 완전히
  발달하여 물체나 사람이 사라져도 존재한다고 확신한다.

대상영속성은 기억과 추론 능력의 기초가 되는 중요한 발달 과정이

심리학으로 읽는 아이의 마음

나. 이 개념은 아동이 세상을 지속적이고 예측 가능한 곳으로 이해하도록 도와, 이후의 복잡한 인지 및 사회적 기술 발달의 토대를 마련한다.

보육 · 교육기관 적응과 대상영속성의 관계

대상영속성은 보육 · 교육기관 적응 과정에서 중요한 개념으로, 아이의 적응력을 좌우하는 핵심 요소가 된다. 대상영속성이 충분히 발달하지 않은 아이들은 부모가 보이지 않으면 완전히 사라졌다고 인식하여 심한 불안을 경험할 가능성이 높다. 반면, 대상영속성이 형성된 아이들은 부모가 일시적으로 떠났다가 다시 돌아온다는 사실을 이해하며, 새로운 환경에 점진적으로 적응해 나갈 수 있다.

보육 · 교육기관 적응은 부모와 분리되어 낯선 환경에 익숙해지는 과정이며, 이 과정에서 대상영속성의 발달 수준은 아이의 적응력을 크게 영향을 미친다. 대상영속성이 미숙한 경우, 부모의 부재를 영구적인 것으로 인식하여 강한 불안을 보일 수 있지만, 충분히 형성된 경우 부모가 사라졌다가 다시 돌아온다는 개념을 이해하며 점차 새로운 환경에 적응해 나가게 된다.

따라서 보육 · 교육기관 적응을 돕기 위해서는 아이의 대상영속성 발달 수준을 고려하여 단계적인 적응 과정을 마련하는 것이 중요하다. 또한, 안정적인 애착 관계를 형성하여 아이가 새로운 환경에서도 심리적 안정감을 느낄 수 있도록 도와주어야 한다. 이러한 과정이 뒷받침될 때, 아이는 부모와 떨어지는 순간에도 불안을 최소화하며 새로운 환경을 긍정적으로 받아들일 수 있을 것이다.

· 보육 · 교육기관 적응을 돕는 방법

- 부모-아이 간 애착 관계 강화: 부모는 집에서 아이가 부모의 부재를 자연스럽게 받아들일 수 있도록 돕는 경험을 반복적으로 제공해야 한다. 예를 들어, 숨바꼭질 놀이와 같은 활동을 통해 부모가 잠시 사라졌다가 다시 나타난다는 사실을 경험하게 하면, 아이는 점차 부모의 부재에 대한 불안을 줄이고 안정감을 가질 수 있다. 또한, 보육 · 교육기관에서의 분리를 보다 수월하게 만들기 위해 규칙적인 작별 인사를 습관화하는 것도 중요하다. 일정한 방식으로 작별 인사를 나누면 아이는 부모가 언제 떠나고 언제 돌아올지를 예측할 수 있어, 새로운 환경에서도 심리적 안정을 유지하는 데 도움이 된다.

- 점진적인 적응 기간 제공: 첫날부터 오랜 시간을 보내기보다는, 처음에는 짧은 시간만 머물게 하여 서서히 환경에 익숙해질 수 있도록 유도하는 것이 좋다. 또한, 부모가 적응 초기 며칠 동안 아이와 함께 머무르며 안정감을 제공한 후, 점차 머무는 시간을 줄여나가면 아이는 새로운 환경에 대한 불안을 덜 느끼고 자연스럽게 적응할 수 있다.

- 안정적인 환경 조성: 보육 · 교육기관에서 아이가 심리적으로 안정감을 느끼며 적응할 수 있도록 안정적인 환경을 조성하는 것이 중요하다. 이를 위해 아이가 익숙한 물건, 예를 들어 애착 인형이나 담요 등을 가져갈 수 있도록 허용하면 낯선 환경에서도 정서적 안정감을 느낄 수 있다. 또한, 교사와의 친밀한 관계 형성을 돕는 것도 필수적이다. 아이가 교사를 신뢰하고 정서적으로 의지할 수 있도록 교사와의 교감을 자연스럽게 유도하면, 어린이집 생활에 대한 불안이 줄어들고 적응 과정이 더욱 원활해질 수 있다.

- 일관된 반응 제공: 부모는 아이가 보육 · 교육기관에서 보다 안정

심리학으로 읽는 아이의 마음

적으로 적응할 수 있도록 일관된 일정을 유지하는 것이 중요하다. 특히, 아이를 데리러 오는 시간을 일정하게 맞추면 아이는 부모가 언제 돌아올지를 예측할 수 있어 불안감을 줄일 수 있다. 또한, 아이가 분리 불안이나 낯선 환경에서의 두려움을 느낄 때에는 부모가 차분하고 안정적인 태도로 반응하는 것이 필수적이다. 아이의 감정을 인정하고 부드럽게 안심시켜 주면, 새로운 환경에서도 신뢰감을 형성하며 점차 적응해 나갈 수 있다.

(2) 전조작기(Preoperational Stage, 2~7세)

상징적 사고와 언어 발달이 두드러지는 시기로, 아동이 주변 세계를 상상과 상징을 통해 이해하기 시작하는 단계다. 이 시기 아동은 구체적인 물리적 조작 없이도 사물이나 사건을 상징적으로 표현할 수 있지만, 여전히 논리적 사고 능력은 제한적이다.

상징적 사고의 발달

아동이 그림, 단어, 상상 놀이 등을 통해 사물과 사건을 상징적으로 표현하는 능력을 의미한다. 예를 들어, 아동이 인형을 아기처럼 다루며 돌보는 역할 놀이를 하는 것은 상징적 사고의 대표적인 사례다.

· 창의적 사고와 문제 해결 능력의 향상

상징적 사고는 유아가 현실을 넘어 상상하고 창조하는 능력을 키우는 데 중요한 역할을 한다. 유아들은 놀이를 통해 사물을 상징적으로 변형시키고, 다양한 방식으로 문제를 해결하는 경험을 하게 된다. 예를 들어, 블록을 단순한 장난감이 아닌 자동차나 성으로 여기거나, 빈 상자를 배로 상상하며 노는 과정에서 아이들은 창의적인 사고력을 키운다. 이러한 상징적 표현과 놀이 경험은 문제를 유연하게 해결하는 능력을 길러주며, 나아가 새로운 상황에 대한 적응력과 창의적 문제 해결력을 배양하는 기초가 된다.

· 사회적 기술과 감정 표현 능력의 발달

상징적 사고는 유아가 타인과의 관계 속에서 감정을 이해하고 표현하는 능력을 키우는 데도 중요한 역할을 한다. 역할 놀이와 상징적 표현을 통해 아이들은 다른 사람의 입장에서 상황을 바라보는 연습을 하며, 자연스럽게 공감 능력을 키워나간다. 또한, 친구와 함께 놀이를 하며 차례를 기다리고 협력하는 법을 배우게 되며, 때로는 갈등이 발생할 때 이를 해결하는 경험도 하게 된다. 유치원과 어린이집에서 이루어지는 다양한 협력 놀이와 역할 놀이는 유아가 사회적 관계를 형성하고 유지하는 데 필요한 기술을 익히는 중요한 과정이 된다.

· 언어 발달과 학습 준비도의 향상

상징적 사고의 발달은 유아의 언어 능력과 밀접한 관계가 있다. 유아들은 놀이 속에서 새로운 단어를 익히고, 가상의 상황을 표현하는 과정에서 언어적 사고를 확장시킨다. 예를 들어, 인형 놀이를 하며 '이 인형은 아프니까 병원에 가야 해'라고 말하는 과정에서 아이들은 문장을 구성하는 능력을 키우며, 언어를 통해 자신의 생각을 정리하고 표현하는 기술을 배운다. 이러한 경험은 향후 읽기와 쓰기 능력의 발달에도 긍정적인 영향을 미치며, 학습 과정에서 중요한 기초를 형성하는 역할을 한다.

심리학으로 읽는 아이의 마음

피아제의 상징적 사고 발달 이론은 보육·교육기관의 교육 과정과 깊이 연결되어 있으며, 유아들이 놀이와 다양한 경험을 통해 창의적 사고, 언어 능력, 사회적 기술을 익히도록 돕는 중요한 개념이다. 상징적 사고가 충분히 발달할 수 있도록 하기 위해서는 역할 놀이, 협력 놀이, 감정 공유 활동, 이야기 나누기, 창의적 문제 해결 놀이 등을 적극적으로 활용해야 한다. 이를 통해 유아들은 자신의 세계를 더욱 풍부하게 탐색하고, 또래와의 관계 속에서 사회적 기술을 익히며, 점차 논리적 사고로 확장해 나가게 된다.

결국, 보육·교육기관은 유아들이 상징적 사고를 충분히 발달시킬 수 있도록 다양한 놀이와 경험을 제공하는 중요한 환경이다. 이러한 경험들은 이후의 학습과 사회적 성장에 긍정적인 영향을 미치며, 아이들이 창의적이고 독립적인 사고를 발전시키는 데 필수적인 역할을 한다. 상징적 사고가 발달한 유아들은 더 깊이 사고하고, 더 효과적으로 소통하며, 세상을 탐색하는 능력을 갖추게 된다. 따라서 유아 교육 과정에서는 상징적 사고를 촉진할 수 있는 풍부한 경험을 제공하고, 놀이 중심의 학습을 통해 아이들이 자유롭게 사고하고 표현할 수 있도록 돕는 것이 무엇보다 중요하다.

자기중심적 사고(Egocentrism)

아동이 다른 사람의 관점을 이해하거나 고려하는 데 어려움을 겪는 것을 의미한다. 예를 들어, '산 실험'에서 아동은 산의 반대편에서 보이는 장면을 다른 사람이 어떻게 보는지 인식하지 못하는 모습을 보인다.

유아들은 놀이를 통해 사회적 관계를 배우고, 또래와의 상호작용 속에서 점차 타인의 관점을 이해하는 법을 익힌다. 하지만 자기중심적 사고가 강한 시기에는 다른 사람의 생각이나 감정을 고려하는 데 어려움을 겪기 때문에, 놀이 상황에서 그 특징이 뚜렷하게 드러난다. 이에 따라 보육·교육기관의 놀이 상황에서 자기중심적 사고가 어떻게 나타나는지를 좀 더 구체적으로 설명해 보고자 한다.

· 역할 놀이에서 친구의 의견을 고려하지 않는 경우

역할 놀이는 유아들이 다양한 사회적 역할을 경험하고, 실제 상황을 연습할 수 있는 중요한 기회를 제공한다. 그러나 자기중심적 사고가 강한 유아는 놀이를 자신의 방식대로 주도하려는 경향이 있으며, 타인의 의견을 충분히 고려하지 못하는 모습을 보이기도 한다.

예를 들어, 병원 놀이를 하는 동안 A가 의사 역할을 맡고, B가 환자 역할을 한다. A는 '네가 감기에 걸렸으니까 주사를 맞아야 해'라고 말하며 친구의 상태를 자신이 판단한 대로 결정한다. 하지만 B는 '나는 감기가 아니라 배가 아파'라고 말하며 자신의 의견을 표현하지만, A는 이를 듣지 않고 주사를 놓으려 한다.

이처럼 유아는 아직 다른 사람의 관점을 이해하는 능력이 충분히 발달하지 않아, 자신의 생각이 상대방에게도 동일하게 적용된다고 믿는 경향이 있다. 이러한 모습은 자기중심적 사고의 특징 중 하나로, 유아가 점차 또래와의 상호작용을 통해 타인의 입장을 고려하는 법을 배우면서 점진적으로 조정되어 간다.

· 장난감을 독점하고 친구와 나누지 않으려는 경우

유아들은 놀이를 하면서 장난감을 독점하려는 경향을 보이며, 이를 쉽게 다른 친구와 나누지 않으려 한다. 이는 자기중심적 사고의 대표적인 특징 중 하나로, 유아가 자신의 욕구를 최우선으로 여기고 친구

심리학으로 읽는 아이의 마음

의 입장을 고려하는 능력이 아직 충분히 발달하지 않았기 때문에 나타나는 행동이다.

예를 들어, 블록 놀이 시간에 C는 빨간 블록을 사용하여 자신만의 구조물을 만들며 즐겁게 놀고 있다. 그런데 친구 D도 같은 블록을 사용하고 싶어 '나도 빨간 블록을 써도 돼?'라고 요청한다. 그러나 C는 '아니, 이건 내 거야. 나는 아직 다 안 만들었어'라고 단호하게 거절하며 블록을 양보하지 않는다.

이처럼 유아는 친구가 원하는 것보다 자신의 욕구를 우선적으로 충족하려는 모습을 보이며, 아직 공유와 협력의 개념이 충분히 형성되지 않은 상태이다. 그러나 또래들과의 놀이 경험이 쌓이고 교사나 부모의 지도 아래 사회적 기술을 익히면서, 차례를 기다리거나 장난감을 함께 사용하는 방법을 점차 배우게 된다. 이러한 과정은 유아가 타인의 입장을 이해하고 조화로운 사회적 관계를 형성하는 기초가 된다.

· 숨바꼭질에서 자기중심적 사고가 드러나는 경우

유아들은 공간적 개념에서도 자기중심적으로 사고하는 경향이 있으며, 이를 놀이 상황에서 쉽게 관찰할 수 있다. 특히 숨바꼭질과 같은 놀이에서는 자신이 보이지 않으면 상대방도 자신을 볼 수 없다고 믿는 행동을 보이는데, 이는 아직 타인의 시각에서 세상을 바라보는 능력이 충분히 발달하지 않았기 때문이다.

예를 들어, 숨바꼭질을 할 때 E는 자신이 숨었다고 생각하며 두 손으로 얼굴을 가린다. 하지만 몸 전체가 그대로 드러나 있음에도 불구하고, '내가 안 보이니까 친구들도 나를 못 볼 거야'라고 믿는다.

이러한 행동은 자기중심적 사고의 예시로, 유아는 아직 자신과 다른 사람의 관점이 다를 수 있다는 사실을 이해하지 못하는 단계에 있다.

그러나 시간이 지나면서 공간적 사고 능력이 향상되고, 타인의 시각에서 사물을 바라보는 능력이 발달하면서 점차 현실적인 사고방식을 갖추게 된다. 이러한 과정은 사회적 관계 형성뿐만 아니라 문제 해결 능력과 논리적 사고의 기초가 되므로, 다양한 놀이와 경험을 통해 점진적으로 발달할 필요가 있다.

· 놀이 규칙을 자기 방식대로 해석하는 경우

유아들은 놀이를 할 때 정해진 규칙이 있음에도 불구하고, 종종 자신의 방식대로 놀이를 진행하려는 모습을 보인다. 이는 자기중심적 사고의 한 형태로, 유아가 다른 친구들의 의견을 듣기보다는 자신이 정한 방식대로 규칙을 바꾸거나, 본인에게 유리한 방향으로 놀이를 이끌어 가려는 경향에서 비롯된다.

예를 들어, 순서를 지키며 무언가를 던지거나 맞추는 놀이인 ○형 판 게임을 하는 동안, F는 '내가 먼저 던질 거야'라고 주장한다. 하지만 친구 G는 '우리 차례대로 던지기로 했잖아'라고 반박한다. 그러나 F는 '아니야, 나는 먼저 하고 싶어'라며 약속했던 규칙을 무시하고 자신의 뜻대로 놀이를 진행하려 한다.

이처럼 유아는 자신이 원하는 것이 가장 중요하다고 생각하며, 놀이에서 정해진 규칙보다는 자신의 욕구를 우선시하는 모습을 보인다. 그러나 이러한 경험을 반복하면서 친구들과의 상호작용을 통해 규칙을 지키는 것의 중요성을 점차 배우게 된다. 놀이 속에서 자연스럽게 차례를 지키거나 공정한 규칙을 따르는 경험을 하면서, 유아는 타인을 배려하는 법을 익히고 원만한 사회적 관계를 형성하는 능력을 길러나가게 된다.

· 친구의 감정을 이해하지 못하는 경우

유아들은 자기중심적 사고로 인해 친구의 감정을 충분히 이해하지 못하고, 자신의 기준에서 상대방의 상황을 판단하는 경우가 많다. 이는 아직 타인의 감정을 공감하는 능력이 충분히 발달하지 않았기 때문에 나타나는 자연스러운 현상이다.

예를 들어, 미끄럼틀에서 친구 A가 미끄러지다가 넘어져 울음을 터뜨린다. 하지만 이를 본 친구 B는 '그렇게 아프지 않을 거야. 왜 울어?'라고 말하며 A의 감정을 제대로 이해하지 못한다. B는 자신이 같은 상황에서 아프지 않았거나 울지 않았을 것이기 때문에, 친구 A도 그럴 것이라고 단정 짓는 것이다.

이러한 행동은 유아의 감정 공감 능력이 아직 충분히 발달하지 않았음을 반영한다. 자기중심적 사고가 강한 유아는 친구가 슬프거나 아플 때에도 이를 자신의 관점에서만 해석하며, 상대방의 감정을 깊이 공감하기 어려워한다. 그러나 또래와의 상호작용이 증가하고 다양한 사회적 경험을 쌓으면서, 점차 타인의 감정을 이해하고 공감하는 능력이 발달하게 된다.

특히, 교사나 부모가 감정 표현을 촉진하는 질문(예: '만약 네가 A라면 기분이 어땠을까?', '친구가 아플 때 우리는 어떻게 해야 할까?')을 던지거나, 역할 놀이를 통해 감정 이입 경험을 제공하면 유아의 공감 능력 발달에 긍정적인 영향을 줄 수 있다. 이러한 과정은 아이가 성장하면서 원만한 또래 관계를 형성하는 데 중요한 역할을 하게 된다.

보육 · 교육기관에서는 유아들의 자기중심적 사고를 완화하고, 타인의 관점을 이해하는 능력을 키울 수 있도록 다양한 방법을 활용할 수 있다. 이를 위해서는 또래와의 협력 놀이, 감정 공유 활동, 규칙을 지키는 놀이 경험, 그리고 역할 놀이를 통한 관점 이해를 자연스럽게 유도하는 것이 중요하다.

먼저, 또래와의 협력 놀이를 적극적으로 활용하면 유아들은 서로의 의견을 조율하는 경험을 하며 사회적 기술을 익힐 수 있다. 예를 들어, 블록 쌓기, 역할 놀이, 단체 게임 등을 통해 함께 목표를 이루는 과정을 경험하게 하면, 자연스럽게 타인의 생각을 듣고 존중하는 연습을 하게 된다. 교사는 '친구가 원하는 것도 들어보자'라고 제안하며, 유아가 상대방의 의견을 고려하는 태도를 배울 수 있도록 돕는다.

또한, 감정 공유 활동을 통해 유아들이 공감 능력을 키울 수 있도록 지도할 수 있다. 예를 들어, '친구가 슬퍼할 때 너라면 어떻게 할까?'와 같은 질문을 던지며, 타인의 감정을 이해하고 공감하는 기회를 제공할 수 있다. 더불어, 그림책을 읽은 후 등장인물의 감정을 이야기하는 활동을 진행하면, 유아들은 감정을 표현하고 타인의 감정을 이해하는 법을 자연스럽게 배울 수 있다.

규칙을 지키는 놀이 경험도 유아들의 자기중심적 사고를 완화하는 데 중요한 역할을 한다. 보드게임이나 공 던지기 놀이처럼 차례를 기다려야 하는 활동을 통해 유아들은 공정한 규칙의 개념을 익히고, 놀이의 즐거움을 공유하는 법을 배운다. 이 과정에서 교사는 '우리 모두가 즐겁게 놀려면 어떻게 해야 할까?'와 같은 질문을 던지며, 아이들이 스스로 규칙을 이해하고 지키도록 유도할 수 있다.

마지막으로, 역할 놀이를 통한 관점 이해는 유아들이 타인의 입장을 경험하는 데 효과적인 방법이다. 인형 놀이, 가게 놀이, 병원 놀이 등을 활용하여 서로의 역할을 바꿔보는 경험을 제공하면, 유아들은 자신과 다른 입장에서 생각하는 법을 배울 수 있다. 예를 들어, '오늘은 네

심리학으로 읽는 아이의 마음

가 선생님 역할을 해볼래?'라고 제안하면, 아이들은 선생님의 입장에서 상황을 바라보는 연습을 하며 자연스럽게 타인의 관점을 이해하는 능력을 키우게 된다.

결론적으로, 유아기의 자기중심적 사고는 정상적인 인지 발달 과정의 일부이며, 놀이를 통해 자연스럽게 나타난다. 그러나 또래와의 상호작용을 통해 점차 조정되며, 다양한 놀이와 경험을 통해 타인의 감정과 관점을 이해하는 능력을 배울 수 있다. 따라서 유치원과 어린이집에서는 협력 놀이, 감정 공유 활동, 규칙을 지키는 놀이, 역할 놀이 등을 적극적으로 활용하여 유아들이 원활한 사회적 관계를 형성할 수 있도록 도울 필요가 있다.

물활론적 사고(Animism)

물활론적 사고(Animism)는 유아가 무생물에도 생명과 감정이 있다고 믿는 사고방식을 의미한다. 피아제는 이를 유아기의 대표적인 인지적 특징 중 하나로 설명하며, 어린아이들이 자연현상이나 사물에 인간적인 감정이나 의도를 부여하는 경향이 있다고 보았다(송지성, 이성애, 2012).

예를 들어, 아이들은 구름이 하늘을 '걸어 다닌다', 해가 '졸려서 잠이 든다', 인형이 '배고파서 밥을 먹고 싶어 한다'라고 표현하며, 마치 무생물이 살아 있는 것처럼 사고한다. 이러한 사고방식은 유아가 논리적으로 세상을 이해하는 과정에서 나타나는 자연스러운 현상이며, 경험과 학습을 통해 점차 사라지고 현실적인 사고로 전환된다.

유아들은 세상을 탐색하고 이해하는 과정에서 물활론적 사고를 보이며, 자연현상이나 무생물에도 생명과 감정이 있다고 믿는 경향이 있다. 이러한 물활론적 사고의 의미는 단순한 오해에서 비롯된 것이 아니라, 아이들이 자신의 주변 환경과 소통하는 독특한 방식이며, 놀이와 상상력을 자극하는 중요한 요소로 작용한다. 유아기에는 이러한 사고가 자연스럽게 나타나며, 이를 통해 창의적 사고력, 감정 표현, 사회적 기술이 발달하는 데 긍정적인 영향을 미친다(백승화, 강기수, 2014).

· 자연현상을 의인화하는 경향

유아들은 태양, 달, 바람, 나무와 같은 자연현상이 감정을 가지고 행동한다고 믿는다. 이러한 사고방식은 단순히 물리적 현상을 이해하려는 것이 아니라, 마치 자연이 의도를 가지고 움직이는 것처럼 해석하는 경향에서 비롯된다.

예를 들어, 아이들은 자연현상을 마치 생명이 있는 존재처럼 여기며, '달이 나를 따라오고 있어'라고 말하거나, '구름이 화가 나서 비를 뿌리는 거야'라고 표현하기도 한다. 또한, 바람이 불 때 '바람이 나뭇잎을 밀어내고 있어'라고 말하며, 자연현상의 움직임을 의도적인 행동으로 해석하는 모습을 보이기도 한다.

이러한 표현은 유아들이 세상을 감각적으로 경험하고, 상상력을 발휘하는 과정에서 자연스럽게 나타난다. 아이들은 사물과 현상에 감정을 부여함으로써, 보다 친숙하게 세상을 이해하려 한다.

· 무생물을 생명체처럼 여기는 사고

유아들은 장난감, 인형, 자동차, 책상과 같은 사물도 감정을 느끼거나 생각할 수 있다고 여긴다. 이는 아이들이 자신의 감정을 외부 환경에 투영하는 과정에서 나타나는 현상으로, 무생물에도 감정을 부여함

심리학으로 읽는 아이의 마음

으로써 더 친숙하게 받아들이려는 경향이 있다.

예를 들어, 아이들은 무생물에도 감정이 있다고 믿으며, '내 인형이 슬퍼하고 있어'라고 말하거나, '책상이 나를 밀었어'라고 표현하기도 한다. 또한, 자동차가 제대로 움직이지 않을 때 '자동차가 오늘 기분이 안 좋아서 잘 안 움직여'라고 이야기하며, 사물이 의도를 가지고 행동한다고 해석하는 모습을 보이기도 한다.

이러한 사고방식은 아이들이 감정을 표현하고, 사회적 관계를 연습하는 데 도움이 된다. 특히 역할 놀이를 통해 이러한 경향이 더욱 강화되며, 유아들은 무생물과 대화하거나 상호작용 하면서 감정을 표현하는 법을 배우게 된다.

· 사물의 행동을 의도적인 것으로 해석하는 경향

아이들은 무생물의 움직임을 단순한 물리적 현상으로 이해하는 것이 아니라, 마치 그것이 특정한 목적이나 의도를 가지고 행동한다고 생각하는 경우가 많다.

예를 들어, 아이들은 무생물의 움직임을 단순한 물리적 현상이 아니라 의도를 가진 행동으로 해석하며, '돌멩이가 굴러 내려온 건 나를 쫓아오려는 거야'라고 말하기도 한다. 또한, 넘어졌을 때 '의자가 나를 잡으려고 해서 넘어졌어'라고 표현하거나, 공이 멀리 굴러가면 '공이 스스로 도망가고 있어'라고 이야기하며, 사물이 마치 의지를 가진 것처럼 사고하는 모습을 보이기도 한다.

이러한 사고방식은 아이들이 세상을 보다 직관적으로 이해하는 과정에서 발생하며, 경험을 통해 점차 원인과 결과의 개념을 배우면서 사라지게 된다. 아이들은 시간이 지나면서 이러한 현상들이 의도를 가진 것이 아니라, 자연법칙에 의해 발생한다는 사실을 학습하게 된다.

· 사람처럼 대화하려는 경향

유아들은 인형이나 장난감과 실제 사람처럼 이야기하며 대화를 시도하는 모습을 자주 보인다. 이는 상징적 사고의 한 형태로, 사회적 역할을 연습하고 감정을 표현하는 방법으로 활용된다.

예를 들어, 아이들은 무생물과 실제 사람처럼 상호작용 하며, '곰 인형아, 오늘 기분 어때?'라고 묻거나, 바다를 보면서 '바다야, 행복하게 해줘서 고마워'라고 하거나, '내 인형이 나한테 사랑한다고 말했어'라고 이야기하기도 한다. 또한, 자동차를 타고 갈 때 '자동차야, 빨리 가자 오늘 신나지?'라고 말하며, 사물이 감정을 가지고 대화할 수 있다고 믿는 모습을 보이기도 한다.

이러한 행동은 아이들이 사회적 관계를 형성하고 감정을 표현하는 연습을 하는 데 중요한 역할을 하며, 역할 놀이와 상호작용을 통해 더욱 발전할 수 있다. 인형이나 장난감과 대화하는 과정에서 아이들은 감정 표현 능력을 키우고, 상호작용의 기본 원리를 익히게 된다.

유아 교육에서 물활론적 사고를 효과적으로 활용하는 부모와 교사의 역할은 매우 중요하다. 물활론적 사고는 유아들이 세상을 이해하는 독특한 방식으로, 감정과 상상력을 바탕으로 주변 환경과 소통하는 과정에서 자연스럽게 나타난다. 유아들은 자연현상이나 무생물에도 감정과 의도를 부여하며, 이를 통해 세상을 탐색하고 의미를 부여하는 능력을 키워나간다.

이러한 사고방식은 단순한 착각이 아니라, 유아들의 창의적 사고력, 언어 발달, 사회적 기술 향상에 긍정적인 영향을 미친다. 따라서 보육·교육기관에서뿐만 아니라, 가정에서도 부모와 교사가 적극적으로 이를 활용하여 아이들의 사고력을 확장할 수 있도록 돕는 것이 필요하다.

심리학으로 읽는 아이의 마음

· 부모가 활용할 수 있는 방법

유아들은 주변 환경을 자신만의 방식으로 해석하며, 사물과 자연현상을 살아 있는 존재처럼 인식하는 모습을 보인다. 이러한 물활론적 사고를 존중하고 확장하는 부모의 역할은 아이들의 창의적 사고와 감정 표현을 발달시키는 데 중요한 영향을 미친다. 부모는 아이의 표현을 부정하기보다는 적극적으로 공감하며 대화를 이끌어 나가야 하며, 이를 통해 아이들은 자신의 생각을 자유롭게 표현하고 논리적 사고로 발전할 수 있는 기초를 형성할 수 있다.

아이의 표현을 존중하고 확장하기 위해 아이가 '달이 나를 따라와'라고 말하면, 부모는 '정말 신기하네. 왜 그렇게 생각했어?'라고 질문하며 아이의 상상력을 확장할 기회를 제공할 수 있다. 또한, 아이가 '구름이 화가 나서 비를 내리는 것 같아'라고 하면, '그렇구나. 그렇다면 구름이 기분이 좋을 때는 어떤 모습일까?'라고 질문하며 감정 표현과 상상력을 자연스럽게 연결할 수 있도록 돕는다. 이러한 대화는 아이가 자신의 감정을 자유롭게 표현하고 사고력을 확장하는 데 긍정적인 영향을 미친다.

역할 놀이와 감정 표현 활동을 함께 하기 위해서 아이들은 인형이나 장난감과 대화하며 감정을 표현하는 놀이를 자주 한다. 이때, 부모가 함께 놀이에 참여하고 감정을 공유하는 대화를 이끌어 나가면, 아이들은 더 풍부한 감정 표현을 경험할 수 있다. 예를 들어, 아이가 곰 인형을 안고 있는 모습을 보았을 때, 부모는 '곰 인형이 오늘 기분이 안 좋구나. 왜 그럴까? 우리가 어떻게 도와줄 수 있을까?'라고 질문할 수 있다. 이러한 대화는 아이가 감정을 이해하고 표현하는 능력을 키울 수 있도록 도와주며, 더 나아가 타인의 감정을 공감하는 능력을 길러준다.

또한, 자연현상을 활용한 이야기 나누기도 좋은 방법이다. 자연 속에서 경험하는 다양한 현상들은 아이들의 상상력을 자극할 수 있는 좋은 기회가 된다. 부모는 이러한 순간을 활용하여 아이와 대화하며 창의적인 사고를 유도할 수 있다. 예를 들어, 바람이 부는 날에는 '오늘 바람이 우리한테 뭐라고 말하는 것 같아?'라고 질문하며, 아이가 자연현상을 상상력과 연결하여 생각할 수 있도록 유도할 수 있다. 비가 오는 날에는 '구름이 오늘은 어떤 기분일까?'라고 물어보며 감정과 자연현상을 연결하는 연습을 할 수 있다.

이러한 활동들은 아이들이 자신만의 생각을 자유롭게 표현할 수 있도록 돕고, 점차 더 논리적인 사고방식으로 발전할 수 있는 기회를 제공한다. 또한, 부모와의 긍정적인 상호작용을 통해 아이들은 감정을 표현하는 법을 배우고, 타인의 감정을 이해하는 능력을 키워나가게 된다. 따라서 부모는 유아의 물활론적 사고를 존중하고 확장하는 대화를 지속적으로 시도하며, 이를 통해 아이들의 창의성과 감성 발달을 적극적으로 지원하는 역할을 해야 한다.

집중적 사고(Centration)

집중적 사고(Centration)는 아동이 문제를 해결하거나 사물을 판단할 때, 한 가지 특정한 측면에만 주의를 기울이며 전체적인 상황을 고려하지 못하는 사고방식을 의미한다. 이는 아동이 사물을 종합적으로 인식하는 능력이 아직 충분히 발달하지 않았음을 반영한다.

이러한 집중적 사고의 특징은 단일 차원에만 초점을 맞추고, 여러 요소를 동시에 고려하지 못하는 경향으로 나타난다. 예를 들어, 같은 양의 물이 들어 있는 두 개의 컵이 있을 때, 아동이 물을 넓고 낮은 컵

심리학으로 읽는 아이의 마음

에서 좁고 높은 컵으로 옮기면, 물이 실제로는 동일한 양임에도 불구하고 더 높이 차오른 컵에 물이 더 많다고 판단하는 것이 집중적 사고의 대표적인 예다.

집중적 사고는 물리적 속성뿐만 아니라 수량, 길이, 무게, 분류 능력 등 여러 영역에서 나타날 수 있다.

· **길이에 대한 집중적 사고:** 두 개의 막대가 있을 때, 한 막대를 다른 막대보다 조금 앞에 놓으면 더 긴 것으로 착각하는 경우
· **수량에 대한 집중적 사고:** 같은 개수의 동전의 간격을 벌려놓으면 더 많은 것으로 인식하는 경우
· **분류에 대한 집중적 사고:** 여러 가지 속성을 고려하지 못하고 하나의 속성(예: 색깔)만을 기준으로 사물을 분류하는 경우.

이처럼 집중적 사고는 아동이 문제를 해결하는 방식에 영향을 미치며, 피아제의 인지 발달 이론에 따르면 이는 점차 극복되면서 보존 개념(Conservation)을 이해하는 단계로 발전하게 된다.

집중적 사고는 아동이 세상을 이해하는 초기 단계에서 자연스럽게 나타나는 인지적 특성이다. 그러나 이러한 사고방식은 시간이 지나면서 점차 극복되며, 피아제의 인지 발달 단계인 구체적 조작기(Concrete Operational Stage, 7~11세)에 접어들면서 보다 논리적인 사고를 형성하고, 보존 개념(Conservation)을 이해하는 단계로 발전하게 된다.

보존 개념이란 물의 양, 길이, 수량 등이 형태나 배열이 변화하더라도 본질적으로 유지된다는 개념을 이해하는 것을 의미한다. 집중적 사

고를 극복한 아동은 높이가 다르더라도 물의 양이 동일하다는 점을 인식하고, 막대의 위치가 달라져도 길이가 변하지 않으며, 동전의 개수가 달라지지 않았다는 사실을 논리적으로 판단할 수 있게 된다.

결과적으로, 집중적 사고는 유아기 아동의 자연스러운 인지적 특징이지만, 성장과 함께 점차 논리적 사고로 확장되면서 여러 가지 요소를 동시에 고려하고, 보다 객관적이고 종합적인 사고를 할 수 있는 능력을 갖추게 된다.

보존 개념의 미발달(Lack of Conservation)

보존 개념이 미발달한 아동은 사물의 물리적 특성이 변화하더라도 본질적인 속성(양, 길이, 무게 등)은 유지된다는 사실을 인식하지 못하는 특징을 보인다. 아동은 집중적 사고(Centration)로 인해 한 가지 속성에만 주의를 기울이고 전체적인 관계를 이해하지 못하기 때문에 보존 개념을 습득하지 못한 모습을 보인다.

· 수량 보존 개념 미발달(Number Conservation)

아동에게 같은 개수의 동전을 나란히 일렬로 배열한 두 줄을 보여준다. 처음에는 두 줄이 동일한 길이로 정렬되어 있을 때, 아동은 두 줄의 동전 개수가 같다고 인식한다. 그러나 실험자가 한 줄의 동전 간격을 넓혀 줄의 길이를 길게 만들면, 아동은 길이가 늘어난 줄의 동전 개수가 더 많다고 생각하는 경향을 보인다.

아동은 '여기 있는 동전이 더 많아요', '길이가 더 길어졌잖아요'라고 반응하며, 실제 개수는 변하지 않았음에도 불구하고 배열의 변화(길이가 길어짐)만을 기준으로 판단하는 모습을 보인다. 이는 보존 개념이 미

심리학으로 읽는 아이의 마음

발달한 아동이 동전의 개수보다 배열의 형태에 집중하여 논리적인 판단을 하지 못하는 전형적인 사례이다.

· **액체 보존 개념 미발달**(Liquid Conservation)

실험자가 같은 양의 물을 서로 다른 모양의 컵에 따르는 실험을 진행한다. 처음에는 두 개의 같은 크기의 컵에 동일한 양의 물을 담았을 때, 아동은 두 컵의 물이 같다고 인정한다. 그러나 실험자가 한 컵의 물을 더 길고 좁은 컵으로 옮기면, 아동은 키가 큰 컵에 물이 더 많다고 판단하는 경향을 보인다.

아동은 '이 컵에 물이 더 많아요. 더 높이 올라갔잖아요'라고 반응하며, 실제 물의 양은 변하지 않았음에도 불구하고 높이라는 한 가지 요소에만 집중하여 판단하는 모습을 보인다. 이는 보존 개념이 미발달한 아동이 전체적인 양을 고려하지 못하고, 눈에 보이는 특정한 특징(높이)에만 의존하여 결론을 내리는 사례이다.

· **길이 보존 개념 미발달**(Length Conservation)

실험자가 두 개의 같은 길이의 막대를 나란히 놓고 아동에게 길이를 비교하도록 한다. 처음에는 두 막대가 동일한 위치에 놓여 있을 때, 아동은 두 막대의 길이가 같다고 인식한다. 그러나 실험자가 한 막대를 오른쪽으로 조금 이동시키면, 아동은 앞으로 더 나가 있는 막대가 더 길다고 판단하는 경향을 보인다.

아동은 '이 막대가 더 길어요. 저쪽으로 더 많이 나가 있잖아요'라고 반응하며, 실제 막대의 길이는 변하지 않았음에도 불구하고 눈에 보이는 위치 변화만을 기준으로 판단하는 모습을 보인다. 이는 보존 개념이 미발달한 아동이 객관적인 비교보다는 눈에 보이는 단일 속성(위치 변화)에만 집중하여 판단하는 사례이다.

· **무게 보존 개념 미발달**(Mass Conservation)

실험자가 같은 크기와 무게의 점토(찰흙) 덩어리 두 개를 아동에게 보여주고, 두 덩어리의 무게가 같은지 물어본다. 처음에는 두 덩어리가 같은 크기로 둥글게 뭉쳐져 있을 때, 아동은 크기가 같다고 인정한다. 그러나 실험자가 한 덩어리를 길게 늘여 막대 모양으로 만들면, 아동은 길어진 점토가 더 무겁다고 판단하는 경향을 보인다.

아동은 '이게 더 무거워요. 더 길고 커졌어요'라고 반응하며, 점토 덩어리의 전체적인 질량(무게)은 변하지 않았음에도 불구하고 형태의 변화(길이와 크기)에만 집중하여 판단하는 모습을 보인다. 이는 보존 개념이 미발달한 아동이 실제 물리적 속성(무게)의 보존을 이해하지 못하고, 눈에 보이는 특정한 특징(길이, 크기)만을 기준으로 결론을 내리는 전형적인 사례이다.

· **면적 보존 개념 미발달**(Area Conservation)

실험자가 같은 크기의 두 장의 종이를 아동에게 보여주고, 두 종이의 크기가 같은지 물어본다. 처음에는 아동이 두 종이가 같은 크기라고 인정한다. 그러나 실험자가 한 장의 종이를 여러 개의 조각으로 잘라 흩어놓으면, 아동은 더 넓은 공간을 차지하는 조각난 종이가 더 큰 면적을 가진다고 판단하는 경향을 보인다.

아동은 '이 종이가 더 커요. 여기저기 넓게 있잖아요'라고 반응하며, 실제 면적은 변하지 않았음에도 불구하고 조각이 넓게 퍼져 있는 것만 보고 면적이 증가했다고 착각하는 모습을 보인다. 이는 보존 개념이 미발달한 아동이 전체적인 관계를 고려하지 못하고, 눈에 보이는 특정한 속성(배열의 변화)에만 집중하여 결론을 내리는 전형적인 사례이다.

심리학으로 읽는 아이의 마음

보존 개념이 미발달한 아동은 눈에 보이는 외형적 변화에 집중하여 판단하며, 본질적인 속성이 유지된다는 사실을 이해하지 못하는 특징을 보인다. 이는 논리적 사고를 습득하기 이전의 자연스러운 발달 과정이다.

그러나 이러한 사고방식은 시간이 지나면서 점차 극복되며, 아동이 구체적 조작기(Concrete Operational Stage, 7~11세)에 접어들면서 보존 개념을 이해하고 논리적 사고를 할 수 있는 단계로 발전하게 된다. 보존 개념이 형성된 아동은 물의 양, 길이, 수량, 무게, 면적 등이 외형적으로 변화하더라도 본질적인 속성은 유지된다는 사실을 논리적으로 판단할 수 있게 된다.

이를 돕기 위해 부모와 교사는 다양한 놀이와 실험을 통해 아동이 직접 경험하고 비교할 수 있는 기회를 제공하는 것이 중요하다. 이러한 과정은 아동이 직관적 사고에서 벗어나 점진적으로 논리적 사고로 발전하는 데 도움을 줄 수 있으며, 보존 개념을 자연스럽게 습득하는 기반이 된다.

(3) 구체적 조작기(Concrete Operational Stage, 7~11세)

아동이 구체적인 사물과 상황에 대해 논리적으로 사고할 수 있는 능력을 갖추기 시작하는 단계이다. 이 시기의 아동은 추상적인 사고보다는 실제 경험과 구체적인 사물을 바탕으로 사고하며, 논리적 사고와 문제 해결 능력이 점차 발달한다.

· **보존 개념의 발달**

아동이 물리적 특성이 외형의 변화에도 변하지 않는다는 것을 이해하는 능력을 의미한다. 예를 들어, 같은 양의 물을 넓은 그릇과 좁은 컵에 담았을 때, 두 용기에 담긴 물의 양이 같다는 것을 아동이 인식하는 것은 보존 개념의 발달을 보여주는 사례다.

· **분류 능력의 발달**

아동이 사물이나 개념을 공통된 특성에 따라 분류하고, 서열화할 수 있는 능력을 의미한다. 예를 들어, 아동이 과일을 색깔, 크기 또는 종류에 따라 분류하거나, 연필을 길이 순서대로 정렬하는 것은 분류 능력의 발달을 보여주는 사례다.

· **탈중심화**(Decentration)

아동이 한 번에 여러 측면을 고려할 수 있는 능력을 갖추게 되는 것을 의미한다. 예를 들어, 아동이 그림을 볼 때 사람의 크기와 배경의 크기를 동시에 비교하며 판단하는 것은 탈중심화 능력이 발달한 것을 보여주는 사례다.

· **가역성**(Reversibility)

아동이 특정 행동이나 과정을 되돌릴 수 있는 능력을 이해하는 것을 의미한다. 예를 들어, 아동이 점토를 길게 늘인 후 원래의 모양으로 되돌릴 수 있음을 알고, 점토의 양이 변하지 않는다고 판단하는 것은 가역성 능력의 발달을 보여주는 사례다.

· **논리적 문제 해결**

구체적 사물에 한정되지만, 아동이 문제를 체계적으로 분석하고 논리적으로 해결할 수 있는 능력을 의미한다. 예를 들어, 아동이 간단한 수학 문제를 해결하거나, 게임에서 규칙을 이해하고 전략을 세우는 것

심리학으로 읽는 아이의 마음

은 논리적 문제 해결 능력이 발달한 모습을 보여주는 사례다.

구체적 조작기 단계는 아동이 학습과 사회적 상호작용에서 논리적이고 체계적인 사고를 발달시키는 중요한 시기다. 이 단계의 발달은 이후 추상적 사고를 포함하는 형식적 조작기(Formal Operational Stage)로 나아가는 토대를 형성한다.

(4) 형식적 조작기(Formal Operational Stage, 11세 이후)

형식적 조작기는 아동이 추상적이고 논리적인 사고를 할 수 있게 되는 발달 단계로, 가설을 세우고 이를 논리적으로 검증하는 능력이 발달하는 시기다(Piaget, 1952). 이 단계에서 아동은 구체적인 경험에만 의존하지 않고, 추상적 개념과 가능성을 다룰 수 있는 사고력을 갖춘다. 청소년기는 이 단계의 핵심 발달 시기로, 사고의 유연성과 창의성이 크게 확장된다.

· **추상적 사고의 발달:** 구체적인 사물이 없어도 추상적인 개념에 대해 사고할 수 있는 능력을 의미한다. 이는 수학의 변수 개념이나 철학적 질문에 대한 논의처럼 현실을 초월한 문제를 탐구할 수 있는 능력을 포함한다. 예를 들어, '정의란 무엇인가?'와 같은 철학적 질문에 대해 사고하고 답변할 수 있는 모습이 이에 해당한다.

가설적-연역적 사고: 가설을 세우고 이를 체계적으로 검증하는 능력을 갖추는 것을 의미한다. 이 과정에서 청소년은 문제를 해결하기 위해 다양한 가능성을 고려하며, 실험적으로 접근하여 결론을 도출한다. 예를 들어, 과학 실험에서 특정 변수를 변화시켜 결과를 예측하고, 이를 실험을 통해 검증하는 과정은 가설적-연역적 사고의 대표적인 사례다.

- **체계적이고 논리적인 문제 해결 능력:** 청소년이 다양한 변수를 동시에 고려하며 문제를 체계적으로 해결할 수 있는 능력을 의미한다. 이 능력은 복잡한 문제 상황에서도 논리적인 접근 방식을 사용하여 최적의 해결책을 찾아내는 데 기여한다. 예를 들어, 여러 경로가 주어진 미로에서 청소년이 가장 짧은 길을 찾아내기 위해 각 경로를 분석하고 논리적으로 계획을 세워 실행하는 과정이 이에 해당한다.

- **미래 지향적 사고:** 현재의 행동이 미래에 미칠 영향을 예측하며, 장기적인 목표를 설정하고 이를 달성하기 위한 계획을 세우는 능력을 의미한다. 이 능력은 청소년기 이후 점차 발달하며, 현실적인 선택과 자기 조절을 포함한다. 예를 들어, 대학 진학을 목표로 학업 계획을 세우고, 이를 실천하기 위해 시간표를 작성하며 꾸준히 노력하는 모습이 이에 해당한다.

심리학으로 읽는 아이의 마음

2.
| 정보처리 이론 |

정보처리 이론은 인간의 두뇌를 컴퓨터에 비유하며, 정보를 입력 (Input), 저장(Storage), 처리(Process), 출력(Output)하는 과정을 설명한다 (Siegler, DeLoache & Eisenberg, 2003). 이 이론은 아동의 인지 발달이 점진 적으로 이루어진다고 보며, 주의, 기억, 문제 해결의 세 가지 주요 과 정이 학습과 사고의 기반을 형성한다고 강조한다.

1) 주의(Attention)

· 정보처리의 첫 단계로, 아동은 중요한 정보를 선택적으로 주의하며 이를 처리하기 위한 준비를 한다.
· 주의 집중 능력은 연령에 따라 향상되며, 효율적인 학습과 문제 해 결의 기초가 된다.

· 유아는 짧은 시간 동안만 장난감에 집중하지만, 초등학생은 학습 자료에 더 오랫동안 집중할 수 있다.

· 주의 전환 능력은 유아기 후반에 발달하며, 여러 작업 사이에서 적절히 주의를 배분하는 다중 작업 능력(Multitasking)이 초등기 이후 향상된다.

2) 기억(Memory)

· 단기 기억(Working Memory)과 장기 기억(Long-term Memory)이 상호작용하며, 정보는 반복 학습과 정교화 전략을 통해 장기 기억으로 전환된다.

· 아동이 반복적으로 노래 가사를 암기하고, 이를 장기 기억으로 저장해 공연에서 노래를 부르는 것은 기억의 정교화 과정을 보여준다.

· 아동은 전략적 기억 사용(예: 머릿속으로 카테고리화하기)을 통해 점차 복잡한 정보를 조직적으로 처리하게 된다.

3) 문제 해결(Problem Solving)

· 문제 해결은 아동이 목표를 달성하기 위해 문제를 분석하고 적절한 전략을 선택하며 실행하는 과정을 포함한다. 이 과정에서 아동은 시행착오(Trial and Error)와 같은 기본 전략을 사용하며, 경험을 통해 더 효율적인 방법을 학습한다.

심리학으로 읽는 아이의 마음

· 아동이 퍼즐 조각을 배치하기 위해 여러 시도를 하면서 최직의 방법을 찾는다.
· 아동이 같은 문제를 반복적으로 해결하면서 메타인지(Meta-cognition, 자신의 사고 과정에 대한 인식)가 발달하며 문제 해결 능력이 강화된다.

정보처리 이론은 아동의 학습 과정에서 단계적이고 체계적인 지원의 필요성을 강조하며, 기억 전략(예: 정리, 이미지화)과 주의 집중을 돕는 환경적 조성(예: 방해 요소 제거)이 효과적인 학습을 촉진한다고 제안한다.

3.
메타인지(Metacognition)

메타인지(Metacognition)는 자신의 사고 과정에 대한 인식과 이해를 의미하며, '생각에 대한 생각'으로 간단히 정의할 수 있다(Flavell, 1979). 이는 학습, 문제 해결, 기억과 같은 인지적 활동을 계획, 모니터링, 평가, 조정하는 능력을 포함한다. 메타인지는 학습 효율성을 향상시키는 핵심 요소로, 아동뿐만 아니라 성인에게도 중요한 역할을 한다(이민영, 이성은, 2012).

1) 메타인지의 구성 요소

메타인지적 지식(Metacognitive Knowledge)

· 메타인지적 지식은 자신의 학습 과정, 사용 가능한 학습 전략, 그리고 수행해야 할 과제의 성격에 대해 알고 있는 것을 의미한다.

심리학으로 읽는 아이의 마음

- 학생이 '나는 시각 자료를 활용할 때 내용을 더 잘 이해한다'고 인식하는 것

메타인지적 조절(Metacognitive Regulation)

- 메타인지적 지식은 학습 과정에서 계획, 모니터링, 평가를 통해 자신의 사고와 학습 전략을 조정하는 능력을 포함한다.
- 학생이 시험공부 중 특정 부분을 이해하지 못했음을 깨닫고, 추가 자료를 찾아보는 행동

2) 메타인지의 단계적 과정

계획(Planning)

- 학습이나 문제 해결 전에 목표를 설정하고, 이를 달성하기 위해 필요한 전략을 계획하는 단계를 포함한다.
- 학생이 시험공부를 시작하기 전에 어떤 과목에 더 많은 시간을 할애해야 할지 계획한다.

모니터링(Monitoring)

- 학습 중 자신의 이해와 진행 상황을 점검하는 단계를 포함하며, 이를 통해 학습 전략을 조정하고 개선할 수 있다.
- 책을 읽으면서 '내가 방금 읽은 내용을 제대로 이해했는가?'라고 스스로 점검하는 것

평가(Evaluation)

· 학습이나 문제 해결이 끝난 후 결과와 과정을 검토하여 사용한 전략
  의 효과를 분석하고, 향후 개선 방안을 모색하는 단계를 포함한다.
· 시험이 끝난 후 '내가 선택한 학습 전략이 효과적이었는가?'를 분석
  한다.

메타인지의 발달

· 메타인지 능력은 아동기부터 발달하기 시작하여, 청소년기와 성인
  기에 더욱 정교해진다.
· 유아기에는 자신의 사고 과정을 잘 인식하지 못하지만, 초등학교 시
  기부터 학습 전략의 효과를 판단하거나 자신의 이해를 모니터링하
  는 능력이 점차 발달한다.
· 메타인지 발달은 교육적 환경과 사회적 상호작용에 의해 크게 영향
  을 받는다.

3) 메타인지의 실생활 예시

학습에서의 메타인지

· 학생이 수학 문제를 푸는 도중 특정 유형의 문제가 어렵다는 것을
  인식하고, 교재의 해당 부분을 다시 공부하거나 선생님에게 질문을
  통해 문제를 해결하려고 노력하는 행동을 보여준다. 또 다른 예로는
  한 아동이 동화를 읽는 도중 내용을 이해하지 못한다고 느끼면, 다
  시 앞부분을 읽어보거나 중요한 내용을 소리 내어 읽으며 의미를 파

심리학으로 읽는 아이의 마음

악하려고 노력하는 행동을 보인다.

문제 해결에서의 메타인지

· 직장인은 업무 계획을 세우는 과정에서 프로젝트 진행 중 발생할 수
있는 문제를 미리 인식하고, 이를 해결하기 위한 대안을 준비하는
행동을 보였다.

4) 메타인지의 중요성

· **학습 효율성 향상:** 메타인지는 학생이 자신에게 가장 적합한 학습
방법을 찾고, 이를 활용해 학습의 효과를 극대화할 수 있게 한다.
· **문제 해결 능력 강화:** 자신의 사고 과정을 점검하고 조정할 수 있어
더 효과적인 문제 해결을 가능하게 한다.
· **독립적 학습 촉진:** 메타인지가 발달한 학습자는 스스로 학습 계획을
세우고 실행하며, 외부 도움 없이도 효과적으로 학습할 수 있다.

5) 유아기, 초등기, 중 · 고등기의 메타인지 발달과 특징 비교

메타인지(Metacognition)는 자신의 사고 과정에 대한 인식과 조절 능력
을 의미하며, 연령에 따라 그 발달 수준과 특징이 다르게 나타난다. 유
아기, 초등기, 중 · 고등기의 메타인지 발달 차이를 비교하면, 연령이
증가할수록 사고의 복잡성과 자기 조절 능력이 향상되며, 학습 및 문

제 해결 과정에서 보다 능동적인 태도를 보이게 된다(김성숙, 2008).

(1) 유아기에서의 메타인지 발달

유아는 전조작기(Preoperational Stage, 2~7세)에서부터 점진적으로 메타인지적 사고를 발달시키기 시작하지만, 아직 논리적 사고가 완전히 형성되지 않았기 때문에 자신의 사고 과정을 완벽하게 조절하거나 평가하는 능력은 부족한 상태다. 그러나 기본적인 형태의 자기 점검(Self-monitoring)과 문제 해결 전략(Self-regulation)이 서서히 나타나기 시작한다.

유아기 메타인지의 초기 형태
· 자신의 사고에 대한 인식 부족

유아는 자신의 생각이 다른 사람과 다를 수 있다는 점을 명확하게 이해하지 못하는 경향이 있다. 예를 들어, '나는 이걸 알고 있으니까, 다른 사람도 당연히 알 거야'라고 생각하며, 자신의 관점이 타인과 다를 수 있다는 개념을 쉽게 받아들이지 못한다. 이러한 특징은 '자기중심적 사고(Egocentrism)'의 한 예로, 유아가 타인의 입장에서 생각하는 능력이 아직 충분히 발달하지 않았음을 보여준다.

· 문제 해결 시 반성적 사고 부족

유아는 문제를 해결할 때 자신의 접근 방식이 효과적인지 점검하는 능력이 부족한 경향을 보인다. 예를 들어, 퍼즐을 맞추면서 같은 조각을 여러 번 시도하며 실패를 반복하는 모습을 보이는데, 이는 해결 전략을 변경하거나 조정하는 능력이 아직 충분히 발달하지 않았음을 나타낸다.

심리학으로 읽는 아이의 마음

· 기억 전략 사용의 미성숙

유아는 정보를 기억하거나 학습할 때 의도적으로 전략을 활용하는 능력이 부족한 경향이 있다. 예를 들어, 어떤 단어를 기억하려 할 때 반복해서 소리 내어 읽는 대신, 단순히 직관적으로 떠올리려 시도하는 모습을 보인다. 이는 기억을 돕는 효과적인 방법을 인식하고 조절하는 능력이 아직 발달하지 않았음을 나타낸다.

유아기에서의 메타인지적 지식과 조절

· 메타인지적 지식(Metacognitive Knowledge)

메타인지적 지식은 자신의 학습 과정, 활용 가능한 학습 전략, 그리고 수행해야 할 과제의 특성을 이해하는 능력을 의미한다. 그러나 유아기에는 메타인지적 지식이 아직 제한적이며, 학습 방식에 대한 명확한 이해가 부족한 경향이 있다.

예를 들어, 4~5세 유아는 자신이 잘하는 것과 어려워하는 것을 어느 정도 구별할 수 있지만, 학습을 위해 어떤 전략을 사용해야 하는지에 대한 이해는 미흡하다. '나는 그림을 보면 이야기를 더 잘 기억할 수 있어'와 같은 인식은 초등학교 시기 이후 점진적으로 발달하며, 유아기에는 학습 전략을 의식적으로 선택하고 활용하는 능력이 아직 충분히 형성되지 않은 상태이다.

· 메타인지적 조절(Metacognitive Regulation)

메타인지적 조절은 자신의 학습 과정을 계획하고, 모니터링하며, 평가한 후 필요에 따라 학습 전략을 수정하는 능력을 포함한다. 그러나 유아기에는 이러한 과정을 점검하고 조정하는 능력이 미숙하며, 주로 즉각적인 반응과 감각적 경험에 의존하는 경향이 강하다.

예를 들어, 유아가 그림을 그리면서 '이 색깔이 이상해. 다시 할래'라고 말하는 것은 자신의 작업을 평가하고 수정하는 초기 형태의 메타인지적 조절로 볼 수 있다. 하지만 보다 복잡한 문제 상황에서는 '이 방법은 효과가 없으니 다른 방법을 써야겠어'와 같은 전략적 조절 능력이 아직 충분히 발달하지 않아, 효과적인 대안을 모색하거나 수정하는 과정이 어려운 모습을 보인다.

유아기의 메타인지 발달을 촉진하는 방법

부모와 교사는 유아가 자신의 사고 과정에 대해 인식하고, 점검하고, 조절할 수 있도록 다양한 놀이와 활동을 제공할 수 있다.

· 자기 점검을 촉진하는 질문 던지기

유아가 자신의 생각을 자유롭게 표현할 수 있는 기회를 충분히 제공하는 것이 중요하다. 이를 위해 '어떤 방법이 더 쉬웠어?', '다음에는 어떻게 하면 더 잘할 수 있을까?'와 같은 질문을 통해 유아가 자신의 사고 과정을 돌아보고 표현할 수 있도록 유도하는 것이 효과적이다.

· 문제 해결 과정을 언어화하도록 유도하기

유아가 문제를 해결하는 과정을 소리 내어 말하도록 유도하면, 자신의 사고 과정을 점검하는 습관을 형성하는 데 도움이 된다. 예를 들어, '블록을 쌓을 때, 먼저 큰 블록을 아래에 두는 게 좋을까? 아니면 작은 블록부터 쌓는 게 좋을까?'와 같은 질문을 던지면, 유아는 자신의 생각을 말로 표현하면서 문제 해결 과정을 보다 명확하게 인식하고 조정하는 경험을 할 수 있다.

심리학으로 읽는 아이의 마음

· **놀이를 활용한 반성적 사고 유도**

역할 놀이나 스토리텔링 활동을 활용하면, 유아가 자신과 다른 입장
에서 사고하는 경험을 할 수 있어 인지적, 사회적 발달에 효과적이다.
예를 들어, '만약 네가 선생님이라면, 친구에게 어떻게 설명해 줄까?'
와 같은 질문을 던지면, 유아는 타인의 관점을 이해하고 공감하는 능
력을 키우며, 사고의 유연성을 발달시킬 수 있다.

· **기억 전략과 문제 해결 전략 가르치기**

유아가 정보를 기억하거나 문제를 해결할 때, 효과적인 방법을 직접
시범 보이며 가르쳐 주는 것이 중요하다. 예를 들어, '우리 같이 그림을
보고 이야기해 보자. 그림을 보면 이야기를 더 잘 기억할 수 있어'라고
말하며 그림과 이야기의 연관성을 직접 보여주면, 유아는 보다 효과적
인 학습 전략을 자연스럽게 익히고 활용하는 경험을 할 수 있다.

유아기 메타인지 발달의 중요성

메타인지 능력은 유아기부터 점진적으로 형성되며, 이는 자기 조절
(Self-regulation) 능력과 직접적으로 연결된다. 유아가 자신의 사고 과정
에 대해 인식하고 조절할 수 있는 능력을 키우면, 학습뿐만 아니라 감
정 조절과 사회적 기술 발달에도 긍정적인 영향을 미친다.

· **자기 주도적 학습(Self-directed Learning)의 기초 형성**

유아가 자신의 학습 방식과 전략을 점진적으로 인식하면, 이후 학습
과정에서 보다 능동적으로 학습을 조절할 수 있는 능력을 갖게 된다.

· **문제 해결력 향상**

메타인지가 발달한 유아는 문제 상황에서 다양한 전략을 시도하고,

실패를 반성하며 새로운 해결 방법을 모색할 수 있다.

· **감정 조절과 사회성 발달에 기여**

메타인지적 사고는 단순히 학습뿐만 아니라 감정 조절과 사회적 상호작용에서도 중요한 역할을 한다. 예를 들어, 유아가 친구와 다툰 후 '내가 이렇게 말하면 친구가 기분 나쁠 수도 있겠어'라고 인식하는 것은 사회적 메타인지의 초기 형태라고 볼 수 있다.

결론적으로, 메타인지(Metacognition)는 유아가 자신의 사고 과정과 학습 전략을 이해하고 조절하는 능력으로, 학습뿐만 아니라 문제 해결력, 감정 조절, 사회성 발달에도 중요한 영향을 미친다. 유아기의 메타인지 능력은 아직 미성숙하지만, 부모와 교사가 자기 점검, 문제 해결 과정의 언어화, 기억 및 사고 전략 가르치기, 놀이 활동을 통한 반성적 사고 촉진 등의 방법을 활용하여 이를 점진적으로 발달시킬 수 있다. 따라서 유아기의 메타인지 교육은 단순한 학습 기술이 아니라, 자기 조절력과 사고력을 기르는 기초적인 과정이며, 이를 통해 아이들은 보다 능동적이고 효율적인 학습자로 성장할 수 있다

(2) 초등기의 메타인지 발달

초등기(6~12세)는 '메타인지(Metacognition)'가 본격적으로 발달하는 시기로, 아동이 자신의 사고 과정을 점검하고 조절하는 능력을 서서히 습득하는 단계이다. 이 시기의 아동은 자신의 학습 방식, 문제 해결 전략, 기억 방법 등을 점진적으로 인식하며, 이를 스스로 조정하려는 능력을 키워나간다(진경애, 신택수, 김성경, 최영인, 2016).

심리학으로 읽는 아이의 마음

피아제의 인지 발달 이론에 따르면, 초등기 아동은 구체적 조작기 (Concrete Operational Stage, 7~11세)에 속하며, 논리적 사고 능력이 향상되면서 자신의 학습 과정과 사고 패턴을 보다 체계적으로 이해하기 시작한다. 이러한 발달은 학업 성취도뿐만 아니라 문제 해결 능력, 자기 조절력, 감정 조절에도 중요한 영향을 미친다.

초등기 메타인지의 주요 특징

· 메타인지적 지식(Metacognitive Knowledge) 발달

초등기 아동은 자신의 인지 과정과 학습 방법에 대해 점차 깊이 있는 이해를 형성해 나가며, 자신의 강점과 약점을 인식하고 어떤 방법이 학습에 효과적인지 깨닫기 시작한다.

예를 들어, '나는 큰 소리로 읽으면 더 잘 기억해', '수학 문제를 풀 때, 먼저 문제를 천천히 읽으면 실수를 줄일 수 있어'와 같이 자신의 학습 방식에 대해 스스로 인식하며, 보다 효과적인 학습 전략을 탐색하려는 노력이 나타난다.

아직 성인처럼 체계적인 학습 전략을 완벽하게 조절하지는 못하지만, 이러한 과정 속에서 점진적으로 자신에게 맞는 학습 방법을 찾아가며, 자기 주도적 학습 능력을 키워나간다.

· 메타인지적 조절(Metacognitive Regulation) 능력 향상

초등기 아동은 학습 과정을 조절하는 능력을 키워나가면서, 학습 전략을 계획하고 수정하는 능력이 점차 발달한다. 이 과정에서 학습 목표를 설정하고, 학습 중 자신의 이해도를 점검하며, 필요한 경우 전략을 조정하는 습관을 형성하게 된다.

예를 들어, '이 부분이 어려워서 다시 읽어봐야겠어', '시험 전에 중요한 내용을 먼저 복습해야겠어'와 같이 자신의 학습 과정을 스스로 점검하고 효과적인 방법을 선택하려는 태도를 보이기 시작한다.

이러한 능력은 점차 자기 주도적 학습(Self-regulated Learning)으로 이어지며, 학업 성취도를 향상시키는 데 긍정적인 영향을 미친다.

· **자기 점검**(Self-monitoring)**과 반성적 사고**(Reflective Thinking) **증가**

초등기 아동은 자신이 수행한 과제나 행동을 되돌아보는 능력이 점점 향상되며, 문제 해결 과정에서 스스로 점검하고 반성하는 태도를 보이기 시작한다.

예를 들어, 문제를 해결한 후 '내가 맞게 했을까?'라고 스스로 점검하거나, 실수를 발견하면 '다음에는 어떻게 하면 더 잘할 수 있을까?'라고 고민하며 개선하려는 노력을 보인다.

이러한 자기 점검 능력은 문제 해결력을 키우고 학습 전략을 효과적으로 개선하는 데 중요한 역할을 하며, 점차 자기 주도적 학습으로 이어지게 된다.

초등기 메타인지 발달 단계별 변화

· **저학년**(6~8세)

초등기 아동은 기본적인 메타인지적 지식을 형성하기 시작하며, 자신이 어떤 상황에서 잘하고 못하는지를 점차 인식하는 능력을 갖추게 된다. 그러나 문제 해결 과정에서 자기 점검 능력은 아직 미숙하여, 실수를 하더라도 그 원인을 정확히 파악하거나, 스스로 학습 전략을 수정하는 능력이 부족한 모습을 보인다.

또한, 학습 전략을 활용하는 방식도 단순하여, '반복해서 읽으면 기억할 수 있어'와 같이 기본적인 방법을 중심으로 학습하는 경향을 보인다. 그러나 이러한 과정 속에서 점진적으로 보다 효과적인 학습 전략을 탐색하고 조정하는 능력이 발달하게 된다.

· **중학년**(8~10세)

초등기 후반에 접어들면서 자기 점검과 반성적 사고 능력이 향상되며, 학습 중 '이 방법이 효과적인가?'라고 스스로 질문하며 학습 전략의 효율성을 평가하려는 태도를 보이기 시작한다.

또한, 더 다양한 학습 전략을 탐색하며, 단순한 반복 학습에서 벗어나 핵심 내용을 요약하거나, 시각 자료(그림, 표)를 활용하는 등의 전략을 시도하는 모습이 나타난다.

이와 함께, 자신의 실수를 인식하고 수정하려는 태도가 증가하며, 문제 풀이 후 틀린 부분을 다시 검토하고 보완하려는 학습 습관이 점차 형성된다. 이러한 과정은 보다 효과적인 학습 방법을 스스로 찾고 조절하는 능력으로 이어지며, 자기 주도적 학습 역량을 강화하는 기반이 된다.

· **고학년**(10~12세)

중·고등기에 접어들면서 계획적으로 학습 전략을 조절하는 능력이 발달하여, '어려운 문제는 먼저 풀고, 쉬운 문제는 나중에 해야겠어'처럼 스스로 학습 전략을 세우고 조정하는 모습을 보인다.

또한, 자기 점검을 통해 학습 과정을 조절하는 능력이 향상되며, 학습 도중 '이 방법이 효과가 없으니까 다른 방법을 사용해 봐야겠어'라고 스스로 전략을 수정하고 최적화하려는 태도를 보인다.

이와 함께, 목표 설정과 자기 주도적 학습 능력이 더욱 강화되며, 숙제나 공부 계획을 스스로 세우고 이를 실천하려는 능력이 발달하여, 보다 체계적인 학습 습관을 형성하게 된다.

초등기 메타인지 발달을 촉진하는 방법

초등기 아동의 메타인지 능력을 효과적으로 발달시키기 위해, 부모와 교사는 다음과 같은 방법을 활용할 수 있다.

· 자기 점검과 반성적 사고 촉진하기

'오늘 배운 것 중에서 가장 중요한 내용은 무엇이었을까?', '어떤 부분이 어려웠어? 왜 어려웠을까?', '다음에는 어떻게 하면 더 잘할 수 있을까?'와 같은 질문을 통해 아동이 자신의 학습 과정을 되돌아보고, 학습의 효과를 스스로 평가할 수 있도록 유도하는 것이 중요하다.

이러한 질문을 던짐으로써 아동은 자신의 학습 방식과 문제점을 인식하고, 보다 효과적인 전략을 찾아 개선하려는 태도를 기를 수 있다.

· 다양한 학습 전략 지도하기

아동이 중요한 내용을 요약하거나, 마인드맵을 그리는 활동을 통해 학습 내용을 정리하도록 유도하는 것이 효과적이다. 또한, '이 내용을 기억하려면 어떤 방법이 가장 좋을까?'와 같은 질문을 던져 학습 전략을 스스로 선택하고 조정할 수 있도록 지원해야 한다.

예를 들어, 시험 대비 시 '한 번에 외우는 것보다 나눠서 공부하는 게 더 효과적이야'와 같은 학습 전략을 가르쳐 주면서, 보다 효율적인 학습 방법을 경험하게 할 수 있다.

이러한 과정은 아동이 다양한 학습 방법을 시도하며 자신에게 적합한 전략을 탐색할 수 있도록 돕는 데 중요한 역할을 한다.

· 문제 해결 과정에서 자기 조절 연습하기

'이 문제를 풀 때 어떤 방법을 사용했어?', '이 방법이 효과적이었어? 아니면 다른 방법이 더 좋았을까?', '같은 실수를 반복하지 않으려면

심리학으로 읽는 아이의 마음

이떻게 해야 할까?'와 같은 질문을 통해 아동이 자신의 문제 해결 과정을 점검하고 반성할 기회를 제공하는 것이 중요하다.

이러한 질문을 통해 아동은 자신의 해결 방식을 되돌아보고, 보다 효과적인 전략을 탐색하며 조정하는 능력을 기를 수 있다. 이를 통해 문제 해결력을 향상시키고, 자기 주도적 학습 태도를 형성하는 데 도움을 줄 수 있다.

· **자기 주도적 학습 환경 조성하기**

아동이 학습 목표를 스스로 설정할 수 있도록 유도하는 것이 중요하다. 예를 들어, '오늘 공부할 내용을 먼저 정해볼까?', '공부한 후, 목표를 얼마나 달성했는지 확인해 보자'와 같은 질문을 통해 아동이 자신의 학습 계획을 세우고, 실행하며, 결과를 점검하는 과정을 경험할 수 있도록 도와야 한다.

이러한 연습을 통해 아동은 자기 주도적으로 학습을 관리하는 능력을 키우며, 학습 과정에서 필요할 때 스스로 전략을 조정하고 수정하는 습관을 형성할 수 있다.

초등기의 메타인지 발달이 중요한 이유

초등기는 자기 주도적 학습(Self-regulated Learning)의 기초가 형성되는 시기이며, 이때 메타인지 능력이 발달하면 이후 학습에서 보다 효과적인 전략을 활용할 수 있는 기반이 마련된다.

· **학업 성취도 향상:** 효과적인 학습 전략을 사용하고, 실수를 수정하는 능력이 향상된다.
· **문제 해결력 증가:** 어려운 문제에 논리적으로 접근하며, 해결하려는

태도가 발달한다.

· **자기 조절력 향상:** 학습뿐만 아니라 감정 및 행동 조절에도 긍정적인 영향을 미친다.

따라서 초등기 아동의 메타인지 발달을 촉진하기 위해서는 부모와 교사가 자기 점검, 반성적 사고, 학습 전략 조정, 자기 주도적 학습 환경을 조성하는 역할을 적극적으로 수행하는 것이 중요하다.

(3) 중·고등기의 메타인지 발달

중학교(12~15세)의 메타인지 발달 특징

중·고등기에 접어들면서 자신의 사고 과정과 학습 전략을 보다 명확하게 이해하기 시작하며, 학습 과정에서 계획을 세우고, 점검하며, 필요에 따라 조절하는 능력이 점차 발달한다.

또한, 비판적 사고와 논리적 사고가 발달하면서 학습 과정에서 반성적 사고가 더욱 활발해지고, 자기 조절 학습(Self-regulated Learning) 능력이 향상됨에 따라 자신의 실수를 분석하고 학습 전략을 조정하려는 태도를 보인다.

예를 들어, 이전 시험에서 실수한 부분을 복습하며 부족한 개념을 보완하려 하거나, 기존의 학습 방법이 효과적이지 않다고 판단되면 새로운 공부법을 시도해 보는 모습이 나타난다. 이러한 과정 속에서 자신의 학습을 체계적으로 관리하고 조절하는 능력이 강화되며, 자기 주도적 학습 태도가 점차 확립된다.

심리학으로 읽는 아이의 마음

고등학교(15~18세) 청소년의 메타인지 발달 특징

고등학교 시기에 접어들면서 메타인지 능력이 고차원적으로 발달하며, 이는 단순히 학습에 국한되지 않고 감정 조절, 대인 관계, 스트레스 관리 등 다양한 영역에도 적용된다.

특히, 목표 설정 및 자기 조절 학습(Self-regulated Learning) 능력이 더욱 정교화되면서, 학습 과정에서 자신의 전략을 상황에 맞게 조절하고, 보다 효과적인 방법을 탐색하려는 태도가 강화된다. 또한, 자기 점검과 반성적 사고가 정교해지면서, 학습뿐만 아니라 감정 조절 및 스트레스 관리에서도 메타인지적 사고를 활용하는 능력이 발달한다.

예를 들어, 시험을 앞두고 '시험이 얼마 남지 않았으니까, 먼저 어려운 과목부터 공부해야겠어'라고 계획을 세우며 목표를 설정하고 학습을 조절하는 모습을 보인다. 또한, 문제를 해결할 때 '이 문제를 풀 때 논리적으로 접근해야 실수를 줄일 수 있어'라고 판단하며 비판적 사고를 활용하고, 학습 전략을 조절하려는 태도를 보인다. 이뿐만 아니라, 스트레스 상황에서 '지금 스트레스를 받았으니까, 잠깐 쉬고 다시 공부하는 게 좋겠어'라고 생각하며 감정을 조절하고 학습의 효율성을 유지하려는 노력을 기울인다.

이처럼, 고등학교 시기의 메타인지 발달은 학업뿐만 아니라 감정과 행동을 조절하는 데까지 확장되며, 자기 주도적 학습 태도를 형성하고 효과적인 문제 해결 능력을 향상시키는 데 중요한 역할을 한다.

메타인지 능력은 유아기에서 점차적으로 형성되기 시작하여, 초등기에는 자기 점검 능력이 발달하고, 중·고등기를 거치면서 학습 전략 조절과 자기 조절 학습 능력이 정교화되는 과정을 거친다.

연령이 증가함에 따라 메타인지 능력은 점진적으로 발달하며, 유아기에서 초등기, 중·고등기를 거치면서 보다 정교하고 체계적인 형태로 발전하게 된다. 따라서, 각 연령대의 메타인지 발달 수준을 고려하여 부모와 교사가 적절한 학습 전략과 지원을 제공하는 것이 중요하다.

이를 통해 아동은 자기 주도적으로 학습하고, 문제를 해결하는 능력을 효과적으로 키워나갈 수 있으며, 학습뿐만 아니라 감정 조절과 대인관계에서도 메타인지적 사고를 활용할 수 있는 역량을 갖추게 된다.

심리학으로 읽는 아이의 마음

4.
다중 작업 능력(Multitasking)

　다중 작업 능력(Multitasking)은 한 번에 두 가지 이상의 작업을 수행하거나 여러 작업을 전환하며 처리하는 능력을 의미한다. 이는 작업 간의 '주의 배분(Division of Attention)'과 '작업 전환(Task Switching)' 능력을 포함하며, 인간의 인지적 유연성과 정보처리 능력을 반영한다(Solso, MacLin & MacLin, 2005; Sternberg & Sternberg, 2006).

1) 다중 작업 능력의 작동 메커니즘

주의 배분(Attention Division)
· 두 개 이상의 작업에 동시에 주의를 기울이는 과정이다.
· 학생이 강의를 들으며 노트 필기를 동시에 하는 경우, 청각과 시각을 활용한 주의 배분이 이루어진다.

작업 전환(Task Switching)

· 한 작업에서 다른 작업으로 전환하는 과정으로, 작업 전환 시 작업 간 간섭(Interference)이 발생할 수 있다.

· 직장인이 이메일을 작성하다가 갑작스럽게 회의 통화에 참여해야 하는 경우

2) 다중 작업 능력의 발달 및 한계

· 아동기와 청소년기에는 작업 간 전환과 주의 배분 능력이 발달하며, 이는 뇌의 전두엽(Frontal Lobe) 발달과 밀접하게 관련되어 있다(Siegler, DeLoache & Eisenberg, 2003).

· 그러나 다중 작업은 각 작업의 성격에 따라 효율성이 달라진다. 인지적 자원을 많이 요구하는 작업일수록 주의 배분이 어려워지고, 작업 성과가 떨어질 가능성이 크다.

3) 다중 작업 능력의 실생활 예시

학생의 학습 상황

· 학생이 강의를 들으며 동시에 슬라이드를 확인하고 노트 필기를 작성하는 상황은 다중 작업 능력의 대표적인 사례다. 이 경우, 시청각 정보를 처리하며 동시에 기록하는 능력이 필요하다. 또 다른 예로, 유아가 그림을 색칠하면서 동시에 친구와 이야기를 나누거나, 선생

심리학으로 읽는 아이의 마음

님의 지시에 따라 색을 선택하는 모습도 다중 직업 능력이 발달하는 과정이다.

운전 중의 행동

· 운전자는 도로 상황을 주시하며 동시에 내비게이션 안내를 듣고, 차량 내 음악 시스템을 조작하거나 대화를 나누는 경우가 많다. 이 과정에서 운전은 주 작업(Primary Task), 음악 조작이나 대화는 부 작업(Secondary Task)으로 수행된다.

직장인의 업무 수행

· 직장인이 회의 내용을 듣고 중요한 내용을 메모하며, 동시에 이메일 알림을 확인하는 행동은 다중 작업 능력의 또 다른 예다. 또 다른 예로, 팀장이 팀원들의 보고를 들으며 회의록을 작성하는 동시에, 중요한 일정이 담긴 캘린더 알림을 확인하는 상황도 다중 작업 능력의 사례가 될 수 있다.

4) 다중 작업 능력의 효과와 한계

효과

다중 작업 능력은 시간 효율성을 높이고, 다양한 작업을 병행해야 하는 현대 사회에서 중요한 기술로 간주된다.

한계

다중 작업이 과도할 경우, 각 작업에 필요한 주의와 자원이 분산되어 작업 성과가 저하될 수 있다. 특히, 인지적으로 복잡한 작업 간 전환은 '작업 전환 비용(Task-switching Cost)'을 초래하여 효율성을 낮춘다 (Rubinstein, Meyer & Evans, 2001).

심리학으로 읽는 아이의 마음

5.
| 문제 해결 능력과 창의력 발달 |

1) 아동의 문제 해결 능력 단계

아동의 문제 해결 능력은 발달 단계에 따라 점진적으로 복잡성과 정교함이 증가하며, 이 과정은 사고, 계획, 실행, 반성의 다양한 과정을 포함한다. 문제 해결 능력은 아동의 인지 발달과 밀접하게 연관되어 있으며, 다양한 학자들이 이를 설명하기 위해 단계를 제안했다(Siegler, DeLoache & Eisenberg, 2003).

문제 정의 단계
· 아동이 문제를 인식하고, 문제의 목표와 현재 상태 간의 차이를 정의하는 단계다. 이 단계에서는 문제가 무엇인지 명확히 이해하는 것이 중요하다.
· 유아가 블록을 쌓다가 무너지는 상황에서 '블록이 왜 무너지지?'라는

질문을 통해 문제를 정의한다.

정보 수집 단계

· 아동이 문제를 해결하기 위한 정보를 탐색하고, 기존의 지식이나 경
 험에서 관련 단서를 찾아내는 단계다.
· 초등학생이 수학 문제를 풀기 위해 문제의 조건과 예제를 분석하며
 필요한 정보를 찾아낸다.

전략 선택 단계

· 문제를 해결하기 위해 사용할 적절한 전략을 선택하는 단계다. 아동은
 여러 전략을 비교하고 가장 효과적인 방법을 선택하려고 시도한다.
· 아동이 어려운 퍼즐을 풀기 위해 '가장자리부터 맞추자'라는 전략을
 선택한다.

실행 단계

· 선택한 전략을 실제로 실행하여 문제를 해결하는 단계다. 이 단계
 에서는 아동의 행동과 선택이 문제 해결 과정에 직접적인 영향을
 미친다.
· 블록을 균형 있게 쌓기 위해 각 블록의 위치를 조심스럽게 조정하며
 실행에 옮긴다.

평가 및 반성 단계

· 문제 해결 후 결과를 검토하고, 선택한 전략의 효율성과 성공 여부
 를 평가하는 단계다.

심리학으로 읽는 아이의 마음

· 아동이 과학 실험에서 실패한 원인을 분석하고, 다음 시도에서 전략을 수정하여 성공을 도모한다.

문제 해결 능력의 실제 예시: 한 초등학생의 문제 해결 과정
· **문제 정의:** 학생이 과학 실험에서 식물이 빛 없이 자랄 수 있는지 실험 중 실패를 인식한다.
· **정보 수집:** 빛이 식물의 광합성에 필요하다는 기존의 과학 지식을 활용한다.
· **전략 선택:** 두 개의 화분을 준비하여 하나는 햇빛에 노출하고, 다른 하나는 어두운 환경에 놓아 차이를 관찰하기로 결정한다.
· **실행**: 화분을 준비하고 1주일 동안 관찰 기록을 작성한다.
· **평가 및 반성:** 결과를 분석하여 빛이 없는 화분에서는 식물이 자라지 못했음을 확인하고, 빛의 중요성을 이해한다.

2) 창의력의 정의와 중요성

창의력은 새로운 아이디어를 창출하고 기존의 문제에 독창적인 해결책을 제시하는 능력을 의미한다(Sternberg & Lubart, 1999). 또한, 창의력은 학업뿐 아니라 예술, 과학, 일상생활에서도 중요한 역할을 한다.

(1) 창의력 발달 과정

발산적 사고(Divergent Thinking)

발산적 사고는 문제 해결 과정에서 다양한 가능성을 탐색하고, 다수의 독창적인 아이디어를 생성하는 사고 과정이다. 이는 창의력의 중요한 요소로 간주되며, 개방적이고 유연한 접근 방식을 요구한다. 발산적 사고는 특정 문제에 대해 정답이 하나로 고정되지 않은 상황에서 특히 유용하다.

· **다양성**(Diversity): 여러 관점에서 문제를 바라보며, 다양한 해결책을 탐구한다.
· **독창성**(Originality): 기존에 없던 새로운 아이디어를 제안한다.
· **유연성**(Flexibility): 사고의 방향을 전환하며 다양한 접근 방식을 시도한다.
· **유창성**(Fluency): 짧은 시간 내에 많은 아이디어를 생산한다.
· 예를 들면 '빨대를 이용해 새로운 물건을 만들어보세요'
  – **발산적 사고의 결과:** '빨대를 연결해 미니어처 다리를 만들기', '빨대를 조립해 펜꽂이 제작', '빨대를 구부려 장난감 바람개비 만들기' 등
· '학교에서 더 나은 환경을 만들기 위한 방법은 무엇일까요?'
  – **발산적 사고의 결과:** '학교에 녹지 공간을 추가한다', '더 편안한 교실 의자를 마련한다', '전문 상담사를 배치한다' 등

발산적 사고는 창의적 문제 해결과 혁신적인 아이디어 개발에 필수적이다. 아동의 발달 과정에서는 자유로운 놀이와 상상 활동을 통해 발산적 사고를 촉진할 수 있다.

심리학으로 읽는 아이의 마음

수렴적 사고(Convergent Thinking)

수렴적 사고는 문제 해결 과정에서 다양한 아이디어 중에서 가장 적합하고 효율적인 해결책을 선택하는 사고 과정이다. 이는 논리적이고 체계적인 접근을 요구하며, 정답이 명확히 정해진 문제를 해결할 때 적합하다.

· **논리적 추론**(Logical Reasoning): 선택지 중에서 가장 합리적인 해결책을 판단한다.
· **분석력**(Analytical Thinking): 아이디어를 검토하고 평가하여 최적의 결론을 도출한다.
· **효율성**(Efficiency): 주어진 문제에 가장 적합한 결과를 찾는다. '4가지 선택지 중 가장 적합한 정답을 고르세요'
· **수렴적 사고의 결과:** '주어진 정보를 분석하여 최적의 답안을 선택'

수렴적 사고는 학업, 과학적 탐구, 실생활의 실용적 문제 해결에서 중요하다. 아동의 발달 과정에서는 수렴적 사고를 통해 논리적 사고와 의사 결정 능력을 배양할 수 있다.

발산적 사고와 수렴적 사고의 상호작용

이 두 사고방식은 독립적으로 작용하지 않고 상호보완적이다. 발산적 사고가 창의적이고 다양한 가능성을 탐구하는 데 초점을 맞춘다면, 수렴적 사고는 이를 평가하고 최적의 결론을 내리는 데 활용된다. 예를 들면, 아동이 '다리를 설계하는' 과제를 수행할 때, 먼저 다양한 설계 아이디어를 내는 과정에서 발산적 사고를 사용하고, 이후 선택된 설계를 구체화하고 실행 가능한 방법을 도출하는 과정에서 수렴적 사고를 사용한다.

따라서 발산적 사고와 수렴적 사고는 문제 해결과 창의력 발달의 핵심 요소다. 아동의 전인적 발달을 위해서는 두 가지 사고방식을 균형 있게 훈련시키는 것이 중요하며, 이를 통해 창의적이고 논리적인 사고력을 모두 갖출 수 있도록 지원할 수 있다.

(2) 창의력 발달을 위한 환경적 요소

· **자유로운 탐구 환경 제공:** 아동이 질문하고 실험할 기회를 제공한다.
· **실패에 대한 긍정적 태도 형성:** 실패를 학습의 한 과정으로 받아들이도록 지원한다.
· 아동이 '새로운 교통수단을 설계해 보자'는 활동에서 상상력을 발휘해 공중을 나는 자동차를 설계하고, 이를 그림으로 표현한다.
· 과학 실험에서 창의적으로 변수(온도, 빛 등)를 조합하여 새로운 결과를 도출한다.

심리학으로 읽는 아이의 마음

제5장

언어 발달

아동의 언어 발달은 인간 발달의 핵심적인 요소로, 의사소통 능력을 학습하고 사고를 구조화하는 데 중요한 역할을 한다. 언어 발달은 생물학적 요인과 환경적 요인이 상호 작용 한 결과이며, 언어 습득 이론, 발달 단계, 그리고 언어와 사고의 관계를 통해 더 구체적으로 설명할 수 있다.

1.
| 언어 습득 이론: 촘스키, 스키너 |

1) 노엄 촘스키(Noam Chomsky): 생득주의 이론(Nativist Theory)

촘스키(Chomsky, 2014)는 인간이 언어를 학습할 수 있는 '언어 습득 장치(Language Acquisition Device, LAD)'를 선천적으로 가지고 있다고 주장했다. 그는 인간이 태어날 때부터 언어를 학습할 수 있는 내재적인 메커니즘을 지니고 있으며, 이를 바탕으로 언어 학습이 보편적이고 자연스러운 과정임을 강조하며 '생득주의 이론(Nativist Theory)'을 정립했다. 촘스키에 따르면, 언어 습득은 단순한 조건 반응의 결과가 아니라, 인간이 특정 발달 시기에 자연스럽게 문법 구조를 익힐 수 있는 선천적 능력을 통해 이루어진다. 이러한 주장은 전 세계의 유아가 특정 연령대에 이르면 복잡한 문법 구조를 학습하는 공통된 현상을 통해 뒷받침된다(Peter, 1968).

언어 습득 장치(Language Acquisition Device, LAD)

촘스키는 인간이 언어를 학습하기 위해 선천적으로 타고난 신경학적 메커니즘, 즉 '언어 습득 장치(Language Acquisition Device, LAD)'를 가지고 있다고 주장했다. LAD는 아동이 주변에서 듣는 언어를 기반으로 문법적 규칙을 자연스럽게 추론하고 습득할 수 있도록 돕는 역할을 한다. 이를 통해 아동은 제한된 언어적 입력만으로도 복잡한 문법 구조를 이해하고 사용할 수 있게 된다.

예를 들어, 유아가 부모가 말하는 문장을 반복적으로 듣는 과정에서 문법 규칙을 공식적으로 배우지 않아도 자연스럽게 올바른 문장을 형성하는 모습을 보일 수 있다. 부모가 '강아지가 뛰어요'라고 말하는 것을 반복해서 들은 아동은 문법 교육 없이도 '고양이가 뛰어요'와 같이 새로운 단어를 문법적으로 올바른 문장에 적용할 수 있다. 이는 아동이 LAD를 통해 언어의 구조적 패턴을 스스로 추론하고 내면화할 수 있음을 보여주는 대표적인 사례이다.

보편 문법(Universal Grammar)

촘스키는 모든 인간이 공통된 언어 구조(보편 문법)를 가지고 있다고 주장했다. 이는 세계 모든 언어가 공유하는 기본적인 규칙과 패턴을 포함한다. 예를 들어, 주어-동사-목적어(SVO) 구조나, 동사의 시제 변화와 같은 보편적 원리를 지닌다고 본다.

언어 학습의 생물학적 기초

촘스키의 이론에 따르면, 인간은 태어날 때부터 언어를 학습할 수 있는 선천적인 능력을 가지고 있으며, 이는 환경적 자극보다는 뇌의

심리학으로 읽는 아이의 마음

특징 구조와 발달 단계에 의해 가능해진다고 설명된다. 이를 뒷받침하는 다양한 생물학적 증거와 사례가 존재한다.

· **신생아의 언어 선호 반응**
  - 연구에 따르면, 신생아는 태어난 직후부터 인간의 말소리를 다른 소리(예: 백색 소음, 기계 소리)보다 선호한다.
  - 신생아는 엄마의 목소리를 들으면 심박수가 안정되며, 생후 며칠 내에 모국어의 리듬을 구별할 수 있다. 이는 언어 학습이 환경적 경험 없이도 뇌의 선천적인 기제에 의해 가능함을 보여준다.

· **뇌의 특정 영역이 언어를 담당하는 증거**
  - 브로카 영역(Broca's Area)과 베르니케 영역(Wernicke's Area)은 인간의 언어 기능을 담당하는 특정 뇌 영역이다.
  - 브로카 영역이 손상된 경우, 문법적 구조를 활용하는 능력이 저하되며 유창한 말하기가 어려워진다.
  - 베르니케 영역이 손상된 경우, 단어의 의미를 이해하는 능력이 손상된다.
  - 이러한 신경학적 증거는 인간의 언어 학습이 단순한 경험의 결과가 아니라, 특정한 신경 구조에 의해 가능해짐을 시사한다.

· **결정적 시기**(Critical Period) **가설**
  - Genie 사례(언어 학습의 결정적 시기를 놓친 사례)
  - 1970년대, 극심한 방임으로 인해 13세까지 사회적, 언어적 자극을 거의 받지 못한 'Genie'가 발견되었다.
  - 구조된 후, 기본적인 단어는 습득할 수 있었지만, 문법적으로 올바른 문장을 형성하는 능력은 끝내 발달하지 못했다.

- 이는 언어 학습이 단순한 환경적 자극만으로 이루어지는 것이 아니라, 뇌의 발달 단계(결정적 시기)에 따라 가능해진다는 것을 보여준다.

촘스키는 언어 학습이 일반적인 학습 과정(예: 자전거 타기, 수학 문제 풀이)과 다르며, 인간의 뇌가 언어 습득을 위해 특화된 시스템을 가지고 있다고 주장했다. 위의 사례들은 신생아의 언어 반응, 뇌의 특정 언어 영역, 결정적 시기의 존재를 통해 언어 학습이 생물학적 기초를 바탕으로 이루어진다는 점을 강력히 뒷받침한다.

촘스키 이론의 핵심 예시

· **아동의 문법 규칙 추론:** 아동이 'I goed to the park'이라고 말하는 경우, 이는 아동이 성인의 말을 모방한 것이 아니라, 규칙(과거 시제는 '-ed'를 붙인다)을 내재적으로 적용했음을 보여준다. 비록 오류이지만, 이는 LAD가 아동의 언어 학습 과정에서 규칙을 형성하고 실험적으로 적용하고 있음을 시사한다.

· **제한된 입력으로 언어 학습:** 부모가 아동에게 완전한 문법 구조를 매번 설명하지 않더라도, 아동은 단순한 언어적 입력만으로도 복잡한 문장을 이해하고 사용할 수 있다. 예를 들면, 부모가 'Look, a dog'라고 말하면, 아동은 이를 바탕으로 'The dog is running'과 같은 문장을 스스로 생성할 수 있다.

촘스키 이론의 의의

· **선천적 언어 능력 강조:** 촘스키의 이론은 인간이 언어 학습을 위해 특별히 설계된 선천적 능력을 가지고 있음을 강조한다. 이는 학습의

심리학으로 읽는 아이의 마음

환경적 요인만으로는 언어 발달을 충분히 설명할 수 없다는 점을 제기한다.

- **언어 연구의 패러다임 전환:** 생득주의 이론은 언어 학습을 단순한 행동적 반응(스키너의 주장)으로 설명하지 않고, 인간의 독특한 인지적 메커니즘으로 이해하도록 심리학과 언어학의 방향을 바꾸었다.

생득주의 이론에 대한 비판

- **환경적 요인 간과:** 이 이론은 아동이 언어를 학습하는 데 있어 부모의 상호작용이나 환경적 자극의 중요성을 과소평가한다는 비판을 받는다.
- **사회적 요소 배제:** 촘스키는 언어 학습에서 사회적 상호작용의 역할을 충분히 고려하지 않았다. 비고츠키와 같은 학자들은 아동이 타인과의 상호작용을 통해 언어를 더 잘 습득한다고 주장한다.

2) B.F. 스키너(B.F.): 행동주의 이론(Behaviorist Theory)

B.F. 스키너는 언어 발달이 선천적인 능력보다는 환경적 자극과 학습 경험의 결과로 이루어진다고 주장하며, 이를 행동주의 이론의 관점에서 설명했다. 그는 '조작적 조건화(Operant Conditioning)'를 통해 언어 학습 과정을 해석했으며, 아동이 언어를 학습하는 데 있어 강화(Reinforcement), 모방(Imitation), 그리고 반복(Repetition)이 핵심 역할을 한다고 보았다(Skinner, 1957).

강화와 언어 학습

스키너는 아동이 언어를 학습하는 과정에서 강화가 중요한 역할을 한다고 강조했다. 아동이 특정 소리나 단어를 발음했을 때, 부모나 양육자가 긍정적인 반응(칭찬, 미소, 관심)을 보이면, 아동은 동일한 언어를 반복하려는 경향을 보인다. 이러한 보상 체계는 아동이 언어 학습의 동기를 갖게 하며, 점차 언어 능력을 확장하는 데 기여한다.

· 아이가 처음으로 '엄마'라는 단어를 발음했을 때, 부모가 '맞아, 엄마야'라고 칭찬하며 미소를 보이면, 아동은 '엄마'라는 단어를 반복적으로 사용하게 된다.
· 아이가 '물 줘'라고 요청했을 때, 부모가 물을 건네주며 '물 줘요라고 말했네, 잘했어'라고 반응하면, 아동은 언어 표현을 통해 욕구를 충족할 수 있음을 학습한다.

모방과 언어 학습

스키너는 아동이 주변 환경에서 들은 언어를 모방하여 학습한다고 주장했다. 이는 부모, 가족, 또래의 말을 따라 하면서 언어 사용 능력을 발달시키는 과정이다. 아동은 모방을 통해 단어의 발음, 문장의 구조, 표현 방식을 학습한다.

· 부모가 '안녕하세요'라고 말하면, 아동은 이를 모방하며 같은 말을 반복하려고 시도한다.
· 아동이 부모가 사용하는 문장 패턴(예: '이거 먹고 싶어?')을 모방하며, 점차 자신의 표현으로 발전시킨다.

심리학으로 읽는 아이의 마음

반복과 언어 숙달

스키너는 언어 학습이 반복 연습을 통해 이루어진다고 보았다. 아동은 동일한 단어나 구문을 여러 번 사용하면서 언어 사용이 점차 자연스러워지고 숙달된다. 이 과정에서 반복은 기억을 강화하고, 언어 표현의 정확성을 높이는 데 기여한다.

· 아동이 '공'이라는 단어를 여러 번 사용하며, 이를 다양한 상황(놀이 중, 요청 시)에 적용한다.
· 아이가 '먹고 싶어'라는 표현을 반복적으로 사용하며, 자신의 욕구를 효과적으로 전달하는 방법을 터득한다.

행동주의 이론의 기여

스키너의 행동주의 이론은 언어 발달에서 환경적 요인과 학습 경험의 중요성을 강조했다. 그의 이론은 아동이 언어를 배우는 과정에서 부모와 양육자의 역할이 얼마나 중요한지를 보여준다. 특히, 긍정적인 강화와 반복적 연습의 중요성은 언어 발달을 촉진하는 교육적 접근에 중요한 기초를 제공한다.

한계

스키너의 행동주의 이론은 언어 학습에서 창의적 문장 생성이나 복잡한 문법 학습과 같은 요소를 충분히 설명하지 못한다는 비판을 받는다. 아동이 환경적 입력만으로 어떻게 새로운 문장을 생성하고 문법을 익히는지는 촘스키의 생득주의 이론과 대비되어 논의된다.

스키너는 아동의 언어 발달이 환경적 자극과 학습의 결과라고 보았으며, 이를 강화, 모방, 반복의 원리로 체계적으로 설명했다. 그의 이론은 언어 발달을 지원하는 양육자의 역할을 강조하며, 언어 학습 프로그램 설계나 행동 수정 기법 등에 유용한 기초를 제공했다.

2.
언어 발달 단계:
울음, 옹알이, 단어 조합

아동의 언어 발달은 점진적이고 체계적인 단계를 거쳐 이루어진다. 이러한 발달 과정은 아동이 자신을 표현하고, 타인과 의사소통하며, 사회적 관계를 형성하는 데 필수적이다. 언어 발달 단계는 생후 초기의 울음에서 시작하여 옹알이, 단어 조합으로 이어지며, 각 단계는 고유의 특징과 발달 과정을 나타낸다(Siegler, DeLoache & Eisenberg, 2003).

울음(Crying)

· **시기:** 생후 0~3개월
· **특징:** 울음은 아동의 첫 의사소통 수단으로, 기본적인 생리적 욕구(배고픔, 통증, 불편함 등)를 표현하는 역할을 한다. 아동은 울음을 통해 주변의 관심을 유도하고, 양육자와 정서적 유대를 형성한다.
· **의미:** 초기에는 단순히 생리적 반응으로 나타나지만, 시간이 지나면서 다양한 패턴과 강도로 변하며, 양육자가 울음의 원인을 구분할

수 있게 된다.

신생아가 배가 고플 때 짧고 반복적인 울음을 통해 요구를 표현한다.

옹알이(Babbling)

· **시기:** 생후 4~12개월
· **특징:** 옹알이는 아동이 자음과 모음을 결합한 소리를 반복적으로 내
  며 언어 발달의 초기 형태를 나타낸다. 초기에는 'ba-ba'와 같은 단
  순한 소리로 시작하며, 점차 언어적 리듬과 억양을 포함한 더 복잡
  한 소리로 발전한다.
· **발달 과정:** 생후 4~6개월경에는 아기가 'ba-ba', 'da-da'와 같
  은 자음과 모음의 반복적인 결합 소리를 발음하기 시작한다. 생후
  9~12개월이 되면 특정 언어의 음운적 특징을 모방하며, '엄마', '아
  빠'와 같은 단어와 유사한 소리를 내는 모습을 보인다.
· **의미:** 옹알이는 단순한 소리 반복을 넘어, 아동이 주변 언어의 음운
  체계를 탐구하고, 발음 기초를 형성하는 과정이다.

단어 조합(Word Combination)

· **시기:** 생후 18~24개월
· **특징:** 아동은 단어를 사용해 두 단어 또는 세 단어로 문장을 조합
  하며, 구체적인 의사를 표현하기 시작한다. 이 단계는 '전보식 언어
  (Telegraphic Speech)'로 특징지어지며, 주요 단어(명사, 동사)를 포함하고,
  문법적 요소(전치사, 관사)는 생략되는 경우가 많다.
· **전보식 언어:** 생후 18~24개월경의 유아가 사용하는 초기 문장 형태

심리학으로 읽는 아이의 마음

를 의미한다. 이 단계에서 아동은 핵심 단어(주로 명사와 동사)만을 조합하여 의사를 표현하지만, 문법적 요소(예: 전치사, 관사, 접속사, 어미변화)는 생략하는 경향이 있다. 이는 마치 전보(Telegram)에서 필수적인 단어만 포함하고 불필요한 단어는 생략하는 방식과 유사하기 때문에 '전보식 언어'라는 이름이 붙여졌다. 이 단계는 아동의 언어 발달에서 자연스러운 과정이며, 이후 점진적으로 문법적 요소가 추가되면서 완전한 문장 구조로 확장된다.

- **발달 과정:** 생후 18개월경에는 아기가 한두 단어를 사용하여 기본적인 요구를 표현하기 시작한다. 예를 들어, '엄마 밥'이나 '나 가'와 같은 간단한 표현으로 자신의 필요를 전달한다. 생후 24개월경에는 간단한 문장을 만들어 구체적인 상황과 감정을 전달하는 능력이 발달한다. 예를 들어, '아빠 책 줘'와 같은 문장으로 의사소통을 한다.
- **의미:** 단어 조합은 언어 발달에서 중요한 전환점으로, 아동이 단순한 단어 표현에서 문장 생성으로 넘어가는 기초를 마련한다.
- 아동은 '강아지 온다'와 같은 문장을 사용하여 주변에서 일어나는 상황을 설명할 수 있다. 또한, '엄마 사과 줘'라는 표현으로 자신의 구체적인 요구를 명확히 전달한다.

아동의 언어 발달은 신경학적 성숙, 사회적 상호작용, 환경적 자극의 영향을 받는다. 울음은 최초의 의사소통 형태로 양육자와의 정서적 연결을 강화하고, 옹알이는 언어의 음운 체계를 형성하며, 단어 조합은 본격적인 의사소통의 시작을 알린다. 이러한 단계는 언어 발달의 기초를 형성하며, 이후 문법적 학습과 복잡한 언어 사용으로 확장된다.

3.
│ 언어와 사고의 관계 │

언어와 사고의 관계는 심리학과 언어학에서 오래도록 논의되어 온
주제다. 언어는 사고를 표현하는 도구이자 사고를 형성하고 조직화하
는 역할을 한다. 학자들은 언어와 사고의 관계를 이해하기 위해 다양
한 이론과 관점을 제시했으며, 이 주제는 아동의 언어 발달 연구에서
도 핵심적인 논점으로 다루어진다.

1) 언어가 사고에 미치는 영향

언어는 사고를 형성하고 조직화하는 데 중요한 역할을 한다. 특정
언어를 사용하는 방식은 개인의 사고 과정과 세상을 이해하는 방식에
영향을 미친다. 이는 '언어 상대성 이론(Language Relativity Hypothesis)'으로
설명된다.

(1) 언어 상대성 이론(Language Relativity Hypothesis)

언어 상대성 이론은 인간이 사용하는 언어가 사고방식과 세계를 이해하는 방법에 영향을 미친다는 가설이다. 이 이론은 언어가 단순히 사고를 표현하는 도구가 아니라, 사고를 형성하고 조정하는 중요한 역할을 한다고 주장한다. 언어 상대성 이론은 사피어와 워프(Sapir & Whorf)의 이름을 따 '사피어-워프 가설(Sapir-Whorf Hypothesis)'이라고도 불린다. 이 이론은 언어와 사고 간의 관계를 탐구하는 데 중요한 기초를 제공하며, 특히 아동의 언어 발달과 사고 발달 연구에서 중요한 이론적 틀로 활용된다.

언어와 사고의 상호작용

언어 상대성 이론에 따르면, 사람들이 사용하는 언어의 구조와 어휘는 세계를 지각하고 해석하는 방식에 영향을 미친다. 즉, 특정 언어를 사용하는 사람들은 그 언어의 특성에 따라 사고하고 문제를 해결하는 방식이 달라진다.

· 에스키모어에는 눈(Snow)을 나타내는 여러 단어가 존재하며, 이는 눈의 다양한 상태를 세밀하게 구분하고 이해하는 데 영향을 미친다. 반면, 눈을 자주 접하지 않는 문화권에서는 이러한 세부적인 구분이 필요하지 않아 단일 단어로 표현된다.

아동 발달에서 언어 상대성 이론의 적용

언어 상대성 이론은 아동의 언어 발달과 사고 발달이 서로 밀접하게 연결되어 있음을 시사한다. 아동이 특정 언어의 어휘와 문법 구조를 학습하면서, 그 언어가 제공하는 사고 틀 안에서 세상을 인식하고 해석하게 된다.

· **언어의 어휘와 사고:** 아동이 언어를 통해 개념을 배우는 과정에서 사용하는 어휘의 다양성과 특성은 아동의 사고 형성에 중요한 영향을 미친다. 예를 들어, 영어를 사용하는 아동은 'Blue'와 'Green'을 별개의 색으로 구분하지만, 한국어를 사용하는 아동은 '푸르다'라는 단어를 통해 두 색상을 하나의 개념으로 통합해 이해할 수 있다.
· **문법과 사고:** 문법 구조는 사고에도 영향을 미치며, 시간, 공간, 관계를 나타내는 문법적 표현은 아동이 사건과 관계를 이해하는 방식을 형성한다. 예를 들어, 영어는 시제를 통해 시간을 명확히 구분하지만, 중국어는 문맥을 통해 시간 정보를 전달한다. 이러한 언어적 차이는 아동이 시간 개념을 학습하고 이해하는 방식에 차이를 가져올 수 있다.

언어 상대성 이론의 아동 발달 연구 사례
· **색상 인식 연구:** 특정 언어에서 색상을 구분하는 어휘가 발달한 정도가 아동의 색상 인식 능력에 영향을 미친다는 연구가 있다(Bornstein, 1985). 예를 들어, 두 색상 간 차이를 명확히 표현하는 언어 환경에서 자란 아동은 색상을 구분하는 데 더 뛰어난 성과를 보인다.
· **수 개념 연구:** 특정 언어에 숫자 체계가 부족한 경우, 해당 언어를 사용하는 아동은 큰 숫자를 처리하는 데 어려움을 겪을 수 있다 (Gordon, 2004).

심리학으로 읽는 아이의 마음

비판과 한계

언어 상대성 이론은 언어가 사고에 강력한 영향을 미친다는 점을 강조하지만, 이에 대한 비판도 존재한다. 일부 학자들은 언어가 사고를 완전히 규정하지 않으며, 언어와 사고는 상호작용적인 관계에 있다고 주장한다. 촘스키는 인간의 언어 능력이 선천적이라는 점을 강조하며, 언어는 사고를 표현하는 도구일 뿐, 사고 자체를 규정하지는 않는다고 비판했다.

언어 상대성 이론의 의의

언어 상대성 이론은 아동 발달에서 언어의 역할을 이해하는 데 중요한 시사점을 제공한다. 언어는 아동이 세상을 경험하고 조직하는 틀을 형성하며, 이를 통해 아동의 사고와 문제 해결 능력을 지원한다. 이 이론은 언어 교육 및 다언어 환경에서의 학습 프로그램 개발에 유용한 근거를 제공한다.

결론적으로 언어 상대성 이론은 언어와 사고의 관계를 탐구하며, 아동이 언어를 통해 세상을 어떻게 이해하고 해석하는지를 설명하는 데 중요한 기초를 제공한다. 이 이론은 아동 발달 연구에서 언어와 사고의 상호작용을 이해하는 데 필수적인 틀을 제공하며, 언어 교육 및 발달 지원 프로그램 설계에 실질적인 기여를 한다.

2) 사고가 언어에 미치는 영향

사고는 언어를 형성하는 데도 중요한 역할을 한다. 인간은 사물을 인지하고 개념화하는 과정을 통해 언어를 발달시킨다. 아동은 사고의 발달에 따라 언어를 사용하여 점차 더 복잡하고 추상적인 개념을 표현할 수 있게 된다.

(1) 피아제의 관점: 사고가 언어에 미치는 영향

피아제(Jean Piaget)는 사고가 언어보다 우선적으로 발달하며, 언어는 사고 발달의 결과로 나타난다고 주장했다. 그는 언어가 아동의 사고를 표현하는 도구로 작용하며, 사고가 먼저 개념적 틀을 형성한 후 언어를 통해 이를 구체화한다고 보았다(Piaget, 1952).

사고가 언어를 이끄는 과정

피아제는 아동이 세상을 이해하고 개념화하는 과정에서 사고가 언어 발달을 이끈다고 설명했다. 아동은 주변 환경과의 상호작용을 통해 새로운 개념을 형성하며, 이러한 개념을 언어로 표현한다. 피아제는 언어가 사고의 도구라기보다는, 이미 형성된 개념을 전달하고 표현하는 매개체로 작용한다고 보았다. 예를 들어, 아동이 '높다'와 '낮다'의 개념을 이해한 후 이를 표현하기 위해 '높은 건물'이나 '낮은 의자'라는 언어를 사용하는 과정이 이에 해당한다.

사고와 언어의 발달 단계

피아제는 사고와 언어의 관계를 아동 발달 단계와 연결시켜 설명했다. 그는 언어가 사고의 발달에 따라 점진적으로 복잡해진다고 보았다.

심리학으로 읽는 아이의 마음

- **감각운동기**(0~2세): 이 시기에는 언어보다 감각적 경험과 운동적 반응을 통해 세상을 탐구하는 경향이 강하다. 사고는 주로 직접적인 행동을 통해 이루어지며, 언어는 아직 발달 초기 단계에 머물러 있다. 예를 들어, 아기가 장난감을 만지며 '빠빠'와 같은 소리를 내는 행동은 사고가 언어적 표현으로 이어지는 초기 단계를 나타낸다.
- **전조작기**(2~7세): 아동은 상징적 사고를 통해 언어를 사용하기 시작하며, 단어와 개념을 연결하여 자신의 경험을 표현한다. 예를 들어, 아동이 '달이 나를 따라와요'라고 말하는 것은 자신이 경험한 현상을 상징적으로 표현하는 과정이다.
- **구체적 조작기**(7~11세): 아동은 논리적 사고가 발달함에 따라 언어를 사용해 더 복잡한 개념을 설명할 수 있게 된다. 예를 들어, 아동이 '물을 얼리면 얼음이 되고, 얼음을 녹이면 다시 물이 돼요'라고 말하며 물질 변화의 개념을 언어로 표현하는 모습이 이를 잘 보여준다.
- **형식적 조작기**(11세 이후): 추상적 사고가 발달함에 따라, 아동은 가설을 세우고 이를 언어로 표현할 수 있는 능력을 갖추게 된다. 예를 들어, '만약 모든 사람들이 재활용을 한다면, 환경 문제가 줄어들 거야'라는 말을 통해 가설적 사고를 언어로 설명하는 모습을 보일 수 있다.

언어와 사고의 연관성

피아제는 언어를 사고를 나타내는 도구로 보았지만, 언어가 발달한 이후에는 사고를 더 구체화하고 정교화하는 데 언어가 중요한 역할을 한다고도 인정했다. 따라서 언어와 사고는 상호보완적으로 작용하며, 특히 아동 발달 과정에서 이 둘의 관계는 매우 밀접하다.

피아제의 관점이 주는 시사점

피아제의 이론은 언어 교육과 사고 발달을 효과적으로 지원하기 위한 방향성을 제시한다. 아동이 사고를 통해 개념을 이해하고 이를 언어로 표현할 수 있도록, 적절한 환경과 자극을 제공하는 것이 중요하다. 특히, 놀이, 탐구 활동, 대화는 아동의 사고력과 언어 능력을 동시에 발달시키는 데 핵심적인 역할을 한다. 예를 들어, 아동이 블록을 쌓는 놀이를 통해 '높다'와 '균형'의 개념을 익힌 뒤, 이를 설명하도록 유도하면 사고와 언어의 발달을 함께 지원할 수 있다.

결론적으로 피아제는 사고가 언어 발달의 기초를 형성하며, 아동이 주변 환경을 탐구하고 개념화하는 과정에서 사고가 언어 사용을 이끈다고 보았다. 그의 이론은 아동의 사고와 언어 발달을 통합적으로 이해하고, 이를 지원하기 위한 교육적 접근에 중요한 통찰을 제공한다.

(2) 비고츠키의 관점: 언어와 사고의 통합

비고츠키는 언어와 사고가 초기에는 독립적으로 발달하지만, 약 2세를 기점으로 상호작용 하며 통합된다고 주장했다. 이 시점부터 언어는 단순한 의사소통 도구를 넘어, 아동이 자신의 사고를 조절하고 문제를 해결하는 데 사용하는 도구가 된다(Penuel & Wertsch, 1995; Vygotsky, 1978). 그는 특히 '사적 언어(Private Speech)'의 개념을 통해 언어와 사고의 상호작용을 설명했다.

사적 언어(Private Speech)는 아동이 스스로에게 말을 하며 행동을 계획하거나 문제를 해결하는 데 사용하는 언어를 의미한다. 비고츠키는 사적 언어가 아동의 자기 조절(Self-regulation)과 사고 과정을 지원하는 중

심리학으로 읽는 아이의 마음

요한 역할을 한다고 보았다. 이 언어는 아동이 점차적으로 내면화되어 성인의 내적 사고로 발전한다.

언어와 사고의 상호작용 사례

- **문제 해결에서의 사적 언어 사용:** 아동이 퍼즐을 맞추는 과정에서 사적 언어는 사고와 행동을 조율하는 중요한 역할을 한다. 예를 들어, 아동이 퍼즐 조각을 들고 '이 조각은 여기야. 맞는 모양이네'라고 말하며 조각을 맞추는 모습은 언어가 사고를 조직화하고, 다음 행동을 계획하는 데 기여함을 보여준다.
- **학습과 언어의 상호작용:** 아동은 학습 과정에서 언어를 활용해 새로운 개념을 이해하고 이를 사고와 연결시킨다. 예를 들어, 아동이 수학 문제를 풀며 '더하기는 숫자를 합치는 거야'라고 말하며 개념을 명확히 하는 모습은, 언어가 학습한 내용을 사고에 통합하는 중요한 도구로 작용한다는 것을 보여준다.
- **놀이에서의 언어와 사고:** 놀이 상황에서 아동은 사적 언어를 활용해 상상력을 조직하고, 규칙을 이해하며, 역할을 계획한다. 예를 들어, 역할 놀이에서 아동이 '나는 의사야. 환자를 치료해야 해'라고 말하며 행동을 계획하고 실행하는 과정은, 언어가 사고를 구체화하고 놀이를 통해 학습을 강화하는 데 중요한 역할을 한다는 것을 보여준다.

언어와 사고의 상호작용이 주는 시사점

비고츠키의 관점은 아동의 언어 발달과 사고 발달을 지원하기 위해 언어적 상호작용이 풍부한 환경을 제공하는 것이 중요하다는 점을 시사한다. 다음과 같은 방법으로 언어와 사고의 상호작용을 촉진할 수 있다.

· **사적 언어 사용 격려:** 아동이 문제를 해결하거나 놀이를 할 때 스스로에게 말을 하도록 격려하면, 사고와 행동을 조율하는 데 효과적이다. 예를 들어, 부모나 교사가 '이 문제를 풀기 위해 어떻게 해야 할지 말로 설명해 볼래?'라고 질문하면, 아동이 사적 언어를 활용하여 문제 해결 과정을 조직하고 구체화하도록 도울 수 있다.

· **언어적 상호작용 강화:** 질문과 대화를 통해 아동이 사고를 확장하고 언어로 생각을 표현할 수 있도록 돕는 것은 매우 중요하다. 예를 들어, '왜 이 조각이 여기에 맞는다고 생각했니?'와 같은 질문을 통해 아동이 자신의 사고를 명확히 하고, 언어와 사고의 연결을 강화할 수 있다.

· **놀이 기반 학습 제공:** 놀이를 통해 아동이 언어와 사고를 동시에 발달시킬 수 있는 기회를 제공하는 것은 중요하다. 예를 들어, 역할 놀이나 협동 놀이를 통해 아동이 상상력을 표현하고 사고를 조직하는 과정을 지원할 수 있다. 이러한 놀이 활동은 아동이 언어를 사용해 생각을 표현하며, 사회적 상호작용 속에서 사고의 깊이를 확장하는 데 도움을 준다.

결론적으로 언어와 사고는 상호보완적으로 작용하며, 아동의 전반적인 발달에 중요한 기여를 한다. 비고츠키는 언어가 사고를 구체화하고, 사고는 언어를 풍부하게 하는 상호작용의 과정을 강조하며, 이러한 관계를 이해하고 지원하는 환경의 중요성을 제시했다. 언어와 사고의 통합 과정을 촉진하기 위해 아동에게 풍부한 언어적 자극과 문제

심리학으로 읽는 아이의 마음

해결 기회를 제공하는 것이 필요하다.

언어와 사고의 관계에 대한 현대적 이해

현대 연구자들은 언어와 사고가 독립적으로 작용하기보다는 상호 보완적인 관계를 맺고 있다고 강조한다. 언어는 사고를 구체화하고 조직화하는 데 중요한 역할을 하며, 사고는 언어 발달의 기초를 제공하고 새로운 개념과 아이디어를 형성하는 데 기여한다. 이러한 상호작용은 특히 아동 발달 과정에서 두드러지며, 언어와 사고의 관계는 아동의 인지 발달과 문제 해결 능력을 강화하는 중요한 요소로 작용한다. 아동 발달의 초기 단계에서 언어와 사고의 상호작용을 이해하고 이를 지원하는 환경을 제공하는 것은 아동의 전인적 발달을 돕는 데 필수적이다.

3) 결정적 시기 가설(Critical Period Hypothesis)

결정적 시기 가설(Critical Period Hypothesis)에 따르면, 인간의 언어 학습은 특정 시기에 가장 활발히 이루어지며, 이 시기가 지나면 언어를 유창하게 학습하기 어려워진다(Lenneberg, 1967). 이 시기는 일반적으로 '생후 2세부터 사춘기(약 12~13세)'까지로 간주된다.

(1) 결정적 시기와 관련된 나이

출생~2세
· 언어 학습의 준비 단계로, 아동은 기본적인 소리를 구별하고 주변
  언어에 익숙해지며, 발성(울음, 옹알이)을 통해 언어 학습의 기초를 다
  진다.
· 뇌의 가소성(Plasticity)이 매우 높아, 다양한 언어 소리를 습득할 수
  있다.

2~6세
· 언어 발달이 가장 활발히 이루어지는 시기로, 어휘 확장, 문법 규칙
  학습, 간단한 문장 생성 능력이 급격히 증가한다.
· 아동은 모국어뿐만 아니라 이중 언어 환경에서도 언어를 효과적으로
  습득할 수 있다.

7세~사춘기
· 언어 학습 능력이 여전히 유지되지만, 뇌의 가소성이 감소하면서 새
  로운 언어를 배우는 능력이 점차 줄어든다.
· 모국어의 문법과 어휘가 안정화되며, 새로운 언어를 배우더라도 모
  국어의 영향(예: 억양, 발음)이 강해질 수 있다.

사춘기 이후
· 결정적 시기가 끝난 후, 언어 학습은 여전히 가능하지만, 모국어와
  동일한 수준으로 학습하는 것은 어렵다.

심리학으로 읽는 아이의 마음

· 특히, 발음(억양)이나 문법의 완전한 습득은 어려울 수 있다.

(2) 결정적 시기의 예

'들판에서 자란 아이(Feral Children)' 사례

　'들판에서 자란 아이(Feral Children)'는 인간의 사회적 환경과 언어적 자극 없이 자란 아동을 지칭하는 용어로, 이러한 사례는 언어 발달에서 환경과 시기의 중요성을 탐구하는 데 중요한 단서를 제공한다. 대표적인 사례로 Genie(지니) 사례가 있으며, 이 사례는 언어 학습의 '결정적 시기(Critical Period)' 가설을 뒷받침하는 중요한 연구 자료로 활용되었다 (Lenneberg, 1967).

　Genie는 13세까지 극심한 학대와 사회적 고립 상태에서 성장한 아동으로, 부모로부터 언어적 자극이나 사회적 상호작용 없이 방치된 채 생활했다. 이러한 환경에서 그녀는 언어와 사회적 기술을 거의 배우지 못했으며, 구조된 이후 다양한 교육과 치료를 통해 언어 학습이 시도되었으나, 그 결과는 제한적이었다. Genie는 단순한 어휘와 짧은 문장을 학습할 수 있었고, 기본적인 의사소통은 가능했지만, 복잡한 문법 구조나 고급 언어를 사용하는 데는 실패했다.

　예를 들어, 그녀는 'Want milk'와 같은 간단한 표현은 구사할 수 있었으나, 'I go park yesterday'와 같이 문법적으로 부정확한 문장을 자주 사용하며 문장 구성이 어려움을 드러냈다. 또한, Genie는 단어를 조합해 문장을 구성하거나 맥락에 맞는 대화를 이어가는 데에도 한계를 보였다.

　이 사례는 언어 학습에서 '결정적 시기(Critical Period)'의 중요성을 명확히 보여준다. 결정적 시기란 특정 능력을 학습하기에 가장 적합한 시기로, 이를 놓치면 해당 능력을 온전히 습득하기 어려워진다는 이론이다(Lenneberg, 1967). Genie의 사례는 언어 발달이 생물학적 요인만으로 이루어지지 않으며, 풍부한 환경적 자극과 사회적 상호작용이 필수적임을 보여준다. 결정적 시기를 놓친 이후에는 언어 학습이 제한적일 수 있음을 실증적으로 증명한 중요한 사례로 평가된다.

이중 언어 학습

7세 이전에 두 언어를 배우는 아이들은 두 언어 모두 원어민 수준으로 유창하게 말할 수 있는 경우가 많다. 반면, 사춘기 이후 새로운 언어를 배우면, 억양이나 문법적 오류가 나타날 가능성이 높다.

바이링구얼(Bilingual)

바이링구얼(Bilingual)은 두 개의 언어를 유창하게 구사할 수 있는 상태 또는 그런 사람을 의미한다. 간단히 말해, 바이링구얼은 두 가지 언어를 이해하고 말하거나 쓸 수 있는 사람을 지칭한다.

· **유창성 수준:** 바이링구얼의 유창성은 개인에 따라 다양하게 나타난다. 어떤 사람은 두 언어를 모두 모국어처럼 유창하게 사용할 수 있는 반면, 한 언어는 모국어 수준이고 다른 언어는 약간 덜 유창할 수도 있다. 언어 능력은 듣기, 말하기, 읽기, 쓰기와 같은 여러 요소로 구성되며, 각 요소에서 유창성의 수준이 다를 수 있다. 예를 들면, 한 아이가 가정에서 한국어를 주로 사용하며 한국어로는 복잡한 문장을 유창하게 구사하지만, 학교에서는 영어로 간단한 대화를 나누

심리학으로 읽는 아이의 마음

는 수준일 수 있다.

· **언어 학습 환경:** 바이링구얼은 다양한 환경에서 형성될 수 있으며, 아동의 언어 발달 과정에서 환경적 요인이 중요한 역할을 한다. 특히, 아동이 언어를 배우는 환경은 가정, 교육, 지역 사회 등 여러 측면에서 바이링구얼 능력 형성에 영향을 미친다. 먼저, 가정 환경은 부모가 서로 다른 언어를 사용하는 경우, 아동이 자연스럽게 두 언어를 동시에 학습할 수 있는 기반이 된다. 예를 들어, 한 부모가 영어를 사용하고 다른 부모가 스페인어를 사용하는 가정에서 성장한 아동은 두 언어를 모두 익히며 성장할 가능성이 높다. 다음으로, 교육 환경에서도 다국어 교육이 이루어지는 학교는 아동의 바이링구얼 형성에 중요한 역할을 한다. 국제학교와 같은 다국어 교육 기관에서는 영어와 중국어로 수업을 진행하는 등, 아동이 다양한 언어를 학습할 수 있는 기회를 제공한다. 이러한 환경은 학습 과정을 통해 두 언어를 동시에 배우도록 지원한다. 또한, 지역 사회 환경은 아동이 자라는 지역의 언어적 다양성에 따라 바이링구얼 발달에 기여한다. 예를 들어, 캐나다처럼 영어와 프랑스어가 공용어로 사용되는 다언어 지역에서는 아동이 일상생활 속에서 자연스럽게 두 언어를 접하고 사용할 기회를 갖는다. 이처럼, 가정, 교육, 지역 사회 환경은 바이링구얼 형성에 중요한 영향을 미치며, 각 환경에서 제공되는 언어적 자극은 아동의 언어 발달에 긍정적으로 작용한다.

유아기의 바이링구얼(Bilingual)

아이가 두 언어를 번갈아 사용하는 것은 자연스러운 현상이다. 이는 어린아이들이 언어를 배우는 방식과 그들의 인지적 발달 단계에서 비롯된다.

· **언어 전환의 이유**
  - **맥락과 환경:** 아이는 특정 언어를 사용하는 사람이나 상황에 따라 자연스럽게 언어를 바꾼다. 예를 들어, 부모님이 한국어를 쓰고 선생님이 영어를 쓰면, 아이는 각각의 사람과 대화할 때 적절한 언어를 선택한다.
  - **어휘의 선택:** 한 언어에서 더 쉽게 떠오르는 단어를 사용하려는 경향이 있다. 예를 들어, 한국어로 대화하면서 'Car'라는 단어가 더 빨리 떠오르면 영어로 말할 수 있다.
  - **언어의 부족:** 어떤 개념을 한 언어로 표현하기 어려울 때, 다른 언어로 전환해 해결한다. 이는 단순히 더 명확하게 표현하려는 의도일 수 있다.

· **아이가 느끼는 감정과 생각**
  - **이질감보다는 자연스러움:** 대부분의 유아 바이링구얼은 언어를 전환하는 것을 '이질적'이라고 느끼지 않는다. 오히려 두 언어를 자신의 도구처럼 여기며 자유롭게 사용하는 경우가 많다.
  - **문화적 연결:** 언어와 함께 오는 문화적 경험은 아이에게 특별한 정체성을 형성한다. 하지만 문화적 차이를 인식하게 되는 나이가 되면 약간의 혼란이나 이질감을 느낄 수도 있다.
  - **다양한 표현 방식의 즐거움:** 아이는 두 언어가 제공하는 다양한 표현 방식이 재미있고 유용하다고 느낄 수 있다.

심리학으로 읽는 아이의 마음

· **이질감을 느낄 수 있는 경우**
  - **언어 간의 규칙 차이:** 문법이나 표현 방식이 크게 다른 두 언어를 사용하는 경우, 아이는 '어떤 방식이 맞는가?'라는 의문을 가질 수 있다. 예를 들어, 한국어의 높임말 체계는 영어에는 없기 때문에 혼란을 줄 수 있다.
  - **사회적 반응:** 주변 사람들(친구, 가족, 선생님 등)의 반응이 아이의 언어 사용에 영향을 줄 수 있다. 예를 들어, 한 언어를 사용하는 사람이 '왜 영어를 섞어 쓰니?'라고 지적하면, 아이는 언어 혼용에 대한 불편함을 느낄 수 있다.
  - **어휘나 문법의 부족함:** 특정 언어에서 어휘나 문법이 부족할 경우 아이는 '왜 이 언어로 말하는 게 더 어렵지?'라는 감정을 느낄 수 있다.

· **언어 전환에서의 학습 효과**
  - **인지적 유연성:** 두 언어를 전환하면서 아이는 멀티태스킹과 문제 해결 능력을 발전시킨다. 이는 장기적으로 인지적 유연성을 높이는 데 도움이 된다.
  - **문화적 적응력:** 두 언어가 제공하는 서로 다른 사고방식을 경험하면서, 아이는 다양한 관점을 배우게 된다.

· **부모나 교육자의 역할**
  - **긍정적인 피드백:** 아이가 두 언어를 섞어 쓰는 것을 자연스럽게 받아들이고 격려해야 한다. 이는 언어 학습 과정의 일부분이다.
  - **일관된 언어 사용 환경 제공:** 특정 시간대나 상황에서는 한 언어를

사용하는 규칙을 만들어 언어 전환에 질서를 부여할 수 있다.

- **감정 표현 지도:** 아이가 이질감을 느낄 때, 그 이유를 부드럽게 설명하고 이를 극복하도록 도와주는 것이 중요하다.

아이에게는 두 언어를 사용하는 것이 큰 자산이며, 자연스러운 발달 과정이다. 아이가 겪는 경험을 이해하고 지원해 준다면, 건강한 언어 발달을 도울 수 있다

· **단일 언어를 사용하는 사람이 바이링구얼이 언어를 전환할 때 느끼는 감각**

- **채널을 바꾸는 느낌:** TV에서 한 채널은 다큐멘터리를, 다른 채널은 드라마를 보여줄 때 상황에 따라 원하는 채널로 이동하는 감각이다. 각 채널은 고유한 내용과 분위기를 가지지만, 리모컨 하나로 자연스럽게 바꾸는 일이 어렵지 않다. 이런 언어 전환은 자연스럽고 부드러운 흐름으로 이루어질 수 있다.

- **앱 간 이동:** 스마트폰에서 메신저를 사용하다가 브라우저로 검색하거나, 카메라 앱으로 사진을 찍는 행동처럼 각각의 목적에 맞는 앱을 선택해 사용하는 느낌이다. 언어는 필요에 따라 선택하고 사용하는 유용한 도구와 같다.

- **음악 장르 바꾸기:** 클래식 음악에서 팝송으로, 또는 재즈에서 록으로 넘어가는 경험과 비슷하다. 각 음악 장르는 독특한 리듬과 감정을 전달하며, 원하는 분위기에 맞게 선택할 수 있다. 언어마다 고유한 표현과 감각이 있어 그때그때 적합한 것을 선택하게 된다.

- **차선 변경:** 도로에서 차선을 바꾸며 운전할 때, 주변 상황에 따라

심리학으로 읽는 아이의 마음

적합한 방향으로 부드럽게 이동하는 감각이다. 처음에는 신중히게 움직이지만, 익숙해지면 자연스럽게 이루어진다. 언어 전환도 마찬가지로, 상황에 따라 매끄럽게 이루어지는 과정이다.

- **두 가지 도구를 번갈아 사용하는 경험:** 요리할 때 칼로 재료를 다지고, 주걱으로 음식을 섞는 행동처럼 상황에 따라 다른 도구를 적절히 사용하는 과정과 비슷하다. 각 언어는 특정한 역할을 하며 필요에 따라 사용된다.
- **다양한 맛을 즐기는 과정:** 단맛의 디저트를 한입 먹고, 짭짤한 요리를 이어서 먹는 경험과 비슷하다. 각 맛은 고유한 매력을 가지고 있으며, 그 순간에 맞는 것을 선택한다. 특정 언어가 상황이나 감정에 더 잘 맞을 때 자연스럽게 그 언어를 선택하게 된다.
- **두 가지 작업을 동시에 수행:** 한 손으로 물건을 들고 다른 손으로 문을 여는 행동처럼, 두 가지 기능을 유기적으로 조화롭게 사용하는 경험이다. 처음에는 어색할 수 있지만, 익숙해지면 자연스럽게 이루어진다. 언어를 전환하는 것도 비슷한 유연성과 조화를 요구한다.

· **이질감을 느낄 때의 비유**
  - 익숙하지 않은 노래를 연주하려다가 손가락이 꼬이는 순간
  - 신발을 잘못 신고 어색함을 느끼는 상황

이처럼 언어 규칙이 충돌하거나 어휘 선택이 양쪽 언어에서 모두 어색할 때 바이링구얼도 약간의 혼란을 겪을 수 있다. 하지만 이는 드문 경우이며, 대부분은 자연스럽게 언어를 오갈 수 있다.

결론적으로 바이링구얼이 언어를 전환하는 과정은 일상에서 느끼는 부드러운 전환, 적응, 그리고 선택과 비슷하다. 두 언어를 유연하게 사용하는 것은 바이링구얼에게 도전이 아니라 익숙한 흐름의 일부이다.

제6장

정서 발달

정서 발달은 아동의 사회적, 심리적, 인지적 발달에 핵심적인 역할을 하며, 기본 정서
와 사회적 정서, 애착 형성, 정서 조절 능력의 발달 과정을 포함한다. 정서 발달은 아동
이 자신의 감정을 이해하고 표현하며, 타인의 감정을 공감하고 사회적 상호작용에서 이
를 활용하는 능력을 향상시키는 과정이다. 이는 건강한 대인 관계와 전반적인 삶의 질
을 형성하는 기초가 된다.

1.
| 기본 정서와 사회적 정서 |

1) 기본 정서(Basic Emotions)

기본 정서는 인간이 생물학적으로 타고나는 감정으로, 모든 문화에서 공통적으로 나타나며 생존과 적응에 중요한 역할을 한다. 이러한 정서는 인간 발달 초기부터 신체적 반응과 행동을 통해 자연스럽게 표현되며, 기쁨, 슬픔, 분노, 두려움, 혐오, 놀람 등으로 분류된다(김지현, 2024; Ekman, 1992; Siegler, DeLoache & Eisenberg, 2003). 예를 들어, 생후 6주 된 아기가 부모의 얼굴을 보고 미소를 짓는 행동은 기쁨의 표현으로, 긍정적인 사회적 상호작용을 촉진한다(조혜진, 이기숙, 2004).

(1) 기본 정서의 특징

보편성

기본 정서는 전 세계 모든 문화권에서 공통적으로 나타나며, 생물학적으로 타고난 반응이다. 이는 특정 문화나 학습에 의해 생성된 것이 아니라, 진화의 결과로 생존을 위해 발달한 것이다.

초기 발달

생후 몇 달 이내에 기본 정서는 관찰될 수 있다. 예를 들어, 신생아는 배고픔을 느낄 때 울음을 통해 슬픔이나 불편함을 표현하며, 생후 6~8주경에는 부모의 얼굴을 보고 미소를 지어 기쁨을 나타낸다.

(2) 주요 기본 정서와 발달

기쁨(Joy)

기쁨은 긍정적인 감정으로, 사회적 유대감을 형성하고 주변 환경에 대한 호기심을 자극하는 특징이 있다. 이 감정은 생후 6~8주경 미소를 통해 처음 나타나며, 이후 부모나 양육자와의 상호작용을 통해 점차 풍부해진다. 예를 들어, 부모가 장난감을 흔들며 놀아줄 때 유아가 크게 웃는 모습은 기쁨의 표현으로, 상호작용을 강화하고 관계를 더욱 돈독히 한다.

슬픔(Sadness)

슬픔은 불편하거나 고통스러운 상황에서 나타나는 감정으로, 주로

심리학으로 읽는 아이의 마음

도움을 요청하는 신호로 작용한다. 초기에는 배고픔이나 피곤함과 같은 기본적인 욕구가 충족되지 않을 때 울음으로 표현된다. 예를 들어, 유아가 배고픔을 느끼거나 부모와 떨어질 때 울음을 통해 슬픔을 나타내는 모습은 이러한 감정의 대표적인 예다.

분노(Anger)

분노는 좌절감이나 억제된 욕구로 인해 발생하며, 목표를 달성하려는 동기를 자극하는 감정이다. 이 감정은 생후 4~6개월경부터 나타나며, 유아가 원하는 것을 얻지 못하거나 행동에 제한을 받을 때 분명히 표현된다. 예를 들어, 장난감을 빼앗겼을 때 울거나 소리를 지르는 행동은 분노를 나타내는 전형적인 사례다.

두려움(Fear)

두려움은 위험 상황에서 회피 반응을 유도하여 생존을 돕는 중요한 감정이다. 이 감정은 생후 6~12개월경 발달하며, 특히 분리불안이나 낯선 사람에 대한 경계심으로 나타난다. 예를 들어, 낯선 사람이 다가올 때 유아가 부모에게 달려가 안기려는 행동은 두려움을 표현하는 전형적인 사례다.

혐오(Disgust)

혐오는 유해하거나 불쾌한 것을 피하려는 본능적인 반응으로, 특히 음식과 관련된 반응에서 두드러지게 나타난다. 이 감정은 초기에는 특정 맛(쓴맛이나 신맛)에 대한 거부 반응으로 시작되며, 점차 비위생적인 물질에 대한 거부로 확장된다. 예를 들어, 유아가 쓴맛이 나는 음식을 먹고 얼굴을 찡그리는 행동은 혐오의 전형적인 표현이다.

놀람(Surprise)

놀람은 예상치 못한 사건이나 변화에 대한 즉각적인 반응으로, 주의력을 높이고 환경을 탐구하는 데 도움을 준다. 이 감정은 생후 몇 달 이내에 나타나며, 갑작스러운 소리나 움직임에 반응하는 형태로 표현된다. 예를 들어, 큰 소리가 났을 때 유아가 놀라며 눈을 크게 뜨는 행동은 놀람의 대표적인 예다.

(3) 기본 정서의 역할

생존적 기능

기본 정서는 위험을 회피하거나 필요한 자원을 확보하는 데 도움을 준다. 예를 들어, 두려움은 위험에서 벗어나도록 하고, 분노는 목표를 이루기 위해 동기를 제공한다.

사회적 의사소통

기본 정서는 자신의 상태를 다른 사람에게 전달하고, 양육자나 주변인으로부터 적절한 반응을 이끌어 내는 중요한 수단이다. 예를 들어, 아기가 배고픔을 느낄 때 울음(슬픔 또는 불편함)을 통해 신호를 보내면, 부모는 이를 인지하고 즉시 음식을 제공하여 아기의 필요를 충족시킨다.

기본 정서는 수치심이나 죄책감과 같은 복합적인 정서의 기초가 되며, 정서 조절 능력과 사회적 상호작용을 형성하는 데 중요한 역할을

심리학으로 읽는 아이의 마음

한다. 예를 들어, 유아가 부모의 칭찬을 받을 때 느끼는 기쁨(기본 징서)은 자존감 형성과 자신감 발달로 이어진다. 반면, 잘못된 행동을 하고 부모의 꾸중을 들을 때 경험하는 슬픔이나 불편함(기본 정서)은 이후 죄책감과 같은 복합적인 정서를 학습하고, 이를 통해 정서를 조절하는 방법을 배우는 계기가 된다.

결론적으로 기본 정서는 인간이 태어날 때부터 가지고 있는 보편적이고 생물학적으로 내재된 감정으로, 생존과 적응에 중요한 역할을 한다. 이 정서는 초기 발달에서부터 명확히 관찰되며, 아동이 환경에 적응하고 사회적 상호작용을 구축하는 데 필수적이다. 기본 정서의 이해는 아동의 정서적 발달을 지원하고, 이를 통해 건강한 사회적 관계를 형성하는 데 기여한다.

2) 사회적 정서(Social Emotions)

사회적 정서는 기본 정서를 기반으로 발달하며, 인간의 도덕적 규범과 사회적 기대를 반영하는 감정이다(Eisenberg, 2000). 수치심(Shame), 죄책감(Guilt), 자부심(Pride), 질투(Jealousy), 당혹감(Embarrassment)과 같은 감정이 이에 해당하며, 이는 생후 약 18~24개월경 타인의 반응을 이해하고 자신의 행동을 조정할 수 있을 때 발달하기 시작한다. 사회적 정서는 생물학적 본능에 의해 나타나는 기본 정서와는 달리, 타인과의 상호작용과 반응을 통해 점차 형성된다.

예를 들어, 2세 아동이 장난감을 부수었을 때 부모가 화를 내는 모습을 보고 죄책감을 느껴, 다음에는 더 신중한 행동을 보이는 것은 사회적 정서가 발달한 사례로 볼 수 있다.

(1) 사회적 정서의 발달

사회적 정서는 생후 약 18~24개월경부터 발달하기 시작하며, 이 시기는 아동이 타인의 반응을 인식하고 자신의 행동이 타인에게 미치는 영향을 이해하는 중요한 단계이다. 이 시기의 아동은 자기 인식을 형성하며, 자신을 타인의 기대와 사회적 규범에 비추어 평가하면서 다양한 사회적 정서를 경험한다.

타인의 반응 인식

아동은 자신의 행동이 타인에게 긍정적이거나 부정적인 영향을 미친다는 것을 점차 이해한다. 예를 들어, 아동이 부모를 도우면 부모가 웃거나 칭찬하는 반응을 보이는 것을 통해 자신의 행동이 긍정적인 영향을 미쳤다는 것을 깨닫는다. 반대로, 잘못된 행동(예: 장난감을 던지는 것)으로 부모가 화를 내거나 꾸짖으면, 그 행동이 부정적인 영향을 미쳤음을 인식한다.

자아 개념의 발달

아동은 자신의 행동을 평가하는 능력을 점차 발달시키며, 이를 통해 자부심, 수치심, 죄책감과 같은 감정을 경험하게 된다. 이러한 감정은 사회적 기대와 도덕적 규범을 이해하고 내면화하는 과정에서 더욱 깊어진다. 예를 들어, 아동이 블록 쌓기를 성공적으로 마쳤을 때 부모가 칭찬하면, 아동은 자부심을 느끼며 긍정적인 자아 개념을 형성한다.

심리학으로 읽는 아이의 마음

반대로, 블록을 실수로 무너뜨렸을 때 부모가 실망한 표정을 지으면, 아동은 수치심을 느끼고 이후에는 더 신중히 행동하려는 동기를 갖게 된다.

이 시기의 사회적 정서 발달은 아동이 타인과의 관계를 형성하고 유지하는 능력을 기르는 데 중요한 역할을 한다. 타인의 반응에 대한 인식과 자아 개념의 발달은 아동이 자신의 행동을 조정하고 사회적 상황에서 적절히 반응하도록 돕는 토대가 된다.

(2) 주요 사회적 정서와 특징

수치심(Shame)

수치심은 자신의 행동이 사회적 규범에 어긋났거나 타인에게 부정적으로 평가될 때 느껴지는 감정으로, 타인의 시선과 평가를 인식할 수 있을 때 발달한다. 아동은 자신의 행동이 잘못되었다고 느낄 때 수치심을 표현하며, 예를 들어 3세 아동이 실수로 컵을 떨어뜨려 깨뜨린 후 부모가 실망한 표정을 짓자 얼굴을 가리고 방으로 도망가는 행동을 보이는 경우가 이에 해당한다.

죄책감(Guilt)

죄책감은 자신의 행동이 타인에게 피해를 주었다고 느낄 때 나타나는 감정으로, 책임감이 동반된다. 이 감정은 타인의 감정을 이해하고 자신의 행동이 초래한 결과를 인식할 수 있을 때 발달한다. 예를 들어, 2세 아동이 동생의 장난감을 부수고 부모가 화를 내자, 이후 장난감을 조심스럽게 다루며 다시는 같은 행동을 하지 않겠다고 약속하는 모습이 죄책감을 반영한다.

자부심(Pride)

자부심은 자신의 성취나 행동에 대해 긍정적인 평가를 받을 때 느껴지는 감정으로, 이는 아동의 자신감을 키우고 긍정적인 자아 개념을 형성하는 데 중요한 역할을 한다. 예를 들어, 아동이 어려운 퍼즐을 완성했을 때 부모가 '정말 잘했어'라고 칭찬하자, 아동이 기뻐하며 자신감을 표현하는 모습은 자부심을 잘 보여준다.

질투(Jealousy)

질투는 타인이 자신이 원하거나 중요하게 여기는 것을 가졌거나, 타인에게 관심이 집중될 때 느껴지는 감정으로, 아동은 이를 통해 자신의 관심과 애정을 유지하려는 행동을 보인다. 예를 들어, 부모가 동생을 안아줄 때 아동이 질투를 느껴 울거나 떼를 쓰며, 부모의 관심을 끌기 위해 동생의 장난감을 빼앗는 행동을 보이는 것은 질투의 대표적인 예이다.

당혹감(Embarrassment)

당혹감은 자신이 주목받거나 예상치 못한 상황에서 사회적으로 불편함과 민망함을 느낄 때 나타나는 감정이다. 이 감정은 사회적 상황과 맥락을 이해하는 능력이 발달하면서 형성된다. 예를 들어, 처음 만난 사람들 앞에서 넘어졌을 때, 얼굴이 붉어지고 고개를 숙이며 당황스러워하는 모습은 당혹감을 잘 보여준다.

이러한 사회적 성서는 아동이 타인의 감정과 사회적 규범을 이해하며, 이를 통해 적절한 행동을 학습하고 조정하는 중요한 과정에서 발달한다. 이를 지원하기 위해 부모와 교사는 아동이 정서를 인식하고 조절할 수 있도록 적절히 도와야 한다.

(3) 사회적 정서의 발달 과정

사회적 정서는 아동의 성장 과정에서 점진적으로 발달하며, 양육 환경과 사회적 상호작용이 이 과정에 중요한 영향을 미친다. 아동은 부모, 교사, 또래와의 상호작용을 통해 도덕적 규범과 사회적 기대를 배우며, 이러한 경험은 사회적 정서를 풍부하게 한다.

양육자의 역할

부모와 양육자의 반응은 아동이 사회적 정서를 학습하고 조절하는 데 중요한 역할을 한다. 아동은 양육자가 보이는 행동과 감정을 모방하며, 자신의 행동이 타인에게 미치는 영향을 배우게 된다. 예를 들어, 아동이 실수로 장난감을 부수었을 때, 부모가 단순히 꾸짖는 대신 '이 장난감을 부수면 친구가 슬퍼할 거야. 다음에는 더 조심히 다뤄보자'라고 설명하며 해결책을 제시한다면, 아동은 자신의 행동에 대한 책임감을 느끼고 이후 더 신중하게 행동하는 법을 배울 수 있다.

또래와의 상호작용

또래 친구들과의 놀이와 협력은 아동이 사회적 규범을 학습하고 정서적 조절 능력을 발달시키는 중요한 기회를 제공한다. 아동은 놀이를 통해 규칙을 이해하고 따르며, 갈등 상황에서는 타협과 양보를 배우게 된다. 예를 들어, 놀이 중 한 아동이 차례를 무시하고 먼저 장난감을 사용하려 할 때, 또래 친구가 '네 차례가 끝나면 내가 쓸게'라고 말하며 규칙과 양보를 상기시키면, 아동은 자신의 행동이 타인에게 미치는 영향을 깨닫고 차례를 지키는 법을 배울 수 있다.

(4) 사회적 정서의 역할

사회적 정서는 아동이 건강한 사회적 관계를 구축하고 유지하는 데 중요한 기반이 된다. 이를 통해 아동은 타인의 감정을 이해하고, 도덕적 판단을 내리며, 조화로운 관계를 형성하고 유지할 수 있다. 또한, 사회적 정서는 아동이 갈등 상황에서 효과적으로 대처하고 문제를 해결하는 데 필요한 능력을 키우는 데 기여한다.

예를 들어, 친구와 놀이 중 장난감을 공유하지 않아 갈등이 발생했을 때, 아동은 죄책감을 느껴 장난감을 나누며 상황을 해결할 수 있다. 이러한 경험은 아동이 협력의 중요성을 배우고, 타인과의 관계를 조화롭게 유지하도록 돕는다. 사회적 정서는 또한 아동이 타인의 감정을 공감하고, 자신이 한 행동의 결과를 반성하며 책임감을 느끼는 데 중요한 역할을 한다.

결론적으로 사회적 정서는 기본 정서를 기반으로 발달하며, 타인의 반응과 상호작용을 통해 풍부해진다. 이는 아동이 자신을 타인의 기대와 규범에 맞추어 평가하고, 행동을 조정하는 데 중요한 역할을 한다. 사회적 정서의 발달은 건강한 사회적 관계 형성과 도덕적 판단 능력의

심리학으로 읽는 아이의 마음

기초가 되며, 이를 시원하기 위해 부모와 교사의 역할이 중요하다.

4) 부모와 교사의 긍정적인 반응이 아동의 사회적 정서 발달에 미치는 영향과 효과적인 지도 방안

아동의 사회적 정서 발달 과정에서 부모나 교사가 보이는 긍정적인 반응은 아동의 정서적 안정감과 사회적 능력 발달에 중요한 역할을 한다. 특히, 일관된 긍정적인 반응은 아동의 자아 개념 형성과 대인 관계 기술을 강화하는 데 기여할 수 있다. 다음은 성인의 긍정적인 반응이 가져올 수 있는 유익한 결과를 설명한 내용이다.

(1) 긍정적인 반응의 유형과 그 영향

부모나 교사가 보이는 긍정적인 반응에는 칭찬, 공감, 정서적 지지, 논리적 지도 등이 포함된다. 이러한 반응은 아동이 건강한 사회적 정서를 형성하는 데 도움이 된다.

적절한 칭찬과 격려
· 부모나 교사가 아동의 긍정적인 행동을 인정하고 칭찬하면, 아동은 자신이 가치 있는 존재임을 느끼고 더욱 적극적으로 도전하려는 동기를 갖게 된다.
· 퍼즐을 완성한 아동에게 '정말 대단해. 어려운 퍼즐을 끝까지 해냈구나'라고 칭찬하면, 아동은 성취감을 느끼고 도전에 대한 자신감을 가

지게 된다.

· 결과: 자기효능감(Self-efficacy) 증가 → 새로운 도전 적극적 참여 →
자신감이 형성된다.

공감과 감정 인정

· 아동이 슬픔, 분노, 좌절 등 다양한 감정을 표현할 때 부모나 교사
가 이를 인정하고 공감해 주는 것은 정서적 안정감을 높이는 데 중
요하다.

· '네가 속상한 게 이해돼. 나도 그런 경험이 있었어. 같이 이야기해 볼
까?'라고 말하면, 아동은 자신의 감정이 존중받고 있음을 느끼고, 감
정을 조절하는 법을 배우게 된다.

· 결과: 감정 조절 능력 향상 → 타인의 감정을 이해하고 공감하는 능
력 증가 → 원만한 대인 관계가 형성된다.

논리적 설명과 해결책 제시

· 아동이 실수를 했을 때 즉각적인 처벌이 아니라 논리적인 설명과 해
결책을 제시하면, 아동은 자신의 행동이 타인에게 미치는 영향을 이
해하고 책임감을 배울 수 있다.

· '친구 장난감을 부수면 속상해할 거야. 다음에는 어떻게 하면 좋을
까?'라고 질문하면, 아동은 자신의 행동을 되돌아보고 대안을 고민
하게 된다.

· 결과: 도덕성 발달 → 문제 해결 능력 향상 → 책임감 있는 행동이
증가한다.

심리학으로 읽는 아이의 마음

일관된 정서적 지지

· 부모나 교사가 아동의 정서를 안정적으로 지지해 주면, 아동은 안전한 환경에서 자신의 감정을 자유롭게 표현하고 긍정적인 자아 개념을 형성할 수 있다.

· 실수를 한 아동에게 '괜찮아, 누구나 실수할 수 있어. 다음에 다시 해 보자'라고 말하면, 아동은 실수에 대한 두려움을 줄이고 실패를 극복하는 방법을 배울 수 있다.

· 결과: 정서적 안정감 증가 → 회복탄력성(Resilience) 향상 → 긍정적인 자아 개념을 형성한다.

(2) 긍정적인 반응이 가져오는 주요 이점

성인의 긍정적인 반응이 지속될 경우, 아동은 다음과 같은 정서적, 사회적 능력을 발달시킬 가능성이 높다.

높은 자존감과 도전 의식

· 부모나 교사의 긍정적인 반응을 지속적으로 경험한 아동은 자신을 가치 있는 존재로 인식하며, 새로운 도전에 대한 두려움이 줄어든다.

· 꾸준히 칭찬을 받은 아동은 실패를 두려워하지 않고, 창의적인 해결책을 모색하는 능력이 향상될 수 있다.

사회적 관계에서의 자신감

· 긍정적인 반응을 경험한 아동은 타인과의 관계에서 자신감 있게 행동하며, 새로운 사회적 환경에서도 적극적으로 적응하려는 태도를

보인다.

· 부모가 아동의 의견을 존중해 주는 환경에서 자란 아동은 또래 관계에서도 자신의 생각을 주저 없이 표현하는 모습을 보일 가능성이 크다.

공감 능력과 배려심 향상

· 부모나 교사가 공감을 실천하는 모습을 보이면, 아동도 자연스럽게 타인의 감정을 이해하고 배려하는 태도를 배우게 된다.

· '친구가 아까 속상해 보였어. 너라면 어떤 말을 해주면 좋을 것 같아?'라고 질문하면, 아동은 타인의 감정을 고려하는 습관을 기르게 된다.

도덕적 판단력과 책임감 형성

· 논리적인 설명을 통해 행동의 결과를 이해하는 경험을 한 아동은 규칙을 자발적으로 따르고 책임감을 가질 가능성이 높아진다.

· 부모가 아동과 함께 규칙을 정하는 과정에 참여시키면, 아동은 규칙을 지키는 것이 자신의 선택임을 인식하고 더욱 주도적으로 행동하게 된다.

(3) 건강한 사회적 정서 발달을 위한 지도 방안

부모와 교사는 아동이 건강한 사회적 정서를 발달시킬 수 있도록 다양한 방법을 활용할 수 있다.

감정 표현을 장려하고 경청하기

심리학으로 읽는 아이의 마음

- 아동이 자신의 감정을 자유롭게 표현할 수 있도록 격려하고, 적극적으로 경청하는 태도를 보여야 한다.
- '네가 오늘 기분이 어땠는지 말해줄래? 무엇이 즐거웠고, 무엇이 힘들었어?'라고 질문하기.

긍정적인 피드백 제공

- 아동의 긍정적인 행동을 강화하기 위해 구체적이고 진정성 있는 칭찬을 하는 것이 중요하다.
- '친구한테 장난감을 나눠줬구나. 네가 배려하는 모습이 참 멋져'

문제 해결 능력 기르기

- 아동이 스스로 해결책을 찾을 수 있도록 유도하고, 다양한 선택지를 고려하도록 도와야 한다.
- '이 상황에서 네가 할 수 있는 방법이 몇 가지 있을까? 한번 이야기해 볼래?'

긍정적인 모델링 제공

- 부모와 교사가 정서적으로 안정된 모습을 보이며, 갈등 해결 방식에서도 모범적인 태도를 보이는 것이 중요하다.
- 부모가 갈등 상황에서 침착하게 의견을 조율하는 모습을 보이면, 아동도 비슷한 태도를 배우게 된다.

5) 부모와 교사의 부정적인 반응이 아동의 사회적 정서 발달에 미치는 영향과 대응 방안

아동의 사회적 정서 발달 과정에서 부모나 교사가 보이는 부정적인 반응은 아동의 정서적 안정감과 사회적 능력에 부정적인 영향을 미칠 수 있다. 특히, 꾸준한 부정적인 반응은 아동의 자아 개념 형성과 대인관계에 있어 장기적인 문제를 초래할 수 있다. 다음은 성인의 부정적인 반응이 초래할 수 있는 좋지 않은 결과를 설명한 내용이다.

(1) 부정적인 반응의 유형과 그 영향

부모나 교사가 보이는 부정적인 반응에는 꾸짖음, 비난, 무시, 과도한 처벌 등이 포함된다. 이러한 반응은 아동이 사회적 정서를 건강하게 발달시키는 것을 방해할 수 있다.

과도한 꾸짖음과 비난
· 아동이 실수했을 때 부모나 교사가 즉각적으로 강하게 꾸짖거나 비난하면, 아동은 자신의 행동이 아니라 '자신 자체가 문제'라고 느낄 가능성이 크다.
· 블록을 무너뜨린 아동에게 '너는 왜 항상 실수를 하니? 제대로 할 줄 아는 게 없어'라고 말할 경우, 아동은 수치심을 느끼고 도전적인 과제에 대한 자신감을 잃을 수 있다.
· 결과: 아동의 자기효능감(Self-efficacy) 저하 → 새로운 도전 회피 → 자신감 부족으로 이어질 수 있음.

심리학으로 읽는 아이의 마음

감정 무시와 공감 부족

· 아동이 죄책감이나 슬픔을 표현할 때 부모나 교사가 이를 무시하거나 가볍게 여기는 태도를 보이면, 아동은 자신의 감정을 인정받지 못했다고 느낄 수 있다.

· '그런 걸로 울면 안 돼. 사소한 일인데 뭘 그렇게 속상해하니?'라고 말하면, 아동은 자신의 감정이 중요하지 않다고 인식하게 된다.

· 결과: 감정 조절 능력 부족 → 타인의 감정을 이해하고 공감하는 능력이 저하됨 → 대인 관계에서 갈등 해결이 어려워질 수 있음.

과도한 처벌과 위협

· 부모나 교사가 아동의 행동에 대해 감정적으로 반응하며 처벌을 강조할 경우, 아동은 문제 해결 방법을 배우기보다 처벌을 피하는 것에 집중하게 된다.

· 실수로 동생의 장난감을 부순 아동에게 '너 다시 이런 짓 하면 장난감 다 버릴 거야'라고 위협하면, 아동은 죄책감을 느끼기보다는 처벌에 대한 두려움을 갖게 된다.

· 결과: 내면화된 도덕성 결여 → 외부의 처벌이 없을 때는 규칙을 따르지 않으려는 경향이 나타남.

비교와 경쟁 유도

· 부모나 교사가 아동을 또래와 비교하거나 형제자매와 경쟁을 유도할 경우, 아동은 질투와 열등감을 강하게 느낄 수 있다.

· '너는 왜 동생처럼 예의 바르게 행동하지 못하니?'라는 말은 아동에게 비교당하고 있다는 인식을 심어줄 수 있다.

· 결과: 자존감 저하 → 형제자매 또는 또래와의 관계에서 질투심 증가 → 사회적 관계 형성에 어려움 초래

(2) 부정적인 반응이 초래하는 주요 문제

성인의 부정적인 반응이 지속될 경우, 다음과 같은 정서적, 사회적 문제를 유발할 가능성이 높아진다.

낮은 자존감과 위축된 행동

부모나 교사의 부정적인 반응이 지속되면, 아동은 자신이 사랑받을 자격이 없다고 느끼며 낮은 자존감을 갖게 된다.

· 자주 비난받은 아동은 실패를 두려워하여 새로운 도전에 소극적이거나, 타인의 기대에 부응하려고 과도하게 노력하는 모습을 보일 수 있다.

사회적 불안과 위축

반복적인 부정적인 피드백을 받은 아동은 타인의 반응에 대해 과도하게 신경 쓰고, 사회적 상황에서 위축된 행동을 보일 가능성이 크다.

· 부모가 사소한 실수에도 크게 꾸짖은 아동은 또래 관계에서도 실수를 두려워하여 대화나 놀이에 소극적으로 참여할 수 있다.

심리학으로 읽는 아이의 마음

공격적인 행동 증가

지속적인 비난이나 처벌을 경험한 아동은 자신이 받은 감정을 타인에게 표출할 가능성이 높다.

· 부모가 감정적으로 화를 자주 내는 환경에서 자란 아동은 또래와의 갈등 상황에서도 폭력적이거나 공격적인 방식으로 반응할 가능성이 있다.

공감 능력 저하

성인의 부정적인 반응이 지속되면, 아동은 타인의 감정을 이해하거나 배려하는 능력을 갖추지 못할 수 있다.

· 자신의 감정을 무시당한 아동은 타인의 감정을 중요하게 여기지 않고, 또래와의 관계에서 공감보다는 자기중심적인 행동을 보일 가능성이 높다.

도덕적 판단력 결여

부정적인 피드백이 반복될 경우, 아동은 처벌이 두려워 행동을 조절할 뿐, 진정으로 옳고 그름을 이해하지 못할 수 있다.

· 성인이 없을 때는 규칙을 지키지 않거나, 자신의 행동에 대한 책임감을 느끼지 않는 경향이 나타날 수 있다.

(3) 건강한 사회적 정서 발달을 위한 대안

부모와 교사는 아동의 사회적 정서 발달을 지원하기 위해 긍정적인 피드백을 제공하는 것이 중요하다.

감정을 인정하고 조절할 수 있도록 돕기
· 아동이 부정적인 감정을 표현할 때 이를 무시하지 않고, 감정을 언어로 표현할 수 있도록 도와야 한다.
· '네가 속상했겠구나. 어떤 점이 힘들었는지 이야기해 줄래?'와 같이 감정을 인정하는 대화를 나눈다.

행동의 결과를 논리적으로 설명하기
· 아동이 잘못된 행동을 했을 때, 단순한 처벌이 아니라 행동의 결과와 대안을 설명하는 방식이 효과적이다.
· '장난감을 부수면 친구가 속상할 거야. 다음에는 조심히 다루는 연습을 해보자'

긍정적인 모델링 제공
· 부모와 교사는 아동이 사회적 정서를 건강하게 발달시킬 수 있도록 긍정적인 감정 표현과 문제 해결 방식을 보여줘야 한다.
· 부모가 갈등 상황에서 침착하게 대화로 해결하는 모습을 보이면, 아동도 이를 모방하게 된다.

부모나 교사의 부정적인 반응은 아동의 사회적 정서 발달에 부정적

심리학으로 읽는 아이의 마음

인 영향을 미칠 수 있으며, 낮은 자존감, 사회적 불안, 공감 능력 저하, 도덕적 판단력 결여 등의 문제를 초래할 수 있다. 따라서 성인은 아동의 감정을 인정하고, 부드럽고 논리적인 방식으로 지도하며, 긍정적인 행동 모델을 제공하는 것이 중요하다.

2.
| 애착 이론: 볼비와 에인스워스 |

1) 존 볼비의 애착 이론

존 볼비(John Bowlby)는 인간 발달에서 '애착(Attachment)'이 아동과 주요 양육자 간의 정서적 유대를 형성하며, 이는 아동의 생존과 정서적 안정에 중요한 역할을 한다고 주장했다(Bowlby, 1969). 애착 이론은 진화론적 관점에서 발전된 개념으로, 아동이 스트레스나 위험에 처했을 때 양육자와의 애착을 통해 생존 가능성을 높이는 본능적 메커니즘임을 강조한다.

볼비는 애착 대상이 제공하는 두 가지 주요 역할을 제시했다. 첫째, 애착 대상은 아동이 스트레스 상황에서 심리적 안정을 찾는 '안전기지(Safe Haven)'로 작용한다. 둘째, 양육자는 아동이 새로운 환경을 탐색하고 학습할 수 있도록 정서적 지원을 제공하는 '안전한 기반(Secure Base)'

심리학으로 읽는 아이의 마음

의 역할을 한다. 이러한 역할은 아동의 사율성과 환경 탐색 능력을 지원하면서도 정서적 안전감을 유지하게 한다.

또한, 볼비는 애착이 단순히 정서적 의존이나 양육자의 배려에 의한 결과가 아니라, 생존을 위한 적응적 행동이라는 점을 강조했다. 애착 행동은 아동이 양육자와의 근접성을 유지함으로써 위험을 회피하고 안전을 확보하려는 본능적 반응으로, 이는 인간 발달 과정에서 필수적인 요소로 간주된다. 예를 들어, 아동이 낯선 사람을 보고 부모에게 달려가거나, 새로운 상황에서 부모의 얼굴을 확인하며 안심하는 행동은 이러한 애착의 본질적 역할을 보여준다.

(1) 애착 이론의 주요 개념

· 애착의 본능적 성격

애착 행동은 생존을 위한 본능적 메커니즘으로, 아동이 양육자를 통해 위험을 회피하고 신체적 안전을 확보하려는 자연스러운 반응이다. 예를 들어, 아기가 낯선 사람을 보고 두려움을 느껴 울며 부모에게 다가가는 모습은 안전을 찾으려는 본능적 행동을 잘 보여준다.

· 안전기지(Secure Base)

애착 대상(주로 부모)은 아동이 환경을 탐색할 때 정서적 안정감을 제공하는 안전기지 역할을 한다. 놀이터에서 아동이 새로운 놀이기구를 탐색하기 전 부모를 확인하고 안심한 후 돌아다니는 행동은 안전기지 개념을 반영하는 예라고 할 수 있다.

· 애착 행동 시스템

애착 행동 시스템은 아동이 스트레스나 위협을 경험할 때 양육자와의 근접성을 유지하려는 본능적인 행동을 통해 활성화된다(Bowlby, 1969). 이 시스템은 아동이 양육자에게서 정서적 안정감을 얻고, 안전한 환경을 확보하기 위한 적응적 메커니즘으로 작동한다. 애착 행동은 환경적 요인, 특히 스트레스 상황에서 두드러지게 나타나며, 아동이 불안감을 느낄 때 양육자의 반응에 따라 행동이 조정된다. 양육자가 아동의 요구에 민감하고 일관되게 반응할수록, 아동은 양육자를 안전한 기반(Secure Base)으로 인식하며 더욱 건강한 애착 관계를 형성한다. 이처럼 애착 행동 시스템은 아동의 정서적 안정과 사회적 발달에 필수적인 역할을 한다.

놀이터 상황에서의 애착 행동의 예로는 한 유아가 놀이터에서 놀다가 갑자기 큰 소리를 듣고 두려움을 느낀다. 이때 유아는 즉시 부모를 찾아가 달려가 안기며, 부모의 품에서 안정감을 찾는다. 부모가 유아를 진정시키고 '괜찮아, 무서운 소리가 아니라 누군가 문을 닫은 거야'라고 말하면, 유아는 다시 안정감을 얻고 주변을 탐색할 수 있게 된다.

(2) 애착의 네 가지 단계

볼비는 애착이 다음 네 단계를 거쳐 발달한다고 설명했다(Bowlby, 1969).

비차별적 애착 단계(출생~3개월)

아동은 초기 단계에서 특정 사람을 구별하지 않고, 모든 사람에게 미소를 짓거나 울음으로 반응한다.

예를 들어, 아기는 부모뿐만 아니라 낯선 사람에게도 미소를 보이며

심리학으로 읽는 아이의 마음

긍정적인 정서적 반응을 나타낸다.

특정 애착 단계(3~6개월)

아동은 특정 양육자(주로 부모)에 대한 선호를 보이기 시작하며, 낯선 사람에 대한 반응은 감소한다. 예를 들어, 아동이 어머니에게 팔을 뻗어 안아달라고 요구하거나, 어머니가 자리를 떠날 때 울음을 터뜨리는 행동을 보인다.

애착 행동 단계(6개월~2세)

아동은 양육자를 적극적으로 따라다니며, 분리불안과 낯가림 같은 행동을 보이기 시작한다. 예를 들어, 1세 아동은 부모가 방을 떠나면 울음을 터뜨리거나 문 쪽으로 기어가며 부모를 찾는 모습을 보인다.

목표 수정적 동반자 관계 단계(2세 이후)

아동은 애착 대상과의 관계에서 협력하고 감정을 조절하는 능력을 발달시키며, 부모의 부재를 이해하고 받아들일 수 있게 된다.

예를 들어, 부모가 외출하며 '엄마가 곧 돌아올 거야'라고 설명하면, 아동은 이를 이해하고 차분히 기다리는 모습을 보인다.

볼비의 애착 이론은 아동 발달에서 양육자와의 정서적 유대가 단순한 의존 관계가 아니라, 생존과 정서적 안정에 필수적인 진화적 적응임을 강조했다. 또한, 양육자의 민감한 반응과 정서적 지원이 아동의 건강한 애착 관계 형성과 사회적 발달에 중요한 영향을 미친다는 점을 보여준다. 이 이론은 현대 심리학, 교육학, 그리고 양육 지침에 광범위하게 적용되고 있다.

(3) 애착 단계에서 불안정 애착이 형성될 경우 초래되는 결과

볼비(Bowlby, 1969)의 애착 이론에 따르면, 안정적인 애착이 형성되면 아동은 정서적으로 안정되고, 타인과 건강한 관계를 맺는 능력을 발달시킬 수 있다. 그러나 애착 형성이 부적절하게 이루어질 경우, 불안정 애착(Insecure Attachment)이 형성될 가능성이 있으며, 이는 아동의 정서적, 사회적, 인지적 발달에 부정적인 영향을 미칠 수 있다. 불안정 애착의 유형과 그 결과는 다음과 같다.

(4) 불안정 애착 유형과 그 영향

불안정 애착은 주로 회피형 애착(Avoidant Attachment), 저항형 애착(Resistant/Ambivalent Attachment), 혼란형 애착(Disorganized Attachment)으로 분류된다. 각 유형이 형성되는 원인과 결과는 다음과 같다.

회피형 애착(Avoidant Attachment)

· **형성 원인:** 양육자가 아동의 정서적 요구에 일관되게 반응하지 않거나, 무관심한 태도를 보일 때 형성된다.
· **아동의 행동 특징:** 양육자와의 상호작용을 피하거나 최소화하며, 혼자 해결하려는 경향을 보인다. 부모가 떠나도 무관심한 태도를 보일 수 있다.
· **결과**

심리학으로 읽는 아이의 마음

- 정서적 거리감이 크고, 타인과의 친밀한 관계를 맺기 어렵다.
- 사회적 관계에서 신뢰 부족, 감정 표현에 서툴러 대인 관계에서 갈등이 잦아질 가능성이 크다.
- 스트레스를 받을 때도 타인에게 도움을 요청하는 대신 감정을 억누르는 경향을 보인다.

저항형(양가형) 애착(Resistant/Ambivalent Attachment)

· **형성 원인:** 양육자가 일관되지 않은 반응을 보이며, 때로는 아동의 요구를 수용하고 때로는 무시하는 태도를 보일 때 형성된다.
· **아동의 행동 특징:** 부모에 대한 강한 집착을 보이며, 부모가 떠날 때 극도로 불안해하지만, 부모가 돌아와도 쉽게 안심하지 못하고 지속적으로 화를 내는 경향이 있다.
· **결과**
- 감정적으로 불안정하며, 관계에서 극도의 의존성과 불신이 공존한다.
- 타인과의 관계에서 버림받을 것에 대한 두려움이 강해, 집착적이거나 감정 기복이 심한 행동을 보일 가능성이 높다.
- 성인이 된 후 연인이나 친구 관계에서도 신뢰 문제로 인해 불안한 행동을 보일 수 있다.

혼란형 애착(Disorganized Attachment)

· **형성 원인:** 양육자가 아동에게 공포의 대상이 되는 경우(예: 학대, 방임, 극단적인 처벌) 또는 양육자의 행동이 예측 불가능한 경우 형성된다.
· **아동의 행동 특징:** 애착 대상에게 접근하고 싶어 하지만 동시에 두려움을 보이며 혼란스러운 행동을 나타낸다. 양육자의 행동을 신뢰

하지 못하고, 모순된 반응(예: 부모에게 다가가려다가 갑자기 멈추고 도망가는 행동)을 보일 수 있다.

· **결과**

- 심리적 불안정과 충동적 행동이 증가하며, 분노 조절이 어려운 경우가 많다.
- 또래 관계에서 공격적이거나 위축된 모습을 보일 가능성이 있다.
- 성장 후 불안정한 대인 관계 및 정신 건강 문제(우울, 불안 장애, 반사회적 행동)로 이어질 가능성이 높다.

(5) 불안정 애착이 초래하는 장기적인 문제

아동기에 형성된 불안정 애착은 청소년기 및 성인기까지 영향을 미칠 수 있으며, 다음과 같은 장기적인 문제를 초래할 수 있다.

낮은 자존감과 자기효능감(Self-efficacy) 부족

· 지속적으로 부모로부터 정서적 지지를 받지 못한 아동은 자신이 사랑받을 가치가 없다고 느끼며, 자존감이 낮아질 가능성이 크다.
· 실패나 도전에 대한 두려움이 커지고, 자기 능력을 신뢰하지 못해 새로운 시도를 피할 가능성이 있다.

사회적 관계에서의 어려움

· 타인과의 관계에서 신뢰를 형성하는 것이 어려워, 친구 관계나 연인 관계에서 불안정한 행동을 보일 수 있다.
· 사회적 불안이 증가하며, 관계를 맺거나 유지하는 데 어려움을 겪을

심리학으로 읽는 아이의 마음

가능성이 높다.

감정 조절 문제

· 감정적으로 불안정한 모습을 보이며, 분노나 좌절을 적절하게 조절
하는 능력이 부족할 가능성이 있다.
· 스트레스 상황에서 감정을 조절하는 대신 회피하거나 극단적인 반응
(공격성, 위축 등)을 보일 수 있다.

우울 및 불안 장애 위험 증가

· 불안정 애착을 경험한 아동은 성인이 된 후에도 지속적인 불안감, 낮
은 자존감으로 인해 우울증과 불안 장애의 위험이 높아질 수 있다.
· 감정적 지지를 받을 수 있는 인간관계를 형성하는 것이 어려워, 외
로움과 심리적 고립을 경험할 가능성이 있다.

부적절한 양육 행동의 대물림

· 아동기에 불안정 애착을 경험한 사람은 성인이 되어 자신의 자녀에
게도 비슷한 양육 방식을 반복할 가능성이 높다(장휘숙, 1997).
· 자신의 감정을 적절히 조절하거나 표현하는 방법을 배우지 못했기
때문에, 자녀와의 관계에서도 감정적으로 일관되지 않은 반응을 보
일 가능성이 크다.

(6) 불안정 애착을 예방하고 극복하는 방법

불안정 애착이 형성되지 않도록 하기 위해 부모나 양육자는 다음과

같은 방식을 실천할 수 있다.

일관된 정서적 반응 제공

· 아동이 불안할 때 안정적으로 반응하고, 감정적으로 예측 가능한 태도를 유지하는 것이 중요하다.

· 아동이 불안해할 때 '괜찮아, 엄마가 곁에 있어'라고 말하며 안정감을 준다.

적극적인 공감과 애정 표현

· 아동이 정서적 욕구를 표현할 때 이를 무시하지 않고, 적극적으로 공감하고 반응해 주는 것이 중요하다.

· '네가 슬퍼 보이네. 무슨 일이 있었는지 이야기해 줄래?'라고 묻고, 감정을 인정해 준다.

안정적인 애착 관계 형성을 위한 질 높은 상호작용

· 단순한 신체적 돌봄이 아니라, 정서적으로도 따뜻한 관계를 유지하는 것이 중요하다.

· 하루에 일정 시간 아동과 눈을 맞추고 놀이하거나 대화하며 애착을 강화하는 시간을 갖는다.

긍정적인 훈육 방식 적용

· 처벌보다는 아동의 감정을 이해하고, 행동의 원인을 파악하는 방식으로 지도하는 것이 효과적이다.

· '네가 화가 난 건 이해해, 하지만 때리는 것은 좋은 해결 방법이 아니

심리학으로 읽는 아이의 마음

야'라고 설명하며 올바른 감정 조절 방법을 가르친다.

애착 단계에서 불안정 애착이 형성되면 아동의 정서적, 사회적 발달에 장기적인 부정적 영향을 미칠 수 있으며, 낮은 자존감, 관계 형성의 어려움, 감정 조절 문제, 정신 건강 문제 등을 초래할 수 있다. 따라서 부모와 양육자는 아동이 안정적인 애착을 형성할 수 있도록 일관된 반응을 보이고, 감정을 공감하며, 긍정적인 상호작용을 지속적으로 제공하는 것이 중요하다.

2) 메리 에인스워스(Mary Ainsworth)의 낯선 상황 실험

메리 에인스워스(Mary Ainsworth)는 애착 행동과 유형을 연구하기 위해 '낯선 상황 실험(Strange Situation Procedure)'을 개발했다. 이 실험은 1~2세 아동과 부모 간의 애착 관계를 관찰하기 위해 설계되었으며, 아동이 낯선 환경에서 부모와 분리되고 재결합하는 동안의 반응을 분석했다(Ainsworth, 1978). 실험은 부모와 아동이 낯선 방에 함께 있는 상태에서 시작되며, 낯선 사람이 등장하거나 부모가 방을 떠났다가 돌아오는 상황으로 구성되었다. 이를 통해 아동의 반응을 기반으로 세 가지 주요 애착 유형이 도출되었다.

(1) 안정 애착(Secure Attachment)

· **특징:** 아동은 부모와의 분리 상황에서 불안을 느끼지만, 재결합 시

부모에게 접근하며 빠르게 안정감을 회복한다. 이러한 아동은 부모를 신뢰하며, 부모를 안전한 기반(Secure Base)으로 활용하여 환경을 탐색한다.

· **행동:** 18개월 된 아동이 부모가 방을 떠날 때 울음을 터트리며 불안을 표현하지만, 부모가 돌아오자 팔을 뻗어 안아달라고 하며 곧 진정되고 안정을 찾는다. 이후 다시 주변 장난감을 탐색한다.

(2) 불안-회피 애착(Avoidant Attachment)

· **특징:** 아동은 부모와의 분리나 재결합 상황에서 무관심하거나 회피적인 행동을 보인다. 부모에게서 정서적 위로를 받으려는 시도가 거의 없으며, 낯선 사람에게도 비슷한 반응을 보인다. 이는 부모가 아동의 요구에 일관되게 반응하지 않았거나, 아동의 정서적 표현을 무시한 경우 나타날 수 있다.

· **행동:** 부모가 방을 떠나거나 돌아와도 장난감을 계속 가지고 놀며 큰 반응을 보이지 않으며, 부모가 돌아와도 눈을 마주치거나 다가가지 않고 오히려 부모를 무시하거나 피하는 행동을 보인다.

(3) 불안-저항 애착(Ambivalent Attachment)

· **특징:** 아동은 부모에게 강하게 의존하면서도 부모의 재결합 시 분노나 저항의 태도를 보인다. 이러한 아동은 부모의 일관되지 않은 반응으로 인해 정서적으로 혼란을 겪으며, 부모에 대한 신뢰와 불안을 동시에 느낀다.

심리학으로 읽는 아이의 마음

· **행동:** 2세 아동이 부모가 돌아왔을 때 팔을 뻗어 안아달라고 하면서 기뻐하며 다가가지만, 안긴 후 동시에 화를 내거나 울며 부모를 때리거나 밀어내는 거부적인 행동 태도를 보인다.

에인스워스의 연구는 애착 유형이 아동의 정서적 안정과 대인 관계 발달에 미치는 영향을 이해하는 데 중요한 기초를 제공했다. 특히, 안정 애착은 성인이 된 후에도 건강한 대인 관계를 형성하는 데 긍정적인 영향을 미친다는 점에서 주목받고 있다. 반면, 불안-회피 애착과 불안-저항 애착은 이후 정서적 불안정이나 사회적 어려움과 연관될 수 있다. 이러한 결과는 양육자의 민감한 반응성과 일관된 정서적 지지의 중요성을 강조하며, 현대의 아동 발달 이론과 양육 지침에 큰 영향을 미쳤다.

3.

정서 조절과 사회적 상호작용

1) 정서 조절

정서 조절은 자신의 감정을 적절히 조절하고 표현하는 능력으로, 아동의 사회적 적응과 심리적 안정에 핵심적인 역할을 한다. 생후 초기에는 부모와 같은 양육자가 아동의 정서적 안정에 중요한 역할을 하지만, 아동은 성장하면서 점차 자율적으로 정서를 조절하는 방법을 학습한다. 이 과정에서 언어 발달과 사회적 경험이 중요한 기여를 한다. 아동은 점차 상황에 따라 감정을 억제하거나 표현하며, 적절한 대처 방식을 선택하게 된다.

초기 정서 조절: 양육자의 역할

생후 첫해에는 아동이 스스로 정서를 조절할 능력이 부족하기 때문에, 양육자가 정서 조절의 주요 역할을 맡는다. 예를 들어, 신생아가

심리학으로 읽는 아이의 마음

배고프거나 불편함을 느껴 울음으로 이를 표현하면, 부모는 즉각적으로 수유하거나 달래는 방식으로 아기의 정서를 안정시킨다. 이처럼 양육자가 일관적이고 민감하게 반응할 때, 아동은 정서적 안정감을 형성하고, 부모와의 신뢰 관계를 발전시킬 수 있다.

언어와 정서 조절의 발달

아동이 언어를 배우기 시작하면서 정서 조절 방식도 함께 발전한다. 언어는 아동이 자신의 감정을 더 명확히 표현하고, 이를 다루는 방법을 학습할 수 있도록 돕는다. 예를 들어, 3~4세 아동은 울음 대신 '화가 나요'나 '무서워요'와 같은 언어적 표현을 사용하여 감정을 전달한다. 이러한 과정은 정서적 표현 능력과 조절 능력을 동시에 향상시키는 데 기여한다.

정서 조절 전략의 발달

아동은 성장하면서 다양한 정서 조절 전략을 학습하며, 이를 통해 스트레스와 부정적인 감정을 관리하는 능력을 발달시킨다.

· **상황 회피**(Situation Avoidance): 아동이 불편한 상황을 피함으로써 정서를 조절한다.
· **주의 전환**(Attention Diversion): 부정적인 감정을 피하기 위해 다른 활동에 집중한다.
· **인지적 재구성**(Cognitive Reappraisal): 상황을 긍정적으로 해석하여 정서를 조절한다.

놀이에서 실수를 한 아동이 '다음에는 더 잘할 수 있어'라고 스스로를 격려하며 부정적인 감정을 극복하는 모습을 예로 들 수 있다.

정서 조절의 중요성

정서 조절은 아동의 사회적 적응, 또래 관계, 학업 성취에도 영향을 미친다(김윤경, 이옥경, 2001).

· 정서 조절이 잘 이루어진 아동은 갈등 상황에서 더 유연하게 대처하며, 긍정적인 관계를 유지하는 능력을 보여준다.
· 반면, 정서 조절 능력이 부족한 아동은 공격적 행동, 사회적 고립, 학업 저하와 같은 어려움을 겪을 가능성이 크다.

정서 조절은 생애 초기부터 양육자와의 상호작용을 통해 발달하기 시작하며, 언어 발달과 사회적 경험을 통해 점진적으로 확장된다. 이를 지원하기 위해 부모와 교사는 아동에게 정서를 표현하고 조절할 수 있는 환경과 모델을 제공해야 한다.

2) 사회적 상호작용

사회적 상호작용은 아동이 타인과의 관계를 형성하고 유지하며, 정서와 행동을 조율하는 데 중요한 역할을 한다. 아동은 부모, 또래, 교사와의 상호작용을 통해 정서적 학습을 경험하고, 이를 바탕으로 사회적 행동과 기술을 발달시킨다. 특히 또래와의 상호작용은 아동의 사회적 적응과 정서적 성숙을 촉진하는 핵심적인 요소로 작용한다.

심리학으로 읽는 아이의 마음

타인의 감정 이해 및 공감 능력

아동은 사회적 상호작용을 통해 타인의 감정을 이해하고 공감하는 능력을 배우며, 타인의 입장에서 상황을 바라보는 법을 익혀 긍정적인 관계를 형성한다. 예를 들어, 한 유아가 친구가 넘어져 울고 있는 모습을 보고 '괜찮아?'라고 위로하거나, 자신의 장난감을 친구에게 건네주는 행동은 정서적 공감과 배려를 보여준다.

갈등 해결과 타협

사회적 상호작용은 아동이 갈등 상황에서 타협하고 문제를 해결하는 능력을 학습하는 중요한 기회가 된다. 이러한 경험을 통해 아동은 자신의 감정을 조절하며, 상대방과의 관계를 고려해 적절히 행동하는 법을 익힌다. 예를 들어, 친구와 놀이 중 원하는 장난감을 동시에 사용하려고 다툰 경우, 부모나 교사의 도움을 받아 차례대로 사용하는 방법을 배우며, 갈등 상황에서도 관계를 유지하고 조화롭게 행동하는 법을 이해하게 된다.

놀이를 통한 협력과 협동

놀이 활동은 아동이 협력과 팀워크를 배우는 중요한 기회를 제공한다. 특히 역할 놀이나 그룹 활동을 통해 아동은 규칙을 준수하고 서로의 역할을 존중하며, 공동의 목표를 이루는 과정을 경험한다. 예를 들어, 블록 놀이에서 친구들과 함께 탑을 쌓는 과정에서 각자의 역할을 나누고, 목표를 달성하기 위해 서로 협력하며 조화롭게 상호작용 하는 모습을 보인다.

사회적 기술의 발달

사회적 상호작용은 아동이 인사하기, 도움 요청하기, 감사 표현하기와 같은 적절한 사회적 기술을 학습하는 데 중요한 역할을 한다. 이러한 기술은 아동이 다양한 사회적 상황에서 원활하게 소통하고, 긍정적인 대인 관계를 형성하는 데 기여한다. 예를 들어, 유치원에서 친구와 함께 그림을 그리며 서로 도움을 요청하거나 칭찬을 주고받는 대화를 통해 사회적 기술을 자연스럽게 발달시키는 모습을 볼 수 있다.

정서적 안정감과 소속감

사회적 상호작용은 아동이 자신이 속한 집단에서 소속감을 느끼고 정서적 안정감을 형성하는 데 중요한 역할을 한다. 또래 집단에서의 인정과 소속감을 통해 아동은 자신감을 키우며, 자신이 사회적 관계의 일원임을 경험하게 된다. 예를 들어, 유치원에서 친구들과 함께 노래를 부르며 공동체 활동에 참여하고 즐거움을 느끼는 모습은 이러한 소속감과 정서적 안정감을 보여주는 대표적인 사례다.

사회적 상호작용은 아동이 정서와 행동을 조화롭게 발달시키고, 타인과의 관계를 형성하며 유지하는 데 필수적인 과정이다. 이를 통해 아동은 정서를 조절하고, 타인에게 공감하며, 갈등을 해결하는 능력을 습득한다. 따라서 부모와 교사는 아동에게 긍정적이고 풍부한 사회적 경험을 제공하며, 이러한 상호작용을 통한 정서 발달을 적극적으로 지원해야 한다. 정서 조절과 사회적 상호작용은 아동 발달에서 상호 의존적인 관계를 형성하며, 건강한 정서 발달은 긍정적인 사회적 관계 형성의 기반이 된다. 특히, 부모와 교사의 민감한 개입은 아동이 갈등

· 222 ·

심리학으로 읽는 아이의 마음

상황에서 정서를 효과적으로 관리하고, 원활한 관계를 유지하는 데 핵심적인 역할을 한다.

제7장

사회적 발달

사회적 발달은 아동이 타인과의 상호작용을 통해 자아를 이해하고, 관계를 형성하며, 사회적 규범과 가치를 습득하는 과정을 포함한다. 이 과정은 자아 개념과 자존감 형성, 또래 관계와 사회적 기술 발달, 그리고 도덕성 발달로 구체화된다. 사회적 발달은 아동의 전반적인 정서적 안정감과 대인 관계 능력에 중요한 영향을 미친다.

1.
자아 개념과 자존감 형성

1) 자아 개념(Self-concept)

자아 개념은 아동이 자신을 어떻게 인식하고 정의하는지를 나타내며, 생후 18개월경부터 발달하기 시작한다. 초기에는 외적인 특성(예: '나는 빨간 모자를 쓴 아이야')을 중심으로 자아 개념이 형성되지만, 나이가 들면서 점차 내적인 특성(예: '나는 친절한 사람이야')으로 확장된다(Siegler, DeLoache & Eisenberg, 2003). 예를 들어, 5세 아동은 자신의 능력과 성격을 바탕으로 '나는 그림을 잘 그리고, 친구를 잘 사귀어'라고 표현하며, 자신을 보다 구체적으로 이해하고 설명할 수 있게 된다.

(1) 자아 개념 발달의 단계

초기 단계(18개월~3세)

아동은 거울 속 자신의 모습을 인식하며 처음으로 자신을 독립된 존재로 이해하기 시작하는데, 이는 자기 인식(Self-recognition)의 시작을 의미하며 자신과 타인을 구별할 수 있는 능력을 보여준다. 예를 들어, 거울 속 자신의 얼굴에 붙은 스티커를 떼어내려는 아동의 행동은 자신을 독립적인 존재로 인식했음을 나타낸다.

구체적 자아 개념(3~6세)

이 시기의 아동은 나이, 성별, 외모, 행동과 같은 외적 특성을 중심으로 자신을 묘사하며, 종종 긍정적이고 과장된 자기 평가를 나타낸다. 예를 들어, '나는 제일 빠르게 달리는 사람이야'라고 자신 있게 말하는 모습은 자신의 능력을 크게 평가하는 이 시기의 특징을 잘 보여준다.

심리적 자아 개념(6세 이후)

아동은 성격, 감정, 도덕적 특성과 같은 내적 특성뿐만 아니라 사회적 관계를 더 깊이 이해하게 되며, 이와 함께 자기 평가도 보다 현실적으로 변화한다. 예를 들어, '나는 수학은 잘 못하지만, 그림을 잘 그려서 좋아'라고 말하는 모습은 자신의 장점과 약점을 동시에 인식하는 이 시기의 특징을 잘 보여준다.

심리학으로 읽는 아이의 마음

(2) 확장된 사례

초기 자아 개념의 사례

3세 아동이 '나는 빨간 신발을 신고 있어'라며 자신의 외적인 모습을 중심으로 설명한다. 이는 외적 특징과 자기 인식의 초기 단계를 반영한다.

심리적 자아 개념의 사례

7세 아동이 '나는 친구들이랑 노는 걸 좋아하지만, 때로는 혼자 책을 읽는 게 더 좋아'라고 말하며 자신의 사회적 특성과 내적인 성향을 동시에 이해하는 모습을 보인다.

(3) 자아 개념의 발달을 촉진하는 요인

사회적 상호작용

부모와의 대화, 친구와의 놀이, 교사와의 관계는 아동이 자신의 특성과 역할을 이해하고 자아 개념을 형성하는 데 중요한 영향을 미친다. 예를 들어, 부모가 '넌 정말 친절하구나. 친구가 슬퍼할 때 도와줬지?'라고 말하면, 아동은 자신의 친절함을 자아 개념에 통합하며 자신을 긍정적으로 인식하게 된다.

피드백과 평가

또래나 성인으로부터 받는 긍정적인 피드백은 아동의 자아 개념 형성에 중요한 역할을 한다. 예를 들어, 교사가 '너는 정말 훌륭한 리더야'라고 칭찬하면, 아동은 자신을 리더로 인식하고 그 역할을 수행하려는 동기를 가지게 된다.

자아 개념은 아동이 자신을 이해하고 표현하는 방식으로, 초기에는 외적 특성을 중심으로, 이후에는 내적 특성으로 확장된다. 이 과정은 사회적 상호작용과 긍정적인 피드백을 통해 촉진되며, 아동의 정서적 안정과 자신감 형성에 중요한 역할을 한다.

2) 자존감(Self-esteem)

자존감은 자신에 대한 평가적 측면으로, 개인이 자신의 능력, 성격, 가치에 대해 느끼는 긍정적 또는 부정적 평가를 포함한다. 이는 자아 개념의 중요한 요소로, 아동기의 자존감은 전반적인 정서적 안정과 대인 관계에 큰 영향을 미친다(Siegler, DeLoache & Eisenberg, 2003). 자존감은 사회적, 학업적, 신체적 능력 및 외모와 같은 다양한 측면에서 형성되며, 아동이 자신을 어떻게 평가하느냐는 부모와 또래로부터의 피드백, 학업 성취, 그리고 사회적 관계의 질에 의해 결정된다(Harter, 2015).

(1) 자존감의 발달 과정

초기 자존감

유아기의 자존감은 주로 부모와의 긍정적인 상호작용을 통해 형성된다. 양육자가 아동의 요구에 민감하고 일관되게 반응할 때, 아동은

심리학으로 읽는 아이의 마음

자신이 사랑받고 소중한 존재라는 인식을 가지며 높은 자존감을 발달시킨다. 예를 들어, 아동이 그림을 그린 후 부모가 '정말 잘 그렸구나, 멋지다'라고 칭찬하면, 아동은 자신의 능력에 대해 긍정적으로 인식하며 자신감을 키울 수 있다.

학령기 자존감

학령기에 들어서면 자존감은 또래와의 비교, 학업 성취, 그리고 사회적 관계에서 큰 영향을 받는다. 이 시기의 아동은 자신의 장점과 약점을 보다 명확히 인식하게 되며, 자존감은 특정 영역(예: 학업, 운동, 대인 관계)에서의 성공과 실패 경험에 따라 변동될 수 있다. 예를 들어, 학업에서 우수한 성과를 거둔 아동은 '나는 수학을 잘해'라는 긍정적인 자아 이미지를 형성할 수 있지만, 반복적인 학업 실패를 경험한 아동은 '나는 공부를 못해'라는 부정적인 자아 이미지를 갖게 될 가능성이 높다.

청소년기의 자존감

청소년기에는 자신에 대한 사회적 인식과 또래와의 비교가 자존감 형성에 중요한 역할을 한다. 이 시기에는 또래 집단의 수용과 인정이 자존감을 크게 좌우하며, 신체 이미지와 관련된 자존감 또한 매우 강조된다. 예를 들어, 청소년이 친구들로부터 '너는 정말 잘생겼어' 또는 '너는 뛰어난 리더야'라는 칭찬을 받으면, 긍정적인 자아 평가를 유지하고 자신감도 높아지게 된다.

(2) 자존감에 영향을 미치는 요인

부모의 역할

부모의 양육 태도와 피드백은 아동의 자존감 형성에 중요한 영향을 미친다. 부모가 아동의 성공을 진심으로 칭찬하고, 실패에 대해서도 수용적이고 긍정적으로 지도할 때, 아동은 자신의 가치를 긍정적으로 평가하며 건강한 자존감을 형성할 수 있다. 예를 들어, '이번 시험 결과는 기대보다 낮았지만, 너는 정말 열심히 노력했고, 다음에는 더 잘할 수 있을 거야'라는 부모의 따뜻한 격려는 아동이 스스로를 소중하게 여기고 실패를 성장의 발판으로 삼을 수 있도록 돕는다.

또래 관계

또래 관계는 아동이 사회적 수용과 인정을 경험하는 중요한 원천으로, 자존감 형성에 직접적으로 기여한다. 아동이 또래 집단에서 인정받고 소속감을 느낄 때, 자존감은 자연스럽게 높아지지만, 반대로 거부나 따돌림을 경험할 경우 자존감이 낮아질 수 있다. 예를 들어, 친구들과의 협동 놀이에서 칭찬과 인정을 받은 아동은 자신감을 얻게 되어 긍정적인 자아 평가를 형성하지만, 지속적인 소외를 경험하면 부정적인 자아 평가로 이어질 위험이 있다.

학업 성취

학업 성취는 아동기의 자존감 형성에 중요한 영향을 미치는 요소 중하나다. 아동이 목표를 달성하고 자신감을 쌓는 경험은 자존감을 강화하는 데 크게 기여한다. 예를 들어, 학습 목표를 달성한 아동이 교사로

심리학으로 읽는 아이의 마음

부터 '정말 열심히 했구나'라는 칭찬을 받을 때, 학업에 대한 긍정적인 자아 평가와 자존감이 높아질 수 있다. 또한, 어려운 문제를 해결했을 때 교사나 부모가 '네가 노력한 결과야, 대단하다'라고 격려한다면, 아동은 자신의 성취를 더욱 소중히 여기고 새로운 도전에 대한 자신감을 얻게 된다.

사회적 환경

학교, 지역 사회, 미디어와 같은 외부 환경은 아동의 자존감 형성에 중요한 영향을 미친다. 학교에서 교사와 동급생들로부터 긍정적인 피드백과 지지를 받는 환경은 아동에게 자신감을 심어주고 자존감을 높이는 데 기여한다. 반면, 과도한 경쟁을 조장하거나 지나치게 비판적인 학교 분위기는 아동의 자존감을 저하시키고 실패에 대한 두려움을 키울 수 있다.

지역 사회에서도 아동이 다양한 활동에 참여하며 성취감을 느낄 수 있는 기회를 제공받는다면, 이는 자존감을 강화하는 중요한 경험이 될 수 있다. 예를 들어, 지역 축제에서 그림 대회에 참여해 칭찬을 받거나, 자원봉사를 통해 자신이 지역 사회에 긍정적인 영향을 미쳤다고 느끼는 경험은 아동이 스스로를 소중히 여기도록 돕는다. 그러나 반대로 지역 사회 내에서 소외감을 느끼거나 비교와 비난의 대상이 될 경우, 아동의 자존감은 크게 위축될 수 있다.

미디어도 자존감 형성에 중요한 역할을 한다. 긍정적이고 현실적인 메시지를 전달하는 미디어 콘텐츠는 아동에게 긍정적인 자아 이미지를 형성하는 데 도움을 줄 수 있다. 예를 들어, 애니메이션이나 어린이 프로그램에서 서로를 존중하고 협력하는 캐릭터를 보여주는 장면은 아동의 긍정적인 사회적 태도와 자존감을 촉진할 수 있다. 그러나 외모나 성취를 기준으로 비교를 조장하는 광고나 프로그램은 아동이 자신을 부정적으로 평가하게 만들어 자존감에 부정적인 영향을 미칠 수 있다.

이처럼 외부 환경은 아동의 자존감을 높이거나 저하하는 데 중요한 역할을 하므로, 긍정적이고 지지적인 환경을 조성하는 것이 매우 중요하다.

성공의 경험

10세 아동이 축구 경기에서 골을 넣고 팀원들과 함께 기쁨을 나누는 경험은 아동의 자존감 향상에 크게 기여한다. 성공 경험은 아동이 자신에 대해 긍정적으로 평가할 수 있는 기회를 제공하며, 특히 신체적 능력과 사회적 관계에서 자신감을 형성하도록 돕는다. 축구 경기에서 골을 넣는 순간, 아동은 자신의 노력과 기술이 인정받는다는 사실을 체감하고, 이로 인해 자신의 능력에 대한 신뢰가 높아진다. 또한, 팀원들과 함께 승리를 축하하며 소속감과 사회적 지지를 느끼게 되면, 자신의 가치를 더욱 긍정적으로 바라보게 된다.

예를 들어, 아동이 체육 대회에서 이어달리기 마지막 주자로 뛰며 팀을 우승으로 이끌었다고 가정해 보자. 이때 팀원들과 교사로부터 '네 덕분에 우승했어, 정말 대단하다'라는 칭찬을 받으면, 아동은 자신의 신체 능력과 협동심에 대해 긍정적으로 평가하게 된다. 이러한 경험은 아동이 새로운 도전에 직면할 때 자신감을 가지고 임하도록 돕고, 실패에 대한 두려움을 줄이는 데도 효과적이다.

성공 경험은 아동이 스스로를 소중히 여기고 성장 가능성을 믿게 하

심리학으로 읽는 아이의 마음

는 중요한 요소로, 자존감 형성의 핵심적인 역할을 한다.

부정적 피드백의 영향

부정적인 피드백은 아동의 자존감 형성에 심각한 영향을 미칠 수 있다. 학습 과정에서 실수를 한 아동이 반복적으로 '넌 왜 이렇게 못하니?' 또는 '이건 정말 쉬운 문제인데도 못 풀다니 실망이야'와 같은 비난을 듣게 되면, 아동은 자신의 능력이나 가치를 부정적으로 평가하게 될 가능성이 높다. 이러한 피드백은 단순히 실수에 대한 두려움을 키울 뿐 아니라, 아동이 스스로를 무능력하거나 부족하다고 여기는 고정된 자기 이미지를 형성하게 만들 수 있다.

예를 들어, 수학 문제를 푸는 도중 어려움을 겪고 있는 아동이 교사나 부모로부터 '이 정도도 못 푸니? 다른 아이들은 잘만 하더라'라는 말을 들으면, 아동은 문제 해결에 대한 자신감을 잃게 되고 '나는 아무리 노력해도 안 된다'는 부정적인 신념을 갖게 될 수 있다. 이러한 경험은 아동이 도전을 회피하게 만들고, 나아가 자존감 저하로 이어질 위험이 크다.

반면, 같은 상황에서 '실수는 배움의 일부야. 이 문제를 다시 생각해 보면 해결할 수 있을 거야'라는 격려를 받는다면, 아동은 실패를 성장의 기회로 인식하고, 자신의 노력과 잠재력을 믿게 된다. 따라서 부정적인 피드백보다는 긍정적이고 건설적인 피드백이 아동의 자존감을 보호하고 향상시키는 데 중요하다.

2.

| 또래 관계와 사회적 기술 |

또래 관계는 아동이 사회적 기술을 학습하고 연습하는 중요한 장으로, 협력, 타협, 갈등 해결과 같은 사회적 능력을 발달시키는 데 핵심적인 역할을 한다. 또래와의 상호작용은 아동이 사회적 규범을 이해하고, 자신의 행동이 타인에게 미치는 영향을 학습하는 데 중요한 기회를 제공한다(Hartup, 2021). 또래 관계는 단순히 놀이의 영역을 넘어, 아동이 사회적 정체성을 형성하고 공감, 의사소통, 문제 해결 능력을 연마하는 데 기여한다. 또래와의 관계를 통해 아동은 자신을 사회적 맥락에서 바라보고, 타인의 감정을 이해하며, 적절한 행동을 선택하는 과정을 경험한다(Siegler, DeLoache & Eisenberg, 2003).

심리학으로 읽는 아이의 마음

1) 사회적 기술 발달의 주요 요소

협력(Cooperation)

아동은 또래와의 관계 속에서 공동의 목표를 위해 협력하는 법을 배우며, 이를 통해 사회적 기술의 중요한 요소인 협력을 발달시킨다. 협력은 자기주장과 타인의 요구를 조화롭게 맞추는 능력을 포함하며, 아동이 긍정적인 사회적 상호작용을 통해 이를 익히게 된다.

예를 들어, 5세 아동이 블록 놀이를 하며 친구와 함께 성을 완성하려고 협력한다고 가정해 보자. 이 과정에서 아동은 각자의 역할을 나누고, 친구의 의견을 경청하며, 서로의 아이디어를 조화롭게 조율해 나간다. 이러한 경험은 아동에게 협력의 중요성과 문제 해결을 위한 타인과의 조율 방법을 배우게 하며, 사회적 관계를 원활하게 유지할 수 있는 기반을 제공한다.

협력 능력은 이후의 사회적 관계에서 갈등을 해결하고, 팀워크를 발휘하며, 타인의 요구와 자신의 욕구를 균형 있게 맞출 수 있는 중요한 기술로 작용한다.

타협(Compromise)

또래 관계에서 발생하는 갈등은 아동이 서로의 차이를 이해하고 중간 지점을 찾는 타협 능력을 발달시키는 중요한 계기가 된다. 타협은 아동이 자신의 욕구를 표현하면서도 상대방의 입장을 존중하고, 양측이 만족할 수 있는 해결책을 모색하는 과정을 통해 습득된다.

예를 들어, 두 아동이 같은 장난감을 동시에 사용하고 싶어 할 때, 차례를 정하거나 번갈아 사용하는 방법으로 합의하는 과정은 타협의 대표적인 사례다. 이 과정에서 아동은 자기 감정을 조절하고, 상대방과의 협의를 통해 공정한 결과를 도출하며, 사회적 상호작용의 기술을 배우게 된다. 이러한 경험은 갈등 상황에서도 긍정적인 관계를 유지할 수 있는 능력을 키우고, 타인과의 관계에서 신뢰와 존중을 형성하는 데 기여한다.

타협 능력은 아동이 사회적 환경에서 원활하게 소통하고 협력하는 데 필요한 핵심적인 사회적 기술로, 성장 과정에서 매우 중요한 역할을 한다.

갈등 해결(Conflict Resolution)

아동은 또래 관계에서 갈등 상황을 경험하며, 이를 통해 감정을 조절하고 타인의 입장을 이해하며 문제를 해결하는 효과적인 방법을 배우게 된다. 갈등 해결은 아동이 사회적 기술을 발달시키는 중요한 과정으로, 공감과 협상을 통해 모두가 수용할 수 있는 해결책을 도출하는 능력을 포함한다.

예를 들어, 놀이 도중 한 아이가 규칙을 어긴 경우, 다른 친구들과 함께 새로운 규칙을 정하며 문제를 해결하는 행동은 갈등 해결의 대표적인 사례다. 이러한 과정에서 아동은 자신의 감정을 조율하고, 상대방의 의도를 파악하며, 의견을 조율하는 능력을 익힌다. 이 경험은 단순히 문제를 해결하는 데 그치지 않고, 갈등 상황에서도 긍정적인 관계를 유지하고 협력하는 방법을 배우는 기회를 제공한다.

갈등 해결 능력은 아동이 이후의 사회적 관계에서 타인과 효과적으로 소통하고, 갈등을 건설적으로 다룰 수 있는 중요한 사회적 기술로 자리 잡는다.

심리학으로 읽는 아이의 마음

6세 아동의 놀이 상황

6세 아동의 사회적 기술 발달은 자기 조절과 타인에 대한 배려, 그리고 협력적 상호작용 능력의 향상을 통해 구체화된다. 이 시기의 아동은 또래 관계에서 공유와 양보, 순서를 기다리는 행동을 배우며 사회적 기술을 점차 발달시켜 나간다.

예를 들어, 장난감을 함께 사용해야 하는 상황에서 아동이 '이건 네가 먼저 써, 난 기다릴게'라고 말하며 자신의 차례를 기다리는 행동은 자기 조절 능력과 타인에 대한 배려심을 보여주는 사례다. 이러한 행동은 아동이 자신의 욕구를 즉각적으로 충족시키고자 하는 충동을 조절하고, 상대방의 요구를 존중하며, 공정한 규칙을 따르는 사회적 기술을 익혀가는 과정을 반영한다.

이러한 기술은 아동이 협력적인 관계를 유지하고 갈등 상황을 효과적으로 관리하며, 집단 내에서 긍정적인 역할을 수행하는 데 필요한 기반이 된다. 따라서 아동기의 이러한 사회적 기술 발달은 이후의 원활한 대인 관계와 건설적인 사회적 행동으로 이어지는 중요한 기초를 형성한다.

운동 경기에서의 협력

초등학교 축구 경기에서 아동이 팀원들과 함께 전략을 세우고, 서로의 역할을 조율하며 경기 목표를 달성하려고 노력하는 모습은 협력과 의사소통 기술을 연마하는 훌륭한 사례다. 이러한 과정에서 아동은 자신의 의견을 명확히 전달하고, 다른 사람의 의견을 경청하며, 팀의 성공을 위해 개인적인 이익을 조율하는 능력을 키운다.

예를 들어, 경기를 앞두고 팀원들과 어떤 선수가 공격을 맡고, 누가 수비를 책임질지 논의하며 계획을 세우는 경험은 아동이 협력의 중요성을 배우고, 효과적인 의사소통 방법을 익히는 기회를 제공한다. 경기 중에도 변화하는 상황에 맞춰 서로의 역할을 빠르게 조정하고 격려하는 과정은 문제 해결 능력과 팀워크를 더욱 강화한다.

이러한 협력과 의사소통 기술은 스포츠를 넘어 학업, 사회적 관계, 그리고 집단 활동에서도 중요한 역할을 하며, 아동의 전반적인 사회적 역량을 발전시키는 데 기여한다.

3) 또래 관계의 중요성

또래 관계는 아동 발달 과정에서 중요한 역할을 하며, 사회적 기술 학습뿐 아니라 자존감 형성과 정서적 안정감에도 큰 영향을 미친다. 아동은 또래 관계를 통해 상호작용의 기본 원칙을 배우고, 타인의 감정을 이해하며, 협력과 타협 같은 사회적 기술을 연마한다. 이러한 경험은 아동이 사회적 환경에서 자신감을 갖고 적극적으로 참여하도록 돕는다.

긍정적인 또래 관계는 아동이 자신을 가치 있는 존재로 인식하게 하며, 타인과의 관계에서 신뢰와 친밀감을 형성하도록 한다. 예를 들어, 놀이 활동에서 친구들과 협력해 목표를 달성하거나, 어려운 상황에서 또래의 지지를 받는 경험은 아동의 자존감을 높이고 정서적 안정감을 키우는 데 기여한다.

반면, 부정적인 또래 경험은 정서적 스트레스와 사회적 고립으로 이어질 수 있다. 예를 들어, 따돌림을 당하거나 지속적으로 부정적인 피

심리학으로 읽는 아이의 마음

드백을 받을 경우, 아동은 자신을 부정적으로 평가하고, 또래 집단에서의 소속감을 잃게 될 위험이 있다. 이러한 상황은 아동의 정서적 안정과 사회적 참여 의욕을 약화시킬 수 있다.

따라서 부모와 교사는 아동이 건강한 또래 관계를 형성할 수 있도록 적극적으로 지원해야 한다. 부모는 아동에게 또래와의 갈등 상황에서 적절히 대처하는 방법을 가르치고, 교사는 협력과 존중을 강조하는 집단 활동을 통해 아동들이 긍정적인 상호작용을 경험할 기회를 제공해야 한다. 또한, 부정적인 또래 경험으로 어려움을 겪는 아동에 대해 세심히 관찰하고, 필요할 경우 정서적 지지와 중재를 통해 긍정적인 관계 회복을 도와야 한다.

이처럼 또래 관계는 아동의 사회적, 정서적 발달에 중요한 기초를 제공하며, 건강한 사회적 기술과 긍정적인 자아 개념을 형성하는 데 핵심적인 역할을 한다.

3.
| 도덕성 발달: 콜버그, 길리건 |

　도덕성 발달은 아동이 옳고 그름을 구별하고, 행동을 조정하며, 사회적 규범과 윤리를 이해하는 능력을 형성하는 과정을 의미한다. 로런스 콜버그(Lawrence Kohlberg)는 도덕적 추론의 발달이 세 가지 주요 수준과 6단계를 거친다고 제안했으며, 이는 아동의 도덕적 사고가 점진적으로 복잡해지는 과정을 설명한다(Kohlberg & Gilligan, 2014; Kohlberg & Hersh, 1977). 또한, 캐럴 길리건(Carol Gilligan)은 콜버그의 이론을 보완하며, 도덕적 판단에서 관계와 돌봄의 중요성을 강조했다.

1) 콜버그의 도덕성 발달 이론

　콜버그의 이론은 아동의 도덕적 사고가 점진적으로 발달하며, 각각의 수준에서 더 복잡한 윤리적 추론이 가능해진다고 설명한다.

　　　　　　심리학으로 읽는 아이의 마음

(1) 전인습적 수준(Pre-conventional Level)

도덕적 판단이 보상과 처벌과 같은 외적 결과에 의해 이루어지는 단계에서는, 사회 규범이나 도덕적 원칙보다는 개인의 이익과 처벌에 대한 두려움이 주요 동기로 작용한다. 이 시기의 아동은 행동의 옳고 그름을 판단할 때, 그 행동이 자신에게 가져올 결과를 기준으로 삼는다.

예를 들어, 유치원생이 '규칙을 어기면 선생님께 혼날 거야'라고 생각하며 규칙을 따르는 모습은 이러한 단계의 도덕적 판단을 잘 보여준다. 아동은 규칙을 준수하는 이유가 규범에 대한 내적인 이해보다는 처벌에 대한 두려움에 기반을 두고 있다. 이러한 경험은 점차 도덕적 판단이 외적 결과에서 내적 동기로 이동하는 발달 과정을 거치는 기초가 된다.

단계 1: 처벌-복종 지향(Punishment-obedience Orientation)

이 단계의 아동은 행동의 옳고 그름을 도덕적 원칙이나 사회 규범이 아닌 처벌 여부에 따라 판단한다. 즉, 아동은 처벌을 피하고자 규칙을 따르며, 행동의 결과가 가져올 벌의 유무가 도덕적 판단의 기준이 된다.

예를 들어, 아동이 '엄마에게 혼날까 봐 장난감을 훔치지 않을 거야'라고 말한다면, 이는 처벌에 대한 두려움 때문에 부정적인 행동을 삼가고 있는 모습을 보여준다. 이 단계에서 아동은 행동의 결과로 받을 수 있는 처벌을 피하려는 동기로 규칙을 준수하며, 옳고 그름에 대한 판단은 처벌에 대한 두려움과 밀접하게 연결되어 있다.

이러한 도덕적 판단은 아동이 점차 경험을 통해 사회적 규범과 내적 도덕성의 중요성을 이해하게 되는 발달 초기의 단계로, 이후 도덕적 발달의 기초를 형성한다.

단계 2: 도구적-상호적 지향(Instrumental-relativist Orientation)

이 단계에서는 행동의 옳고 그름이 처벌이 아닌 행동의 결과로 얻을 수 있는 이익과 상호적인 이득에 따라 결정된다. 즉, 아동은 자신에게 유리한 결과를 가져오는 행동을 선호하며, 이 과정에서 상호 호혜성의 개념이 등장한다. 그러나 이 단계의 상호 호혜성은 아직 이기적인 관점에서 이루어지는 것으로, 관계의 상호성보다는 '주고받는 것'에 초점이 맞춰져 있다.

예를 들어, 아동이 '네가 나를 도와줬으니, 나도 너를 도와줄게'라고 말한다면, 이는 자신의 행동이 상대방에게 주는 이익에 따라 상응하는 보상을 기대하는 태도를 보여준다. 이러한 도덕적 판단은 상대방의 요구나 감정을 깊이 이해하기보다는, 행동이 자신의 이익과 어떻게 연결되는지에 중점을 둔다.

이 단계는 도덕적 발달 과정에서 아동이 점차적으로 관계와 상호작용의 중요성을 깨닫고, 도덕적 사고가 외적인 보상에서 내적인 동기로 이동해가는 중요한 중간 단계로 여겨진다.

(2) 인습적 수준(Conventional Level)

콜버그의 도덕성 발달 이론에서 두 번째 단계로, 도덕적 판단이 사회 규범과 타인의 기대를 고려하여 이루어지는 시기를 말한다. 이 단계에서는 규칙 준수와 집단의 조화를 유지하는 것이 도덕적 판단의 중심이 된다. 아동은 자신의 행동이 사회적 규범에 부합하고, 타인에게

심리학으로 읽는 아이의 마음

긍정적으로 평가받는지에 대해 신경 쓰며, 이를 기준으로 옳고 그름을 판단한다.

예를 들어, 초등학생이 '모두가 교실을 깨끗이 해야 하니까 쓰레기를 주울게'라고 말하며 자발적으로 환경을 정리하는 행동은 이 단계를 잘 보여준다. 이 행동은 단순히 처벌을 피하거나 보상을 얻기 위해서가 아니라, 사회 규범을 이해하고, 이를 통해 집단의 조화와 관계 유지를 중요하게 생각하는 태도를 반영한다.

또한, 이 단계에서는 가족, 친구, 교사와 같은 중요한 타인의 기대에 부응하려는 경향이 강하게 나타난다. 예를 들어, 아동이 '엄마가 항상 정직하라고 하셨으니까 거짓말을 하면 안 돼'라고 생각하며 정직하게 행동하는 모습도 이 단계의 특징이다.

인습적 수준은 도덕적 판단이 개인적 이익에서 벗어나 사회적 관점으로 확장되는 중요한 발달 과정으로, 아동이 집단의 규칙과 관계의 중요성을 인식하고 내면화하게 되는 시기다.

단계 3: 대인 관계 조화 지향(Good boy-Good girl Orientation)

타인의 인정과 좋은 관계 유지를 중심으로 도덕적 판단이 이루어진다. 이 단계에서는 행동의 옳고 그름이 개인적인 도덕적 원칙보다는 타인의 기대와 사회적 평가에 의해 결정된다. 아동은 주변 사람들로부터 긍정적인 평가를 받고, 좋은 관계를 유지하기 위해 규범을 준수하고 친절한 행동을 하려는 경향이 강하다.

예를 들어, 아동이 '나는 친구가 나를 좋아하도록 규칙을 지킬 거야'라고 말하며 행동하는 모습은 이 단계를 잘 보여준다. 이 경우, 아동은 규칙 준수가 사회적 인정과 좋은 관계 형성에 기여한다고 생각하며,

자신의 행동이 타인에게 어떤 영향을 미치는지에 대해 민감하게 반응한다.

또한, 이 단계에서 아동은 공감과 배려의 중요성을 이해하기 시작한다. 예를 들어, 친구가 넘어졌을 때 다가가 도움을 주며 '다친 데는 없니?'라고 묻는 행동은 타인에 대한 관심과 대인 관계의 조화를 유지하려는 의지를 보여준다.

이 단계는 아동이 타인과의 관계에서 신뢰와 존중을 중시하며, 자신의 행동이 사회적 맥락에서 어떠한 영향을 미치는지를 고려하는 도덕적 성숙의 중요한 단계로 여겨진다.

단계 4: 법과 질서 지향(Law and Order Orientation)

도덕적 판단이 사회의 규칙과 법을 기준으로 이루어지는 시기를 말한다. 이 단계에서는 개인적인 관계나 타인의 기대를 넘어, 사회 질서와 규범을 유지하는 것이 도덕적 판단의 중심이 된다. 법과 규칙은 모두가 지켜야 하는 공정한 기준으로 간주되며, 이를 따르는 것이 사회적 안정과 조화를 유지하는 데 필수적이라고 여긴다.

예를 들어, 아동이 '나는 교통 규칙을 어기지 않을 거야. 규칙은 모두가 지켜야 하니까'라고 말하며 규칙을 준수하는 행동은 이 단계의 특징을 잘 보여준다. 이 경우, 아동은 개인적인 이익이나 보상보다 사회적 질서를 유지하기 위해 규칙을 따르는 것이 중요하다고 판단한다.

또한, 이 단계에서는 사회의 법과 규칙을 절대적인 기준으로 간주하며, 이를 따르지 않을 경우 사회 전체에 부정적인 영향을 미친다고 인식한다. 예를 들어, '쓰레기를 길에 버리면 환경이 더러워지고 모두가 불편해질 거야. 그래서 쓰레기는 꼭 쓰레기통에 버려야 해'라는 사고

심리학으로 읽는 아이의 마음

방식은 이 단계의 사고를 반영한다.

법과 질서 지향 단계는 아동이 사회 전체의 안정과 질서 유지를 중요하게 여기며, 개인의 행동이 사회적 시스템에 미치는 영향을 고려하기 시작하는 중요한 발달 과정이다.

(3) 후인습적 수준(Post-conventional Level)

도덕적 판단이 사회적 규범을 넘어 개인의 원칙, 사회적 계약, 그리고 보편적 윤리에 의해 이루어지는 단계다. 이 수준에서는 도덕적 판단의 기준이 사회 규범과 법의 준수뿐 아니라, 정의, 평등, 그리고 인간의 권리와 같은 보편적인 도덕적 원칙으로 확장된다. 개인은 기존의 규칙이나 법이 도덕적 원칙과 충돌할 경우 이를 비판적으로 평가하며, 사회적 변화를 추구하려는 태도를 보인다.

예를 들어, 한 청소년이 '불공평한 규칙은 토론을 통해 바꿀 수 있어야 해'라며 사회적 책임과 윤리에 대해 논의하는 모습은 이 단계의 특징을 잘 보여준다. 이 청소년은 기존 규칙이 사회적 정의나 공익에 부합하지 않을 경우, 이를 개선하려는 의지를 나타내며, 단순히 규칙을 따르는 것을 넘어 그 규칙의 도덕적 정당성을 고민한다.

또한, 이 단계에서는 보편적 윤리가 도덕적 판단의 최종 기준으로 작용한다. 예를 들어, 인권이나 평등을 보장하지 않는 법에 대해 '이 법은 잘못되었으니 모두가 공평하게 대우받을 수 있도록 바뀌어야 해'라고 주장하는 행동은 후인습적 도덕성의 핵심을 반영한다.

후인습적 수준은 도덕적 판단이 사회적 규범의 한계를 초월하여, 인간의 존엄성과 정의를 중심으로 이루어지는 단계로, 성숙한 도덕적 사고와 사회적 책임의식을 나타낸다.

단계 5: 사회적 계약 지향(Social Contract Orientation)

도덕적 판단이 법과 규칙을 절대적인 기준으로 여기기보다는, 사회적 안정과 공동의 복지를 위해 존재하는 수단으로 간주하는 단계이다. 이 단계에서는 법과 규칙이 모든 사람의 권리를 보호하고 사회적 질서를 유지하기 위해 필요한 것으로 인정되지만, 만약 그것이 불공정하거나 보편적 윤리에 위배된다면, 수정되거나 변화될 수 있다는 관점을 가진다.

예를 들어, '불공정한 법은 변화시켜야 해. 모든 사람에게 공평한 기회를 제공해야 하니까'라고 말하는 행동은 이 단계를 잘 보여준다. 이는 법의 준수 자체보다는 그 법이 공정성과 평등의 원칙을 얼마나 잘 반영하고 있는지에 초점을 맞춘 사고방식을 나타낸다.

이 단계에서는 개인의 권리와 공익 사이의 균형을 유지하려는 태도가 나타나며, 필요할 경우 사회적 규범과 제도를 비판적으로 검토하고 개선하려는 책임감을 갖는다. 예를 들어, 청소년이 '학교 규칙이 일부 학생들에게만 불리하게 적용된다면, 그것을 공정하게 바꾸기 위해 의견을 제시해야 해'라고 주장하는 모습은 사회적 계약 지향의 사례다.

이 단계는 사회적 질서를 유지하는 동시에, 개인의 기본적 권리와 공정성을 보장하려는 성숙한 도덕적 사고를 반영한다.

단계 6: 보편적 윤리 원칙 지향(Universal Ethical Principles Orientation)

도덕적 판단이 보편적인 윤리 원칙과 인간 존엄성에 근거하여 이루어지는 수준이다. 이 단계에서는 법이나 사회적 규범이 도덕적 판단의

심리학으로 읽는 아이의 마음

기준이 아니며, 인간의 권리와 정의, 평등, 생명의 소중함과 같은 보편적 가치를 따르는 것이 중심이 된다. 개인은 자신의 윤리적 원칙에 따라 행동하며, 이러한 원칙이 법이나 규칙과 충돌할 경우 법을 넘어서 행동할 수 있는 도덕적 용기를 갖는다.

예를 들어, '인간의 생명은 소중하니까, 법을 어기더라도 사람을 구해야 해'라는 판단은 이 단계의 핵심을 보여준다. 이 경우, 개인은 법을 따르는 것보다 인간의 생명을 구하는 것이 더 큰 도덕적 가치를 지닌다고 믿고 행동한다. 이는 법이나 사회적 규범이 보편적 윤리 원칙과 일치하지 않을 때, 윤리적 원칙을 우선시하려는 태도를 반영한다.

또 다른 예로, 독재적인 법 체제에서 기본적인 인권이 침해될 경우, 개인이 '모든 사람은 평등한 권리를 가져야 하니까, 이 법에 반대하는 행동을 해야 해'라고 주장하며 행동에 나서는 것도 이 단계에 해당한다.

보편적 윤리 원칙 지향 단계는 도덕적 사고가 법과 규범을 초월하여, 모든 인간이 존중받아야 한다는 믿음과 보편적 정의를 따르는 가장 성숙한 수준의 도덕적 판단을 나타낸다. 이는 개인의 내적 양심과 원칙에 깊이 기반을 둔 행동을 가능하게 한다.

2) 길리건의 도덕성 발달 이론

캐럴 길리건(Carol Gilligan)은 콜버그의 이론이 남성 중심적이라고 비판하며, 도덕성 발달에서 관계와 돌봄(Care)을 강조했다(Gilligan, 1977). 그녀는 도덕적 판단이 정의(Justice)보다는 인간관계와 상호 의존성에 기반한 돌봄의 관점에서 이루어질 수 있다고 주장했다.

(1) 길리건의 도덕적 발달 단계

자기 이익 지향(Orientation to Individual Survival)

　도덕적 판단이 주로 개인의 생존과 자신에게 유리한 결과를 우선시하는 초기 단계다. 이 단계에서는 타인에 대한 배려보다는 자신의 욕구와 필요를 충족시키는 데 초점이 맞춰져 있다. 개인은 도덕적 결정을 내릴 때 자신이 직면한 문제를 해결하고 생존과 안정감을 보장받는 것을 가장 중요하게 생각한다.

　예를 들어, 한 개인이 '내가 먼저 이걸 해야 해. 그래야 나도 문제없이 끝낼 수 있어'라고 말하며 자신의 필요를 우선시하는 모습은 이 단계를 잘 보여준다. 이 행동은 도덕적 판단이 타인과의 관계나 공동의 이익보다는 개인의 생존과 이익을 기반으로 이루어진다는 점을 반영한다.

　길리건은 이 단계를 도덕적 발달의 초기 단계로 보며, 점차적으로 타인에 대한 배려와 책임감을 포함하는 도덕적 판단으로 발전해 나가는 과정을 강조한다. 이후 단계에서는 관계와 상호 의존성을 고려하여 더 균형 잡힌 도덕적 관점으로 나아가게 된다.

자기희생과 책임 지향(Goodness as Self-Sacrifice)

　도덕적 판단이 타인의 필요와 관계를 유지하기 위해 자기희생을 선택하는 것을 중심으로 이루어지는 단계다. 이 단계에서는 개인의 도덕적 판단이 자신보다 타인의 요구와 기대를 우선시하는 방향으로 이동하며, 타인을 돕거나 만족시키는 것이 도덕적으로 올바른 행동으로 여겨진다.

심리학으로 읽는 아이의 마음

예를 들어, '나는 동생을 위해 내 간식을 나눠줄 거야'라고 말하며 자신의 욕구를 뒤로하고 동생의 필요를 충족시키는 행동은 이 단계를 잘 보여준다. 이 행동은 개인이 타인을 위해 기꺼이 자신의 이익을 포기하며, 관계의 조화와 타인의 행복을 도덕적 판단의 기준으로 삼고 있음을 나타낸다.

그러나 이 단계에서는 종종 지나친 자기희생이 이루어질 수 있으며, 이는 개인의 욕구나 권리를 간과하는 결과로 이어질 수 있다. 길리건은 이 단계를 도덕적 발달 과정의 중요한 중간 지점으로 보며, 이후 단계에서 자기와 타인의 균형을 고려한 도덕적 판단으로 발전할 수 있음을 강조한다.

비폭력과 배려 지향(Morality of Nonviolence)

도덕적 판단이 자신과 타인의 요구를 모두 충족시키는 조화를 추구하는 단계다. 이 단계에서는 자기희생이나 타인의 요구를 일방적으로 우선시하는 것을 넘어, 자신과 타인의 욕구와 권리를 동등하게 존중하며 균형을 이루는 방식을 찾는다. 도덕적 판단의 기준은 갈등을 최소화하고, 모두에게 공정하고 배려 깊은 해결책을 모색하는 데 있다.

예를 들어, 개인이 '내가 친구와 함께 대안을 찾아 모두가 만족할 수 있도록 해야겠어'라고 말하며 갈등 상황에서 상호 이익을 고려한 해결책을 찾으려는 행동은 이 단계를 잘 보여준다. 이러한 판단은 개인이 더 이상 자신의 욕구를 억누르거나 타인의 요구를 무조건적으로 따르지 않고, 모두의 행복과 조화를 이루기 위한 적극적인 노력을 반영한다.

이 단계는 도덕적 발달의 성숙한 수준으로, 개인은 자신과 타인의 요구를 조화롭게 조율하며, 폭력적이거나 강압적인 방식 대신 평화적이고 배려 깊은 해결 방식을 선택한다. 길리건은 이 단계를 도덕적 성장의 완성에 가까운 수준으로 간주하며, 관계 중심적이고 상호 의존적인 윤리적 사고가 정착된 단계로 본다.

3) 콜버그와 길리건의 공헌

  콜버그와 길리건의 도덕성 발달 이론은 도덕적 사고와 행동에 대한 심리학적 이해를 심화하는 데 크게 기여했다. 두 이론은 도덕성 발달의 관점을 서로 보완하며 도덕적 판단의 복잡성과 다양성을 강조했다.

(1) 콜버그의 도덕성 발달 이론의 공헌점

도덕적 사고의 체계적 발달 이해

  콜버그는 도덕적 판단이 단계적으로 발달한다는 점을 제시하며, 각 단계가 이전 단계보다 더 복잡하고 성숙한 사고를 요구한다고 주장했다. 이를 통해 인간의 도덕적 사고가 시간이 지나면서 변화하고 발전하는 과정을 설명할 수 있게 했다.

보편적 도덕성의 개념 강조

  콜버그는 보편적 정의, 평등, 권리와 같은 보편적 윤리를 기반으로 도덕성을 탐구했다. 그의 후인습적 수준(Post-conventional Level)은 사회적 규범을 초월한 도덕적 원칙을 추구하는 성숙한 도덕성을 강조하며, 도덕적 판단의 철학적 기반을 제공했다.

심리학으로 읽는 아이의 마음

교육과 윤리적 의사결정에의 응용

콜버그의 이론은 교육 분야에서 도덕적 토론과 비판적 사고를 촉진하는 프로그램 개발에 활용되었다. 이는 학생들이 높은 수준의 도덕적 사고를 할 수 있도록 도와주는 실질적인 지침을 제공했다.

(2) 길리건의 도덕성 발달 이론의 공헌점

관계 중심 도덕성의 중요성 강조

길리건은 콜버그의 이론이 주로 정의와 규칙에 초점을 맞추는 반면, 인간관계와 배려의 중요성을 간과한다고 비판했다. 그녀는 도덕적 판단이 타인과의 관계와 상황적 맥락에 따라 달라질 수 있음을 제시하며, 배려와 공감 중심의 도덕성을 강조했다.

성차를 고려한 도덕성 이해

길리건은 도덕적 발달 과정에서 남성과 여성 간의 차이를 조명했다. 남성은 정의와 원칙을 중심으로 도덕적 판단을 내리는 경향이 있는 반면, 여성은 관계와 배려를 중심으로 판단한다고 주장했다. 이는 도덕성 연구에서 다양성과 포괄성을 증진시키는 데 기여했다.

실천적 윤리 강조

길리건의 이론은 일상적인 삶에서 도덕적 판단이 실제로 어떻게 이루어지는지를 이해하는 데 초점을 맞추었다. 특히, 갈등 해결이나 관계 유지와 같은 실천적 윤리를 탐구하며, 도덕성이 실생활에서 어떻게 적용되는지를 보여주었다.

(3) 두 이론의 상호 보완성

정의와 배려의 통합

콜버그는 정의와 보편적 원칙을, 길리건은 배려와 관계를 강조함으로써 각각 도덕적 사고의 다른 측면을 다루었다. 두 이론은 도덕적 판단이 원칙과 관계, 규칙과 상황적 맥락을 모두 포함해야 함을 시사하며, 보다 통합적인 도덕성 이해를 가능하게 했다.

다양한 도덕적 관점 제공

콜버그는 단계적이고 이성적인 접근을, 길리건은 감정과 공감을 중심으로 도덕적 발달을 설명함으로써 도덕성을 더 넓고 포괄적인 시각에서 이해할 수 있게 했다.

콜버그와 길리건의 도덕성 발달 이론은 각각의 접근 방식으로 도덕적 판단과 행동의 복잡성을 탐구하며, 도덕성과 윤리에 대한 깊은 이해를 제공했다. 두 이론은 교육, 상담, 법률, 그리고 사회 윤리적 의사결정에 이르기까지 다양한 분야에서 적용 가능성을 제시했다.

제8장

성격 발달

성격 발달은 개인의 고유한 행동, 감정, 사고 패턴이 형성되고 발달하는 과정을 의미한다. 성격 발달은 선천적 요인(기질)과 환경적 요인의 상호작용을 통해 이루어지며, 아동기의 경험은 성격 형성에 중요한 영향을 미친다. 기질과 성격, 가정의 역할, 그리고 에릭슨의 심리사회적 발달 이론은 성격 발달을 이해하는 주요 관점을 제공한다.

1.
기질과 성격: 선천적 요인과 환경적 요인

1) 기질(Temperament)

기질은 아동이 태어날 때부터 가지고 있는 선천적인 성향으로, 행동과 정서적 반응의 본질적인 특징을 반영한다(Thomas, 1977). 기질은 유전적 요인에 의해 결정되지만, 아동이 성장하면서 환경과 상호작용 하며 성격 형성의 기초를 이룬다. 기질은 아동의 스트레스 반응, 적응력, 사회적 상호작용 방식을 형성하며, 성격 발달 과정에서 중요한 역할을 한다(Papalia, Olds & Feldman, 2007; Siegler, DeLoache & Eisenberg, 2003).

(1) 쉬운 기질(Easy Temperament)

쉬운 기질(Easy Temperament)은 아동의 성격 및 행동 특성 중 하나로, 긍정적인 정서를 자주 표현하고, 새로운 환경이나 상황에 쉽게 적응하며, 규칙적인 생활 패턴을 유지하는 특징을 가지고 있다. 이러한 기질을 가진 아동은 주변 환경 변화에 유연하게 대응하며, 낯선 사람이나 새로운 경험에 대해서도 비교적 긍정적인 반응을 보인다(Thomas, 1977).

예를 들어, 유아가 처음 보육·교육기관에 가는 상황에서도 울지 않고 금세 새로운 환경에 익숙해지며 다른 아이들과 어울리는 모습은 쉬운 기질의 특징을 잘 보여준다. 이와 같은 아동은 긍정적인 정서 표현과 높은 적응력을 통해 또래와의 관계를 잘 형성하고, 부모와 교사의 양육과 지도에 있어서도 비교적 수월한 상호작용을 보인다.

쉬운 기질을 가진 아동의 특징

· **긍정적 정서 표현:** 자주 웃고 기분이 좋으며, 주변 사람들과의 상호작용에서 긍정적인 태도를 보인다.
· **높은 적응력:** 새로운 환경이나 변화된 상황에 빠르게 적응하며, 변화에 대한 스트레스를 덜 경험한다.
· **규칙적인 행동 패턴:** 수면, 식사, 놀이 등 일상적인 활동에서 일정한 리듬을 유지한다.
· **낯선 상황에서의 긍정적 반응:** 새로운 사람이나 상황에 대해 거부감을 보이지 않고, 호기심을 갖고 탐색하는 태도를 보인다.

이러한 기질을 가진 아동은 환경과의 상호작용에서 긍정적인 경험을 통해 더 큰 정서적 안정감과 사회적 기술을 발달시킬 가능성이 크다.

심리학으로 읽는 아이의 마음

(2) 어려운 기질(Difficult Temperament)

어려운 기질(Difficult Temperament)을 가진 아동은 새로운 환경이나 낯선 사람과의 상호작용에서 쉽게 불안해하며, 강한 거부 반응을 보일 수 있다. 이러한 기질은 아동의 정서적 특성 중 하나로, 부정적인 감정을 자주 표현하고, 일상적인 행동 패턴이 불규칙적이며, 변화에 대한 적응력이 낮은 것이 특징이다. 새로운 경험이나 변화에 민감하게 반응하며, 스트레스나 좌절감을 강한 정서적 표현을 통해 드러내는 경향이 있다. 따라서 이러한 아동이 안정적인 환경에서 적응력을 키울 수 있도록 부모와 양육자의 세심하고 민감한 접근이 필수적이다.

예를 들어, 유아가 새로운 장난감을 처음 접했을 때 울음을 터뜨리며 거부하고, 익숙해지기까지 시간이 걸리는 모습은 어려운 기질의 대표적인 사례다. 이처럼 어려운 기질을 가진 아동은 환경 변화에 대한 적응력이 낮아, 새로운 경험을 받아들이는 데 더 많은 시간과 정서적 지지가 필요하다.

또 다른 예로는 가족 모임에서 친척이 아동에게 다가와 반갑게 인사하며 안아주려고 할 때, 아동이 얼굴을 찡그리며 부모에게 매달리거나 울음을 터뜨리는 경우가 있다. 부모가 친척에게 처음 보는 사람에게 적응하는 데 시간이 걸리는 것을 설명하고, 아동이 스스로 친척과 상호작용 할 준비가 될 때까지 기다려 주는 것이 중요하다. 이처럼 어려운 기질을 가진 아동은 낯선 환경이나 새로운 사람과의 상호작용에서 강한 불안 반응을 보이므로, 충분한 시간을 가지고 서서히 적응할 수 있도록 배려와 정서적 지지가 필요하다.

어려운 기질을 가진 아동의 특징

· **부정적 정서 표현:** 짜증, 울음, 좌절감과 같은 부정적인 정서를 자주 표현한다.
· **규칙적이지 않은 행동 패턴:** 수면, 식사, 놀이 등의 일상적인 활동에서 불규칙성을 보이며, 일과를 형성하는 데 어려움을 겪는다.
· **낮은 적응력:** 새로운 환경, 사람, 장난감 등에 쉽게 적응하지 못하고 시간이 걸린다.
· **민감한 반응:** 소리, 빛, 새로운 감각 자극에 예민하게 반응하며 스트레스를 받기 쉽다.

양육 시 유의점

· **민감한 반응:** 아동의 신호를 잘 관찰하고, 정서적 필요에 적절히 대응해야 한다.
· **예측 가능한 환경 제공:** 일정하고 안정적인 일과를 제공해 아동이 안전감을 느낄 수 있도록 한다.
· **긍정적 상호작용 강화:** 작은 성공이나 진전에 대해 칭찬과 격려를 통해 긍정적인 경험을 쌓아준다.

어려운 기질을 가진 아동은 민감하고 안정적인 양육 환경에서 정서적 안정감을 얻을 수 있으며, 이를 통해 점차 적응력을 키워나갈 수 있다.

(3) 느린 기질(Slow-to-Warm-Up Temperament)

초기에는 낯선 환경이나 사람에 대해 부정적이거나 소극적인 반응

심리학으로 읽는 아이의 마음

을 보이지만, 시간이 지나면서 천천히 적응하는 특징을 가진다. 이 기질을 가진 아동은 새로운 상황에 민감하게 반응하며, 첫 반응은 소극적일 수 있으나 반복적 경험을 통해 점차 안정감과 자신감을 얻는다.

예를 들어, 유아가 처음 놀이터에 갔을 때 다른 아이들과 어울리지 않고 멀리서 관찰만 하다가, 시간이 지나면서 친구들과 자연스럽게 놀기 시작하는 모습은 느린 기질의 전형적인 사례다. 이 아동은 새로운 환경에 적응하는 데 시간이 걸리지만, 점진적으로 익숙해지면 긍정적인 상호작용을 보인다.

느린 기질의 주요 특징
- **초기 소극적 반응:** 새로운 환경, 사람, 상황에서 적극적으로 행동하지 않고 경계하거나 신중한 태도를 보인다.
- **적응에 시간 필요:** 변화에 익숙해지기까지 시간이 걸리며, 첫 반응이 부정적일 수 있다.
- **신중함과 관찰 중심:** 낯선 환경에서는 행동보다는 관찰을 통해 정보를 습득하며 상황을 평가한다.
- **점진적 안정감:** 반복적 경험을 통해 환경에 대한 신뢰와 자신감을 얻으며 점차 적극적인 태도로 변화한다.

양육 및 지도 시 유의점
- **시간과 여유 제공:** 아동이 새로운 환경에 스스로 적응할 시간을 주며, 서두르지 않도록 한다.
- **안정감 있는 환경:** 익숙하고 안전한 환경을 조성해 아동이 자신감을 느낄 수 있도록 돕는다.

· **긍정적 격려:** 아동이 변화에 한 걸음씩 적응해 나갈 때마다 칭찬하고 인정하여 자신감을 강화한다.
· **점진적 접근:** 변화나 새로운 경험에 아동을 점진적으로 노출시키며, 작은 성공 경험을 통해 적응력을 키운다.

느린 기질을 가진 아동은 적절한 지지와 안정적인 환경에서 새로운 경험에 대해 점차 긍정적으로 반응하며, 사회적 관계와 환경 변화에 대한 적응력을 향상시킬 수 있다.

2) 성격(Personality)

성격은 기질을 바탕으로 경험, 학습, 그리고 사회적 상호작용을 통해 발달하며, 행동, 사고, 감정의 독특한 패턴을 형성한다. 기질이 성격 발달의 기초를 제공한다면, 환경적 요인은 이를 구체화하고 확장하는 역할을 한다.

(1) 기질과 성격의 연관성

기질은 아동의 생물학적으로 타고난 행동 경향을 의미하며, 성격은 이러한 기질에 환경적 요인이 더해져 형성되는 더 복잡하고 정교한 특성이다. 기질은 성격의 초기 기초를 형성하지만, 부모의 양육 방식, 사회적 경험, 문화적 환경과의 상호작용을 통해 변화하고 발전한다. 이는 기질이 성격의 한 부분으로 작용하며, 환경적 요인이 이를 보완하

심리학으로 읽는 아이의 마음

기나 조절할 수 있음을 보여준다.

예를 들어, 어려운 기질을 가진 아동이 민감하고 일관된 양육자의 지원을 받는 경우, 초기의 부정적인 반응 경향이 조절되고, 아동은 점차 신중하고 감정적으로 안정된 성격으로 발전할 수 있다. 반대로, 양육자가 일관성 없이 거칠게 대할 경우, 아동은 부정적인 정서를 더욱 심화시키거나 불안정한 성격 특성을 발달시킬 가능성이 높다.

기질과 성격의 관계에서 주요 요인

· **기질의 생물학적 기초:** 기질은 유전적, 신경학적 요인에 기반하여 아동이 타고나는 특성으로, 생후 초기부터 관찰된다. 이는 아동의 반응성과 자기 조절 능력을 포함한다.
· **환경적 상호작용:** 기질이 성격으로 발전하는 과정에서, 부모의 양육 방식, 사회적 경험, 문화적 맥락이 중요한 역할을 한다. 예를 들어, 긍정적인 양육 환경은 아동의 기질적 특성을 조율하며 성격 발달에 긍정적인 영향을 미친다.
· **기질과 양육의 적합성**(Goodness of Fit)**:** 기질과 양육 환경이 얼마나 잘 맞는지가 아동의 성격 형성에 큰 영향을 미친다. 민감하고 유연한 양육 환경은 다양한 기질적 특성을 가진 아동이 긍정적인 성격으로 발전할 수 있는 기회를 제공한다.

기질과 성격의 연관성

· **쉬운 기질을 가진 아동:** 긍정적 정서를 잘 표현하고 적응력이 뛰어나므로, 부모의 양육 방식에 따라 자신감 있고 사교적인 성격으로 발전할 가능성이 높다.

· **느린 기질을 가진 아동:** 새로운 환경에서 적응이 느리지만, 충분한 시간과 격려를 받으면 차분하고 신중한 성격을 형성할 수 있다.

· **어려운 기질을 가진 아동:** 민감하고 부정적인 반응을 자주 보이지만, 일관된 지지와 정서적 안정감을 제공받으면 조화롭고 자기 통제력이 높은 성격으로 발전할 수 있다.

기질은 성격 형성의 중요한 기초가 되지만, 환경적 요인과의 상호작용을 통해 성격은 더 복잡하고 다면적으로 발달한다. 이는 양육자와 환경의 역할이 아동의 건강한 성격 형성에 얼마나 중요한지를 보여준다.

(2) 환경적 요인의 역할

성격 형성 과정에서 환경적 요인은 기질과 상호작용 하며, 아동의 성격 발달에 중요한 영향을 미친다. 가정 환경, 또래 관계, 교육적 경험과 같은 외부 요인들은 아동이 자신의 기질을 조절하고, 사회적 맥락에 적응하며, 긍정적인 성격 특성을 발달시키는 데 핵심적인 역할을 한다.

주요 환경적 요인의 영향

· **가정 환경:** 부모의 양육 태도와 가정 분위기는 아동의 성격 발달에 지대한 영향을 미치며, 특히 부모가 자녀의 기질에 맞추어 양육 방식을 조정할 경우 아동의 긍정적인 성격 형성을 효과적으로 촉진할 수 있다. 예를 들어, 민감하고 부정적인 정서를 자주 표현하는 아동에게 부모가 차분하고 일관된 양육 방식을 적용하면, 아동은 정서적

심리학으로 읽는 아이의 마음

안정감과 신뢰를 형성하고 점차 긍정적이고 차분한 성격으로 발달할 가능성이 높아진다.

· **또래 관계:** 또래와의 상호작용은 아동의 사회적 기술과 성격 발달에 중요한 영향을 미치는 환경적 요인이다. 또래 관계를 통해 아동은 협력, 공감, 갈등 해결과 같은 다양한 사회적 경험을 하며, 이러한 과정을 통해 자신과 타인의 요구를 조율하고 사회적 역량을 키워 나간다. 예를 들어, 아동이 또래와의 놀이 중 갈등을 경험하고 이를 해결하는 과정을 겪으면서, 타협과 문제 해결 능력을 배우고 대인 관계에서의 자신감을 형성하게 된다. 이러한 경험은 아동의 사회적 기술을 발달시키고, 더 넓은 사회적 관계를 형성하는 데 중요한 토대를 제공한다.

· **교육적 경험:** 학교와 같은 교육 환경은 아동이 규칙과 책임을 배우고, 자신의 강점과 약점을 발견하며, 이를 바탕으로 자아 개념을 형성하는 데 중요한 역할을 한다. 특히, 교사와의 긍정적인 관계와 학업 성취 경험은 아동의 자신감과 성취동기를 강화하며, 더 나아가 긍정적인 성격 발달에 기여한다. 예를 들어, 학습 과정에서 교사가 아동의 기질과 학습 스타일을 이해하고 이를 바탕으로 격려한다면, 아동은 자신감을 얻고 새로운 도전에 적극적으로 임하는 태도를 가진 성격으로 발전할 수 있다. 이러한 교육 환경은 아동의 학습뿐 아니라 정서적, 사회적 성장에도 중요한 영향을 미친다.

(3) 성격의 지속성과 유연성

성격은 일생 동안 지속성과 유연성을 동시에 가지는 특성을 보인다.

성격의 일부 요소는 개인의 기질과 유전적 요인에 의해 안정적으로 유지되며, 일관된 행동 패턴을 형성한다. 그러나 환경적 경험, 사회적 상호작용, 개인의 선택에 따라 성격의 특정 측면이 변화하거나 발전할 수 있는 유연성도 지닌다.

예를 들어, 내향적인 아동이 처음에는 소규모의 활동이나 혼자 있는 시간을 선호하지만, 적극적인 사회 활동에 점차 참여하면서 외향적인 성격 요소를 발달시킬 수 있다. 이러한 변화는 새로운 경험이 개인의 성격에 영향을 미치고, 자신감을 키우며 행동 방식을 확장할 수 있음을 보여준다.

성격의 지속성과 유연성은 개인의 성장 과정에서 균형 있게 작용하며, 안정적인 정체성을 유지하는 동시에 새로운 환경에 적응하고 변화할 수 있는 능력을 제공한다. 이는 성격 발달이 고정된 것이 아니라, 삶의 경험을 통해 끊임없이 재구성되고 발전할 수 있음을 시사한다.

심리학으로 읽는 아이의 마음

2.
| 성격 형성에 미치는 가정의 역할 |

가정은 아동의 성격 발달에 가장 큰 영향을 미치는 환경적 요인 중 하나로, 부모의 양육 태도, 가정 내 상호작용, 그리고 가족 환경이 아동의 성격 특성을 형성하는 데 중요한 역할을 한다(Baumrind, 1991). 안정적이고 지지적인 가정은 아동이 긍정적인 성격 특성을 발달시키는 데 도움을 주며, 반대로 스트레스가 많은 환경은 불안정성과 부정적인 성격 형성을 초래할 수 있다.

1) 양육 스타일과 성격 형성

부모의 양육 방식은 아동의 정서적 안정감, 행동 양식, 그리고 대인관계 능력에 직접적인 영향을 미친다. Baumrind(1991)는 양육 스타일을 권위 있는 양육, 권위적인 양육, 허용적인 양육 세 가지로 분류하며, 각 양육 방식이 아동의 성격 발달에 미치는 영향을 설명했다(최정혜, 2015).

(1) 권위 있는 양육(Authoritative Parenting)

권위 있는 양육은 따뜻한 태도로 아동에게 애정을 표현하면서도 명확한 규칙을 제시하고, 아동의 의견을 존중하며 대화를 통해 행동을 지도하는 방식을 의미한다. 이러한 양육 방식은 아동이 자율성과 책임감을 갖춘 성격을 형성하고, 높은 자존감과 긍정적인 대인 관계를 발달시키는 데 기여한다. 예를 들어, 부모가 '이 규칙은 모두가 안전하기 위해 필요한 거야'라고 설명하며 규칙 준수를 요청하는 경우, 아동은 이를 통해 규칙의 필요성을 이해하고 스스로 자율적으로 행동하게 된다. 이와 같은 부모의 합리적인 태도와 존중은 아동이 독립적인 사고와 문제 해결 능력을 키우는 데 중요한 역할을 한다.

(2) 권위적인 양육(Authoritarian Parenting)

권위적인 양육은 엄격하고 통제적인 방식을 특징으로 하며, 아동의 의견이나 감정을 무시하고 일방적으로 지시를 내리는 태도를 보인다. 이러한 양육 방식은 아동에게 불안정하거나 순종적인 성격을 형성하게 할 수 있으며, 자율성과 창의성이 제한될 가능성이 크다. 예를 들어, 부모가 아동의 불만을 듣지 않고 '그냥 내가 하라는 대로 해'라고 말하며 행동을 강요하는 경우, 아동은 자신의 의견을 표현하거나 독립적으로 행동하는 데 어려움을 겪게 된다. 이러한 환경에서는 아동이

심리학으로 읽는 아이의 마음

부모의 통제를 피하기 위해 순종적인 태도를 보이거나, 반대로 반항적인 성격을 형성할 위험이 있다.

(3) 허용적인 양육(Permissive Parenting)

허용적인 양육은 따뜻하고 애정이 많지만, 규칙과 통제가 부족한 방식을 특징으로 한다. 부모는 아동의 행동을 제어하지 않으며, 아동의 요구를 지나치게 들어주는 태도를 보인다. 이러한 양육 방식은 아동에게 자기 통제력 부족, 책임감 결여, 그리고 충동적인 행동 양식을 초래할 가능성이 크다. 예를 들어, 아동이 장난감을 어질러 놓아도 부모가 '괜찮아, 어차피 정리하면 되니까'라며 제재하지 않는 경우, 아동은 규칙과 책임의 중요성을 배우지 못하게 된다. 이로 인해 아동은 행동의 결과에 대한 이해가 부족해지고, 자신의 욕구를 즉각적으로 충족하려는 태도를 형성할 위험이 있다.

2) 가족 환경과 성격 형성

가족 환경은 아동의 정서적 안정과 사회적 능력 형성에 중요한 영향을 미친다. 안정적인 가족 관계와 지지적인 환경은 긍정적인 성격 특성을 촉진하며, 스트레스가 많은 환경은 아동의 불안정성과 부정적인 행동 양식을 초래할 수 있다.

(1) 가정 내 스트레스 수준

가정 내 스트레스 수준은 아동의 성격 형성에 깊은 영향을 미치는 중요한 요인 중 하나다. 가족 내에서 발생하는 갈등, 재정적 문제, 부모의 스트레스는 아동에게 정서적 불안을 초래하며, 이는 아동의 부정적인 성격 형성으로 이어질 수 있다. 스트레스가 높은 가정 환경에서는 아동이 안정감을 느끼기 어려우며, 자기 신뢰와 대인 관계에서의 긍정적인 태도를 발달시키는 데 제한이 있을 수 있다.

예를 들어, 부모 간의 잦은 다툼을 목격하는 아동은 자신이 안전하지 않다고 느끼며, 자신감이 결여되고 불안한 성격을 형성할 가능성이 높다. 이런 아동은 대인 관계에서 의사소통에 어려움을 겪거나 갈등을 피하려는 태도를 보일 수 있다. 또한, 부모가 재정적 문제나 개인적인 스트레스로 인해 아동에게 소홀하거나 부정적인 감정을 표현할 경우, 아동은 거부감을 느끼고, 낮은 자존감이나 의존적인 성격 특성을 형성할 수 있다.

이와 같은 환경적 스트레스 요인은 아동의 정서적 안정감과 자기 개념 형성에 부정적인 영향을 미치므로, 부모가 스트레스 요인을 관리하고, 아동에게 안정적이고 지지적인 환경을 제공하는 것이 중요하다. 정서적으로 안정된 가정 환경은 아동이 건강한 자아 개념을 형성하고 긍정적인 성격 특성을 발달시키는 데 필수적인 기반을 제공한다.

(2) 부모 간의 관계

부모 간의 관계는 아동의 정서적 안정과 성격 형성에 중요한 영향을

심리학으로 읽는 아이의 마음

미친다. 부모가 서로를 존중하고 협력적인 태도를 유지하며 긍정적인 상호작용을 보이는 경우, 아동은 안정감을 느끼고 건강한 대인 관계를 형성하는 데 필요한 기초를 다질 수 있다. 이러한 환경은 아동이 신뢰감과 사회적 유대감을 발달시키고, 타인과의 관계에서 긍정적인 태도를 가지도록 돕는다.

반대로, 부모 간의 갈등이 지속되거나 무관심한 관계가 유지될 경우, 아동은 정서적으로 불안해지며 부정적인 성격 특성을 형성할 위험이 있다. 부모 간의 잦은 다툼은 아동에게 스트레스를 유발하며, 자신감을 잃거나 대인 관계에서 갈등을 피하려는 태도를 가질 수 있다. 무관심한 부모 관계는 아동에게 정서적 소외감을 주어, 타인과의 관계에서도 소극적이거나 의존적인 성격을 형성하게 할 수 있다.

예를 들면, 부모가 서로를 존중하며 협력하고, 아동과 함께 의미 있는 시간을 보내는 가정에서는, 아동이 자신을 소중히 여기고 타인과의 신뢰를 쌓는 방법을 자연스럽게 배우게 된다. 예컨대, 부모가 아동 앞에서 서로 격려하거나 어려운 상황에서 함께 해결책을 모색하는 모습을 보이면, 아동은 협력과 공감을 바탕으로 건강한 대인 관계를 형성할 수 있는 모델을 얻게 된다.

부모 간의 관계는 아동의 정서적 안정감과 사회적 기술 발달에 직접적으로 영향을 미치며, 긍정적인 가족 환경을 조성하는 데 핵심적인 역할을 한다. 이러한 환경에서 자란 아동은 신뢰와 존중을 바탕으로 건강한 성격 특성을 발달시킬 가능성이 높다.

(3) 형제 관계

형제 관계는 아동의 성격 형성에 중요한 영향을 미치는 가족 내 요인 중 하나다. 형제 간의 긍정적인 상호작용은 아동이 협력, 공감, 상호 존중과 같은 사회적 기술을 배우는 기회를 제공한다. 이러한 상호작용을 통해 아동은 타인의 관점을 이해하고, 문제를 해결하며, 관계를 조율하는 방법을 익힌다. 반면, 형제 간의 과도한 경쟁이나 갈등은 아동에게 부정적인 정서를 유발할 수 있으며, 불안정하거나 공격적인 성격을 형성할 위험이 있다.

예를 들면, 형제가 아동에게 '내가 이걸 끝내고 나면 네가 해도 돼'라고 말하며 순서를 양보하는 행동은 협력과 상호 존중을 배우는 중요한 기회를 제공한다. 이러한 경험은 아동이 타인의 요구를 고려하고, 공정성과 배려를 실천하며, 갈등 상황에서도 긍정적으로 대응할 수 있는 능력을 키우게 한다.

그러나 형제 간의 지나친 경쟁이나 자원의 불공평한 분배는 불만과 질투를 야기할 수 있다. 예를 들어, 부모가 특정 형제에게만 지속적으로 관심을 보일 경우, 다른 형제는 소외감을 느끼고 낮은 자존감이나 부정적인 대인 관계를 형성할 가능성이 높다.

형제 관계는 가족 내에서 첫 사회적 관계를 형성하는 장으로서, 아동이 협력과 갈등을 경험하며 성장하는 중요한 환경을 제공한다. 부모는 형제 간의 갈등을 건설적으로 조율하고, 긍정적인 상호작용을 촉진하는 역할을 통해 아동이 건강한 성격과 사회적 기술을 발달시킬 수 있도록 도와야 한다.

심리학으로 읽는 아이의 마음

3) 가정의 역할을 강화하기 위한 제안

아동의 기질과 특성에 맞는 양육 방식 채택

부모는 아동의 기질과 특성을 이해하고, 이를 기반으로 적합한 양육 방식을 선택하는 것이 중요하다. 규칙과 사랑을 균형 있게 제공하면, 아동은 정서적 안정감을 느끼고 긍정적인 성격을 형성할 수 있다. 특히, 민감한 아동의 경우에는 차분하고 일관된 지도를 통해 안정감을 주는 것이 효과적이며, 새로운 경험을 시도할 때 충분한 시간과 지지를 제공하여 자신감을 키울 수 있도록 돕는 것이 필요하다. 이러한 접근은 아동의 개별적인 특성을 존중하면서도 성격 발달을 지원하는 긍정적인 양육 방식의 본보기가 될 수 있다.

안정적인 가정 환경 유지

가정 내 안정감은 아동의 정서적 안정과 건강한 성격 형성의 기본 토대가 된다. 가족 내 갈등이 발생할 경우, 부모는 이를 건설적으로 해결하며 아동에게 심리적 지지를 제공하는 것이 중요하다. 예를 들어, 갈등 상황에서 부모가 서로를 존중하며 문제를 해결하는 모습을 보여준다면, 아동은 스트레스를 덜 느끼고 긍정적인 대인 관계를 형성하는 방법을 자연스럽게 배울 수 있다. 이러한 환경은 아동이 정서적으로 안정되고, 건강한 성격을 발달시키는 데 중요한 역할을 한다.

부모 간의 협력과 형제간 긍정적 상호작용 촉진

부모는 아동이 건강한 정서적 안정과 사회적 능력을 발달시킬 수 있도록 부모 간의 협력적인 관계를 유지하며, 형제 간의 긍정적인 상호작용을 촉진해야 한다. 예를 들어, 부모가 가족 활동을 통해 협력과 배려의 중요성을 강조하거나, 형제 간의 협력을 유도할 수 있는 놀이와 과제를 함께 수행하도록 돕는 것은 매우 효과적이다. 이러한 노력은 아동이 상호 존중과 협력을 자연스럽게 배우고, 건강한 사회적 관계를 형성하는 데 기여할 수 있다.

가정의 역할을 강화하기 위해 부모와 가족 구성원은 아동의 특성을 이해하고, 안정적이고 지지적인 환경을 제공하며, 긍정적인 상호작용을 장려해야 한다. 이러한 노력은 아동이 건강한 성격을 형성하고, 정서적 안정과 사회적 능력을 키우는 데 중요한 기반이 된다.

제9장
행동 문제와 발달 장애

아동기에는 분리불안, 공격성과 같은 행동 문제가 나타날 수 있으며, 이는 성장 과정에 서 정상적으로 경험될 수도 있지만 지속되거나 심각한 경우 개입이 필요하다. 또한, 학 습 장애와 발달 지연은 아동의 학업 및 일상생활 적응에 어려움을 초래할 수 있으며, 조 기 발견과 적절한 지원이 중요하다. 더불어 ADHD(주의력 결핍 과잉행동장애)와 자폐 스펙트럼 장애는 사회적 상호작용, 집중력, 의사소통 등의 영역에서 아동에게 영향을 미치는 발달 장애로, 개별적인 접근과 지속적인 지원이 요구된다. 이러한 행동 문제와 발달 장애를 이해하고 적절한 개입을 통해 아동의 건강한 성장과 발달을 돕는 것이 중 요하다.

1.
아동기의 일반적인 행동 문제:
분리불안, 공격성

1) 분리불안(Separation Anxiety)

(1) 특징

　분리불안은 아동이 주요 양육자와 떨어지는 상황에서 지나치게 불안해하는 문제로, 특히 유아기와 학령 전기에 흔히 나타난다(Roehr, 2013; Svenaeus, 2014). 아동은 부모와의 분리를 두려워하며, 이에 대한 강한 정서적 저항을 보인다. 이러한 불안은 정상적인 발달 과정의 일부로 간주되지만, 장기적이고 심각한 경우에는 추가적인 지원이 필요하다.

(2) 원인

기질적 요인

분리불안의 원인 중 하나는 아동의 기질적 특성으로, 일부 아동은 태어날 때부터 불안 감수성이 높은 기질을 가지고 있어 새로운 상황이나 환경에 적응하기 어려움을 겪는 경향이 있다(Thomas & Chess, 1977). 이러한 기질을 가진 아동은 낯선 환경에서 스트레스를 더 강하게 느끼며, 변화에 대한 두려움이 분리불안으로 이어질 가능성이 높다.

애착의 질

부모와의 애착 관계가 불안정할 경우, 아동은 양육자의 부재를 과도하게 두려워하며, 이는 분리불안으로 이어질 가능성이 높다(Ainsworth, Blehar, Waters & Wall, 1978). 예를 들어, 부모가 아동의 요구에 일관되지 않게 반응하거나, 양육 시간이 제한적이라면, 아동은 부모와의 관계에서 안정감을 느끼지 못해 분리 상황에서 더욱 불안해할 수 있다. 이러한 불안정한 애착은 아동의 정서적 안정에 부정적인 영향을 미치며, 새로운 환경에서 적응을 어렵게 만든다.

환경적 변화

새로운 환경(예: 학교 입학, 부모의 출장)이나 가족 내 변화(예: 이혼, 형제 탄생)와 같은 환경적 변화는 아동의 안정감을 감소시키고, 분리불안을 유발할 수 있다. 이러한 변화는 아동이 기존에 의존하던 일상과 관계의 틀을 흔들며, 새로운 상황에 적응하는 데 어려움을 겪게 만들어 분리에 대한 두려움을 더욱 심화시킬 가능성이 있다.

심리학으로 읽는 아이의 마음

(3) 영향

분리불안이 지속될 경우, 아동은 학교 거부, 사회적 위축, 정서적 불안과 같은 다양한 부정적인 영향을 경험할 수 있다. 이러한 문제는 심화될 경우 또래와의 상호작용에서 어려움을 겪거나 자존감이 저하되는 결과를 초래할 수 있다. 또한, 분리불안이 장기화되면 두통이나 복통과 같은 신체화 증상이 나타날 가능성도 높아진다.

예를 들어, 초등학교 입학 첫날, 아동이 부모와 떨어지기를 거부하며 교실에 들어가는 것을 두려워하고 울음을 터뜨리는 경우나, 부모가 집을 비운 상황에서 극도로 불안해하며 부모에게 전화를 계속 걸고, 심지어 부모가 없는 동안 소화불량 같은 신체적 증상을 보이는 경우는 분리불안의 전형적인 예라 할 수 있다. 이러한 영향은 아동의 정서적 안정과 사회적 적응에 부정적인 결과를 초래할 수 있으므로, 지속적인 분리불안이 나타날 경우 적절한 개입과 지지가 필요하다.

(4) 개입 방법

분리불안(Separation Anxiety)은 부모나 애착 대상과의 이별 상황에서 아동이 불안해하거나 거부 반응을 보이는 현상으로, 자연스러운 발달 과정의 일부다. 그러나 이 불안이 심해지거나 지속될 경우, 부모와 교사는 체계적이고 섬세한 개입을 통해 아동이 점진적으로 적응할 수 있도록 도와야 한다.

· **점진적인 분리 연습:** 부모가 아동을 잠시 동안 혼자 두는 연습을 통

해, 아동이 분리를 점차적으로 수용하도록 돕는다. 단, 아동의 애착 발달 과정과 정서적 안정성을 고려할 때, 생후 6개월 이전에는 부모와의 애착 형성이 매우 중요한 시기이므로 분리 연습보다는 안정적인 애착 관계를 형성하는 것이 우선되어야 한다.

· **안정적인 관계 형성:** 부모가 아동에게 일관된 애정을 표현하고 신뢰감을 심어줌으로써, 분리 상황에서도 안정감을 유지할 수 있도록 한다.

· **심리적 지지 제공:** 부모나 교사가 아동의 감정을 수용하며, 불안을 이해하고 공감하는 태도를 보여준다.

(5) 아동의 분리불안에 대한 부모 및 교사의 구체적인 개입 방법

부모의 개입 방법

· **점진적인 분리 연습**(Separation Practice)

 – 처음에는 짧은 시간 동안 아동과 떨어져 있다가 점차 시간을 늘려가는 방식으로 연습을 진행한다.

 – 부모가 집에서 '엄마는 잠깐 부엌에서 요리하고 올게'와 같이 짧은 분리를 연습한 후, 이후에는 '엄마는 10분 동안 이웃집에 다녀올게'로 점진적으로 시간을 늘리는 방식이다. 분리불안이 있는 경우 아동을 집에 혼자 두는 분리 연습은 발달적 안전을 고려할 때 만 10~12세 이후부터 가능하며, 이 또한 점진적으로 연습해야 한다. 만 6세 이하의 아동은 위급 상황이 발생했을 때 적절히 대처할 수 있는 능력이 부족하며, 사고 위험이 높기 때문에 절대 혼자 두어서는 안 된다. 따라서 부모나 보호자가 항상 가까이 있어야 하며, 분

심리학으로 읽는 아이의 마음

리 연습을 진행할 경우에도 부모가 같은 공간에서 아동을 관찰하며 점진적으로 시도하는 것이 필요하다.

– 아동이 잘 적응할 경우, 칭찬을 통해 자신감을 키워준다.

· **부모의 일관된 반응과 안정적인 애착 유지**(Consistency & Emotional Security)

– 부모가 분리 상황에서 차분하고 안정적인 태도를 유지해야 한다.

– '엄마는 일을 마치고 꼭 너를 데리러 올 거야. 언제나 그랬듯이' 작별 인사를 간결하게 하고, 다시 만날 것이라는 신뢰감을 심어주는 것이 중요하다.

· **분리불안을 완화하는 루틴 만들기** (Creating a Goodbye Routine)

– 일관된 작별 인사 루틴을 만들어 아동이 예측 가능성을 가질 수 있도록 한다.

– 작별 인사로 '엄마는 뽀뽀 3번 하고 손 흔들고 갈 거야'와 같이 아동이 익숙한 의식을 통해 심리적 안정감을 갖도록 유도한다.

· **아동이 불안을 표현할 수 있도록 돕기**(Encouraging Emotional Expression)

– 아동이 불안을 느낄 때 감정을 인정하고 말로 표현할 수 있도록 도와준다.

– '네가 불안한 것 같구나. 엄마랑 떨어지는 게 걱정되니?'라고 감정을 인정해 주고, '하지만 네가 유치원에서도 잘 있을 수 있다는 걸 엄마는 알고 있어'라고 격려해 준다.

· **아동이 안전하다는 것을 확인할 수 있는 물건 제공**(Providing a Transitional Object)

– 부모와의 연결을 유지할 수 있도록, 아동이 익숙한 물건을 가지고 있도록 한다.

- 부모의 향기가 남은 작은 손수건, 아동이 좋아하는 인형이나 담요를 함께 보내 아동이 심리적으로 안정감을 가질 수 있도록 한다.
· **새로운 환경에 대한 긍정적인 경험 제공**(Positive Exposure to New Environments)
  - 아동이 새로운 환경(어린이집, 유치원 등)에 미리 적응할 수 있도록, 짧은 방문을 통해 익숙해지는 시간을 가진다.
  - '내일부터 어린이집(유치원)에 갈 건데, 오늘은 선생님과 인사만 하고 올까?'라고 하며, 새로운 환경을 조금씩 경험하게 한다.

적절한 분리 연습 시기 및 방법

아동의 애착 발달 과정과 정서적 안정성을 고려할 때, 생후 6개월 이전에는 부모와의 애착 형성이 매우 중요한 시기이므로 분리 연습보다는 안정적인 애착 관계를 형성하는 것이 우선되어야 한다. 그러나 생후 6개월 이후부터 점진적인 분리 연습을 시도할 수 있으며, 본격적인 연습은 기질에 따라 다르지만 보통 유아는 8~12개월 이후가 적절하다.

· **생후 6~8개월, 짧은 시간 동안 부모가 보이지 않는 경험 제공:** 이 시기에는 아동이 낯가림과 분리불안이 시작되기 직전이므로, 짧은 시간 동안 부모가 시야에서 사라지는 연습을 시작할 수 있다.
  - 부모가 방을 잠시 떠나면서 '엄마는 잠깐 물을 마시고 올게'라고 말한 후, 1~2분 내에 다시 돌아오기
  - 부모가 집 안에서 다른 방으로 이동하더라도 목소리를 들려주거나, 다시 돌아온다는 신호를 주며 아동을 안심시킴.
  - 지나치게 오랜 시간 방치하면 오히려 불안을 증가시킬 수 있으므

심리학으로 읽는 아이의 마음

로, 1~2분 이내의 짧은 분리부터 시작하는 것이 중요함.

- **생후 8~12개월, 부모의 짧은 외출 연습:** 이 시기는 분리불안이 본격적으로 시작되는 시기이므로, 너무 갑작스럽거나 장기간의 분리는 피하는 것이 좋다.
  - 부모가 집 안에서 일정 시간 동안 다른 공간에 머무는 연습을 늘려 가기
  - 부모가 외출할 때(이때 다른 가족과 함께 있도록 함)는 '엄마는 5분 후에 돌아올 거야'라고 미리 알리고, 일관된 작별 인사를 한 뒤 짧은 외출을 시도하는 것이 중요하다. 또한, 아동이 혼자 노는 시간을 경험하거나 다른 가족(예: 할머니, 아빠)과 함께 시간을 보내며 자연스럽게 분리 경험을 할 수 있도록 기회를 제공하는 것이 도움이 됨.
  - 부모가 외출하고 돌아왔을 때, 밝은 표정으로 다시 만나 반갑게 맞이해 주는 것이 중요함.
- **생후 12~18개월, 유치원 및 어린이집 적응을 위한 본격적인 연습:** 이 시기는 아동이 부모와의 분리를 조금씩 이해하고 받아들이는 시기이므로, 부모와 떨어지는 시간이 점차 길어질 수 있다.
  - 부모가 아이를 다른 보호자(예: 조부모, 베이비시터)에게 맡기는 연습을 시작
  - 어린이집이나 놀이 그룹에서 짧은 시간 동안 부모 없이 지낼 수 있도록 연습
  - 부모가 다시 올 것을 확신할 수 있도록, 항상 같은 작별 루틴(예: 뽀뽀하기, 손 흔들기 등)을 정해두고 일관되게 유지함.
- **18개월 이후, 점진적인 독립성 강화:** 이 시기부터는 부모와 일정 시간 떨어져 있는 경험을 늘려가며, 아동이 스스로 조절할 수 있도록

도움을 준다.
- 30분~1시간 동안 친숙한 보호자와 함께 보내는 연습하기
- 아동이 즐거운 활동을 할 수 있도록 환경을 조성하고, 부모가 떠나는 것이 불안한 일이 아니라는 것을 자연스럽게 익히게 함.

주의할 점

· 생후 6개월 이전의 장기간 분리는 권장되지 않는다.
· 6개월 이전의 영아는 부모(특히 주 양육자)와의 애착 형성이 가장 중요한 시기이므로, 분리 연습보다는 안정적인 애착 관계 형성을 우선해야 한다.
· 너무 이른 분리는 오히려 애착 불안을 증가시키고 정서적 불안정을 초래할 수 있다.
· 아이가 심하게 불안해할 경우, 무리한 분리는 피해야 한다.
· 아동이 부모와의 분리를 지나치게 힘들어하면 천천히 진행하는 것이 중요하다.
· '그만 울어, 이제 너도 혼자 있어야 해' 같은 말보다는 '엄마는 돌아올 거야, 네가 괜찮을 거라는 걸 알고 있어'라고 차분하게 설명하는 것이 효과적이다.

교사의 개입 방법

· **따뜻하고 안정적인 환경 조성**(Creating a Warm & Secure Environment)
- 아동이 부모와 분리된 후에도 안정감을 느낄 수 있도록 따뜻하고 친근한 분위기를 조성한다.
- 교사가 '네가 엄마를 보고 싶어 하는 게 이해돼. 하지만 여기에서

심리학으로 읽는 아이의 마음

도 재미있는 놀이가 많아'라며 아동이 새로운 환경에 집중할 수 있도록 돕는다.

· **천천히 적응할 수 있는 기회 제공** (Gradual Adjustment to the Environment)

– 처음에는 부모가 일정 시간 동안 함께 있도록 한 후, 점진적으로 분리 시간을 늘려 아동이 부담을 느끼지 않도록 한다.

– 첫날은 부모가 교실에 30분간 머물며 활동에 함께 참여하고, 이후 점차적으로 부모의 참여 시간을 줄이는 방식으로 한다.

· **아동의 감정을 공감하고 수용하기**(Validating and Accepting Emotions)

– 아동이 불안을 느낄 때 이를 무시하지 않고, 감정을 인정하고 공감하는 태도를 보인다.

– '엄마가 보고 싶구나, 네 마음이 이해돼. 하지만 우리는 함께 재미있는 놀이를 할 수 있어'라고 하며 아동의 감정을 받아들이고 대안을 제시함.

· **또래 친구들과의 상호작용 유도**(Encouraging Peer Interaction)

– 아동이 또래와 자연스럽게 어울릴 수 있도록, 관심 있는 활동에 참여할 기회를 제공한다.

– '여기 블록 놀이를 좋아하는 친구들이 있어. 같이 해볼래?'라며 아동이 또래와 관계를 형성하는 기회를 만든다.

· **부모와의 소통 강화**(Enhancing Parent-Teacher Communication)

– 부모와 교사는 아동의 적응 상태에 대해 꾸준히 소통하며, 아동이 점진적으로 변화할 수 있도록 협력한다.

– 실제 적응하고 있는 행동을 잘 관찰한 후 '오늘 ○○이가 처음에는 조금 울었지만, 금방 친구들과 블록 놀이에 참여했어요. 점점 적응하고 있어요'라는 식으로 부모에게 피드백을 제공하여 안심시킨다.

· **아동이 안심할 수 있는 신호 제공**(Providing Reassuring Signals)
  - 아동이 부모가 다시 돌아온다는 것을 이해할 수 있도록, 시간을 시각적으로 표현해 주는 것이 효과적이다.
  - '엄마가 너를 데리러 오는 시간은 점심을 먹고 그림을 그리고 난 후야'라고 하며 아동이 하루 일정을 예측할 수 있도록 돕는다.

효과적인 개입을 위한 추가 전략

· 분리불안이 심한 경우, 단기간의 놀이 치료 또는 상담을 고려할 수 있다(김광웅, 유미숙, 유재령, 2004).
· 부모와 교사는 협력하여 아동이 점진적으로 독립성을 키울 수 있도록 일관된 대응을 유지해야 한다.
· 아동의 개별적인 특성을 고려하여 적절한 방식으로 접근하는 것이 중요하다.

아동의 분리불안을 완화하기 위해서는 부모와 교사의 일관된 반응, 따뜻한 지지, 점진적인 적응 과정이 필수적이다. 부모는 일정한 루틴과 긍정적인 분리 경험을 제공해야 하며, 교사는 아동이 안전하고 편안함을 느낄 수 있는 환경을 조성하고 감정을 공감하는 태도를 유지해야 한다. 이러한 접근을 통해 아동은 점진적으로 독립성을 키우며, 건강한 정서 발달을 이루게 된다.

심리학으로 읽는 아이의 마음

2) 공격성(Aggression)

(1) 특징

공격성은 언어나 신체적 행동을 통해 타인을 해치거나 통제하려는 의도를 포함하며, 아동기에서 자주 관찰된다(Siegler, DeLoache & Eisenberg, 2003). 이러한 행동은 아동의 분노 조절 문제나 스트레스 요인, 또는 환경적 요인(예: 부모의 모델링, 스트레스)과 밀접하게 연관될 수 있다.

(2) 원인

공격성은 아동이 특정한 환경적, 정서적, 또는 학습적 요인에 의해 분노를 적절히 조절하지 못하고 충동적으로 표현하는 문제 행동 중 하나로, 다음과 같은 다양한 원인에 의해 발생할 수 있다.

기질적 요인

타고난 기질이 강렬하거나 부정적인 감정 표현이 두드러진 아동은 분노를 조절하는 데 어려움을 겪으며, 새로운 상황이나 스트레스 요인에 민감하게 반응하는 경향이 있다. 이러한 아동은 자신이 느끼는 부정적인 감정을 과도하게 표현하는 경우가 많으며, 쉽게 짜증을 내거나 화를 참지 못하는 모습으로 나타날 수 있다. 이러한 기질을 가진 아동은 도전적인 상황에서 충동적으로 공격적인 행동을 보일 가능성이 높다.

모델링

아동은 주변의 행동을 관찰하고 이를 모방하는 학습 과정을 통해 공격성을 습득할 수 있다(Bandura, 1977). 특히, 부모나 또래가 갈등 상황에서 공격적으로 행동하는 모습을 목격할 경우, 아동은 이를 모방하여 자신의 행동으로 표현할 가능성이 크다. 예를 들어, 가정 내에서 부모가 갈등을 폭력적으로 해결하거나, 또래가 문제를 공격적으로 해결하는 모습을 본 아동은 이러한 행동을 학습하고 반복적으로 따라 할 가능성이 높다.

환경적 스트레스

가족 내 갈등, 경제적 어려움, 부모의 스트레스와 같은 환경적 스트레스 요인은 아동의 정서적 안정감을 저하시켜 공격적인 행동을 유발할 수 있다. 이러한 환경에서 아동은 자신이 느끼는 불안과 스트레스를 건강한 방식으로 처리하지 못하고, 이를 공격적인 행동으로 표출하는 경향이 있다. 예를 들어, 부모가 스트레스로 인해 자주 다투는 가정에서 자란 아동은 감정을 건강하게 표현하거나 조절하는 방법을 배우지 못해 갈등 상황에서 공격적으로 반응할 가능성이 높다.

사회적 좌절

또래 관계에서의 갈등, 학업 실패, 또는 사회적 인정 부족은 아동에게 좌절감을 유발하며, 이는 공격적인 행동으로 이어질 수 있다. 아동은 자신이 받는 부정적인 평가나 거절에 대해 방어적으로 반응하며, 이러한 좌절감을 공격적인 행동으로 표현할 가능성이 높다. 예를 들어, 또래 집단에서 따돌림을 당하거나 학업에서 반복적으로 실패를 경험한 아동은 자신이 느끼는 좌절감을 해소하기 위해 공격적인 행동을 보일 수 있다. 이러한 경험은 아동의 정서적 안정과 대인 관계에 부정적인 영향을 미칠 수 있으므로, 적절한 개입과 지지가 필요하다.

정서 조절 부족

아동이 분노와 같은 부정적인 감정을 적절히 관리하거나 표현하는 능력이 부족할 경우, 충동적으로 공격적인 행동을 보일 가능성이 높다. 정서 조절 기술이 부족한 아동은 갈등 상황에서 문제를 효과적으로 해결하지 못하며, 즉각적으로 공격성으로 반응하는 경향이 있다. 예를 들어, 아동이 친구와의 놀이에서 갈등을 겪을 때, 감정을 억제하거나 말로 표현하지 못하고 화를 내거나 폭력을 행사하는 경우가 이에 해당한다. 이러한 정서 조절의 어려움은 아동의 사회적 관계와 정서적 안정에 부정적인 영향을 미칠 수 있다.

공격성은 기질, 학습된 행동, 환경적 스트레스, 사회적 좌절, 그리고 정서 조절 부족 등 다양한 원인이 복합적으로 작용하여 나타난다. 이를 해결하기 위해 부모와 교사는 아동의 공격성 원인을 파악하고, 긍정적인 모델링, 정서 조절 훈련, 스트레스 완화 환경 조성 등 다각적인 접근이 필요하다.

(3) 영향

반복적인 공격성은 또래 관계에서 갈등을 유발하며, 사회적 고립과 학업 성취 저하로 이어질 수 있다. 이러한 행동은 아동의 정서적 안정과 대인 관계 발달에 부정적인 영향을 미치며, 장기적으로 죄책감이나 고립감 같은 정서적 문제를 초래할 가능성도 높아진다.

예를 들어, 놀이 도중 친구의 장난감을 빼앗으며 밀치고 다투는 행동은 또래 관계에서 갈등을 심화시킬 수 있다. 또한, 아동이 학급에서 화가 난 상태로 책을 던지며 교사의 지시에 반항하거나 또래 친구를 위협하는 행동은 학업 환경에서의 부적응과 사회적 상호작용의 문제를 일으킬 수 있다. 이러한 반복적인 공격적 행동은 아동의 사회적 기능과 정서적 발달에 장기적으로 부정적인 영향을 미치므로, 조기 개입과 적절한 지원이 필요하다.

(4) 개입 방법

아동의 공격적인 행동을 줄이고 긍정적인 행동으로 전환하기 위해 다음과 같은 개입 방법을 사용할 수 있다.

정서 조절 훈련

아동이 분노와 같은 부정적인 감정을 건강하게 표현하고 관리할 수 있도록 정서 조절 기술을 가르친다.

- **방법:** 깊게 숨쉬기, 감정을 말로 표현하기, 타임아웃 등 자기 조절 전략을 활용한다.
- **효과:** 아동은 분노 상황에서도 충동적인 반응을 줄이고, 문제 해결 중심의 태도를 배울 수 있다.

심리학으로 읽는 아이의 마음

긍정적 행동 강화

아동이 적절한 행동을 했을 때 즉각적인 칭찬과 보상을 통해 긍정적인 행동을 강화한다.

- **방법:** 아동이 규칙을 지키거나 협력적인 태도를 보일 때, '네가 친구와 장난감을 나눠 쓸 때 정말 멋졌어. 다음에도 그렇게 하면 좋겠다'라고 칭찬한다.
- **효과:** 아동은 긍정적인 행동이 인정받는다는 사실을 학습하고, 바람직한 행동을 반복하려는 동기를 가지게 된다.

일관된 지도

부모와 교사는 아동에게 일관된 규칙과 기대를 제시하고, 공격적 행동에 대한 명확한 결과를 전달해야 한다.

- **방법:** 아동이 규칙을 어겼을 경우에는 예상된 결과를 적용하되, 아동의 감정을 공감하며 지도한다.
- **효과:** 일관성 있는 규칙은 아동에게 안정감을 주고, 행동에 대한 책임감을 키우는 데 도움이 된다.

(5) 발달적 특성을 고려한 개입 방법

아동이 공격적인 행동을 보이는 것은 발달 과정에서 자연스러운 현상일 수 있으나, 지속될 경우 또래 관계 형성, 감정 조절 능력, 사회적 기술 습득에 부정적인 영향을 미칠 수 있다. 따라서 부모와 교사는 공격적인 행동의 원인을 이해하고, 적절한 개입 방법을 적용하여 아동이 긍정적인 행동을 학습할 수 있도록 도와야 한다.

아동의 연령과 발달 수준에 따른 개입 전략 차별화

· **유아기**(2~5세): 모델링을 통한 학습(모범 보이기), 감정 언어 발달 지원 (감정 단어 가르치기)

· **아동기**(6~12세): 문제 해결 중심 개입(대안적 행동 가르치기), 역할극을 활용한 훈련

감정 코칭 및 사회적 기술 훈련

· 부모나 교사가 아동이 감정을 표현할 때 적절한 단어를 사용하도록 돕고, 사회적 기술을 연습할 기회를 제공한다.

· '너는 지금 화가 난 것 같구나. 왜 화가 났는지 이야기해 볼까?'

· 역할극을 활용해 갈등 상황에서 공격적인 행동 대신 사용할 수 있는 대안을 연습(예: '친구에게 화가 났을 때, 어떻게 이야기하면 좋을까?')

· **효과**: 아동이 자신의 감정을 더 명확히 이해하고, 감정 조절 능력을 키울 수 있다.

공감 기반의 훈육(Emotion Coaching)

· 부모와 교사가 아동의 감정을 먼저 수용하고 공감해 준 후, 대안을 제시하는 방식으로 지도한다.

· '네가 동생이랑 장난감을 두고 싸우게 돼서 속상했구나. 하지만 때리는 건 좋은 해결 방법이 아니야. 다음엔 어떻게 하면 좋을까?'

· **효과**: 아동이 자신의 감정을 부정적으로 억제하지 않으면서도 건강

심리학으로 읽는 아이의 마음

한 방식으로 표현하는 법을 배운다.

(6) 긍정적 행동을 지속적으로 유도하는 방법

강화 전략을 보다 구체적으로 적용

긍정적인 행동이 지속될 수 있도록 즉각적인 피드백과 장기적인 동기 부여 전략을 함께 적용한다.

행동 계약(Behavior Contract) 활용

· 부모나 교사와 아동이 함께 적절한 행동 목표를 설정하고, 이를 수행할 때 보상을 제공하는 방식
· '한 주 동안 동생을 때리지 않고 감정을 말로 표현하면, 주말에 함께 공원에 가자'
· **효과**: 아동이 자기 행동의 결과를 명확히 이해하고, 긍정적인 행동을 지속할 수 있도록 동기를 부여받는다.

또래 모델링 및 협력 활동 제공

· 아동이 공격적인 행동 대신 협력적 행동을 학습할 수 있도록 또래와의 긍정적 상호작용 기회 제공
· 또래 친구들과 함께 해결해야 하는 협력 게임(예: 레고 쌓기, 팀워크 활동) 참여
· 긍정적인 행동을 보이는 또래를 롤모델로 삼아 관찰하고 모방하도록 유도
· **효과**: 아동이 또래 관계 속에서 자연스럽게 사회적 기술을 습득하

고, 감정 조절을 연습할 수 있다.

(7) 일관된 지도 및 규칙 설정 강화

긍정적 훈육(Positive Discipline) 적용

처벌이 아닌 자연스러운 결과 학습 및 문제 해결 중심 개입을 강조한다.

자연적 결과 및 논리적 결과 적용

· 아동의 행동에 대해 자연스러운 결과를 경험하도록 하되, 감정적으로 혼내기보다는 논리적으로 설명하는 방식

· '네가 친구의 블록을 망가뜨리면, 친구도 네 블록을 사용하지 않을 수 있어. 다음엔 어떻게 하면 좋을까?'

· **효과**: 아동이 자신의 행동이 타인에게 미치는 영향을 이해하고, 자율적으로 책임감 있는 행동을 선택할 수 있도록 유도한다.

즉각적이고 일관된 피드백 제공

· 아동이 규칙을 지키지 않았을 때, 즉각적으로 반응하고 동일한 규칙을 일관되게 적용한다.

· '약속한 규칙을 지키지 않았구나. 그래서 오늘은 TV 시간을 줄여야 해'

· **효과**: 아동이 규칙의 일관성을 이해하고, 자기 행동의 결과를 예측할 수 있도록 도움을 받는다.

심리학으로 읽는 아이의 마음

공격적인 행동을 보이는 아동을 돕기 위해서는 단순한 행동 수정 전략만으로는 충분하지 않으며, 아동의 발달적 특성을 고려한 맞춤형 개입이 필수적이다. 이를 위해 감정 코칭을 활용하여 아동이 자신의 감정을 건강하게 표현하는 방법을 익히도록 돕고, 사회적 기술 훈련을 통해 또래와 긍정적인 상호작용을 경험할 수 있도록 지원해야 한다. 또한, 행동 계약과 또래 모델링을 활용하여 바람직한 행동을 지속적으로 강화하고, 처벌보다는 자연적, 논리적 결과를 적용하는 방식으로 문제 해결 중심의 개입을 실천하는 것이 중요하다. 더불어, 가정과 학교가 협력하여 일관된 훈육 방식을 적용함으로써 아동이 환경과 관계없이 안정적인 지도를 받을 수 있도록 해야 한다. 이러한 접근법을 통해 부모와 교사는 보다 체계적이고 심리학적으로 근거 있는 개입 방법을 실천할 수 있으며, 이를 통해 아동의 긍정적인 행동 변화가 지속될 가능성이 높아질 것이다.

2.
| 학습 장애와 발달 지연 |

1) 학습 장애(Learning Disabilities)

학습 장애는 아동의 지적 능력이 정상 범위에 속함에도 불구하고 특정 학습 영역에서 지속적인 어려움을 겪는 상태를 말한다. 대표적으로 '난독증(Dyslexia)'은 읽기와 언어 처리에서의 어려움을, '난산증(Dyscalculia)'은 수학적 개념과 계산 능력에서의 어려움을 포함한다 (Roehr, 2013; Svenaeus, 2014). 예를 들어, 초등학교 3학년 아동이 단어를 빠르게 인식하지 못하거나 글자를 뒤집어 읽는 증상을 보이는 경우는 난독증의 예에 해당하며, 수학 문제를 풀 때 숫자의 위치를 혼동하거나 간단한 계산에서 반복적인 실수를 나타내는 경우는 난산증의 대표적인 증상이다.

학습 장애는 아동의 신경발달적 특성과 학습 환경 간의 상호작용에서 발생하며, 이는 뇌의 정보처리 방식의 차이로 인해 나타난다. 이러

심리학으로 읽는 아이의 마음

힌 학습 장애는 학업 성취의 저하로 이어져 낮은 자존감과 학습에 대한 회피 행동을 유발할 수 있다. 또한, 아동이 학교에서 긍정적인 경험을 얻기 어렵게 만들며, 사회적 관계 형성에도 부정적인 영향을 미칠 가능성이 크다. 학습 장애는 아동의 학업과 정서적 발달에 전반적인 영향을 미치므로, 조기 발견과 적절한 개입이 필요하다.

(1) 학습 장애에 대한 개입: 맞춤형 지원 전략

학습 장애를 가진 아동은 학습 과정에서 특수한 어려움을 경험하므로, 이를 지원하기 위해 개별화된 접근이 필요하다. 효과적인 개입 전략으로는 개별화된 학습 계획(IEP), 전문적인 학습 지도, 그리고 정서적 지지가 있다. 이러한 접근은 아동의 학업 성취와 정서적 안정을 동시에 지원하는 데 중점을 둔다.

개별화된 학습 계획(Individualized Education Program, IEP)
IEP는 아동의 학습 스타일, 능력, 필요를 기반으로 맞춤형 교육 목표와 전략을 수립하는 계획이다. 학부모, 교사, 특수교육 전문가가 협력하여 아동의 학업적, 사회적 목표를 설정하고, 이를 달성하기 위한 구체적인 방법을 설계한다.

· **목표 설정**: 학습 목표는 구체적이고 측정 가능해야 하며, 아동의 현재 능력 수준에 적합해야 한다.
· **교육 전략**: 아동의 강점과 약점을 고려한 교수 방법을 적용한다. 시각 자료나 멀티미디어 자료를 활용하여 이해를 돕는다.

- **평가 및 피드백**: 정기적인 평가를 통해 목표 달성 여부를 확인하고, 필요시 계획을 수정한다.

난독증을 가진 아동의 경우, '개별화 교육 프로그램(Individualized Education Program, IEP)'을 통해 아동의 특성과 필요에 맞는 구체적인 지원 방안을 포함시킬 수 있다. 이 프로그램에는 음운 인식 훈련과 단계별 읽기 프로그램이 포함되어, 아동이 음소를 인식하고 소리와 글자를 연결하는 능력을 체계적으로 향상시킬 수 있도록 한다.

또한, 난독증 아동은 읽기 과정에서 반복적인 연습과 교사의 지속적인 피드백이 필요하므로, IEP에는 개별 학습 속도에 맞춘 지도와 '읽기 보조 도구(예: 음성 지원 디지털 텍스트)'를 활용한 맞춤형 접근도 추가될 수 있다. 예를 들어, 아동이 긴 문장을 한 번에 읽는 대신, 단어 단위로 소리를 인식하고 이를 연결하도록 돕는 방식으로 학습 목표를 세분화할 수 있다. 이러한 지원은 난독증 아동이 읽기에 대한 자신감을 회복하고, 점진적으로 읽기 능력을 개선하는 데 효과적이다.

전문적인 학습 지도

학습 장애를 전문적으로 다루는 교육 프로그램은 아동의 특정 학습 문제를 해결하는 데 중점을 둔다. 이러한 지도는 특수교육 전문가, 언어 치료사, 또는 수학 전문가와 같은 전문가에 의해 이루어진다.

- **난독증 지도**: 음운 인식 훈련, 반복적인 읽기 연습, 발음 교정 프로그램을 포함한다.
- **난산증 지도**: 수학적 개념을 시각적으로 표현하는 방법, 단계별 문

제 풀이 전략을 포함한다.

· **기술 훈련**: 아동이 일상생활에서 학습 전략을 활용할 수 있도록 도
와주는 실용적 교육을 제공한다.

난독증을 가진 아동에게는 매일 짧은 읽기 연습을 제공하며, 문장을
소리 내어 읽는 과정을 단계적으로 지도한다. 이러한 방식은 아동이
단어와 문장의 소리와 의미를 연결하는 능력을 향상시키는 데 효과적
이다. 예를 들어, 교사가 아동과 함께 짧은 문장을 읽고, 단어의 음소
를 분리하거나 강조하며, 읽기 후 간단한 질문을 통해 이해도를 확인
하는 방식으로 진행할 수 있다. 이를 통해 아동은 읽기 능력뿐 아니라
자신감을 점차 키워나갈 수 있다.

또한, 난산증을 가진 아동에게는 숫자 블록과 같은 구체적인 도구를
활용하여 수학적 개념을 시각적으로 이해할 수 있도록 돕는다. 예를
들어, 덧셈과 뺄셈 문제를 블록으로 시각화하여 개념을 눈으로 확인하
고 손으로 조작하게 함으로써, 추상적인 숫자 개념을 구체적으로 이해
할 수 있는 기회를 제공한다. 또한, 숫자 블록을 사용하여 숫자의 위치
와 관계를 반복적으로 학습하도록 하여, 아동이 계산에서의 실수를 줄
이고 수학적 자신감을 키울 수 있도록 한다.

이러한 맞춤형 학습 방법은 난독증 및 난산증 아동의 특성을 고려한
접근으로, 학습 과정에서 느끼는 좌절감을 줄이고 긍정적인 학습 경험
을 제공하는 데 중요한 역할을 한다.

정서적 지지

정서적 지지는 학습 과정에서 아동의 자존감을 높이고 긍정적인 태

도를 형성하도록 격려하는 것을 목표로 한다. 학습 장애로 인해 실패를 경험한 아동은 자존감 저하와 학습 회피 행동을 보일 수 있으므로, 정서적 지원이 매우 중요하다.

· **긍정적 피드백**: 작은 성과에도 칭찬과 격려를 통해 아동의 노력을 인정한다.
· **정서적 안정 제공**: 학습 중 실수를 했을 때, 실수는 성장의 일부임을 설명하며 아동의 불안을 줄인다.
· **성공 경험 제공**: 작은 목표를 설정하여 성취감을 느끼게 하고, 이를 통해 학습에 대한 긍정적인 태도를 형성하도록 돕는다.

아동이 읽기 연습을 할 때, '오늘 네가 이 글자를 읽으려고 노력한 점이 정말 대단하구나. 어제보다 훨씬 나아졌어'라고 칭찬하며 아동의 노력을 인정하고 동기를 부여한다. 이러한 긍정적인 피드백은 아동이 자신의 발전을 인식하고, 읽기에 대한 자신감을 키우는 데 도움을 준다. 특히, 난독증 아동에게는 작은 진전도 격려를 통해 지속적으로 동기 부여를 하는 것이 중요하다.

또한, 아동이 수학 문제를 풀다가 실수했을 때, '좋아, 이 부분을 고치면 완벽할 거야. 잘하고 있어'라고 격려하며 긍정적인 태도를 심어준다. 난산증 아동은 학습 과정에서 실수를 두려워할 수 있기 때문에, 실수를 개선의 기회로 받아들일 수 있도록 유도하는 것이 중요하다. 이러한 피드백은 아동이 좌절감을 줄이고, 실수를 통해 학습하는 태도를 기르는 데 효과적이다.

이처럼 긍정적인 언어와 피드백은 아동의 동기를 강화하고, 학습에

심리학으로 읽는 아이의 마음

대한 긍정적인 태도를 형성하는 데 핵심적인 역할을 한다.

학습 장애를 가진 아동을 지원하는 데 있어 개별화된 학습 계획, 전문적인 학습 지도, 그리고 정서적 지지는 필수적이다. 이러한 맞춤형 접근은 아동이 자신의 잠재력을 최대한 발휘할 수 있도록 돕는 동시에, 긍정적인 자아 개념과 학습 태도를 형성하는 데 기여한다.

2) 발달 지연(Developmental Delays)

발달 지연은 신체적, 인지적, 언어적, 사회적 발달 영역에서 또래보다 현저히 뒤처지는 상태를 말하며, 이는 선천적 요인(예: 유전적 장애)이나 환경적 요인(예: 영양 부족, 사회적 자극 부족)에서 기인할 수 있다(Siegler, DeLoache & Eisenberg, 2003). 발달 지연은 특정한 발달 영역에서 나타날 수 있으며, 조기 개입이 이루어지지 않으면 장기적인 영향을 미칠 수 있다.

발달 지연이 지속되면 또래와의 사회적 상호작용에서 어려움을 겪거나 학습 능력이 저하될 수 있다. 또한, 발달 지연이 아동의 정서적 안정감과 자아 개념 형성에도 부정적인 영향을 미칠 가능성이 있다.

예를 들면, 2세가 되었음에도 간단한 단어를 말하지 못하고, 자신의 요구를 언어가 아닌 울음으로만 표현하는 아동은 언어 발달 지연을 의심할 수 있다. 이 경우, 아동은 의사소통 능력이 또래에 비해 현저히 뒤처져 있으며, 적절한 언어 자극과 개입이 필요하다. 부모와 양육자가 지속적으로 말을 걸거나, 단어와 상황을 연결 지어주는 활동을 통해 언어 발달을 촉진할 수 있다.

또한, 3세가 되었음에도 걷기를 시작하지 못하거나, 운동 기능에서 눈에 띄는 발달 지연을 보이는 아동은 운동 발달 지연이 의심될 수 있다. 이 경우, 균형을 잡거나 움직임을 조절하는 기본적인 신체 기능이 또래보다 현저히 부족하며, 물리치료나 전문적인 운동 프로그램을 통해 신체 발달을 돕는 개입이 필요하다. 아동의 운동 능력을 향상시키기 위해 놀이를 통한 활동이나 근력 및 균형 훈련을 포함한 맞춤형 접근이 효과적일 수 있다.

이러한 발달 지연 사례는 조기 발견과 적절한 지원이 필수적이며, 전문가의 진단과 개입을 통해 아동의 잠재력을 최대한 발휘하도록 돕는 것이 중요하다.

(1) 발달 지연 아동에 대한 개입 방법

발달 지연이 의심되는 아동을 지원하기 위해 조기 발견과 적절한 중재는 매우 중요하다. 효과적인 개입은 아동의 발달 상태를 평가하고, 개별화된 치료 및 교육 계획을 통해 아동의 잠재력을 최대한 발휘하도록 돕는다. 주요 개입 방법으로는 조기 평가 및 중재, 언어 치료, 그리고 작업 치료가 있다.

조기 평가 및 중재

조기 평가는 발달 지연이 의심되는 아동의 상태를 파악하고, 중재 계획을 수립하기 위한 첫 단계다. 발달 스크리닝 검사를 통해 아동의 발달 영역(인지, 언어, 신체, 사회적 능력)을 평가하며, 적절한 개입의 시기를

심리학으로 읽는 아이의 마음

놓치지 않도록 한다.

- **발달 스크리닝 검사**: 표준화된 검사 도구를 사용하여 아동의 발달 상태를 정밀하게 평가한다.
- **중재 계획 수립**: 검사 결과를 바탕으로 아동의 발달 요구에 맞춘 개별화된 중재 계획을 설계한다.
- **부모 상담**: 아동의 발달 상태와 필요한 지원에 대해 부모에게 설명하고 협력 방안을 모색한다.

2세 아동이 말을 하지 못하는 경우, 발달 스크리닝 검사를 통해 언어 발달 지연 여부를 파악하고, 이에 따라 적절한 언어 치료를 계획한다. 언어 치료는 아동의 현재 수준에 맞춘 단어 인식, 발음 연습, 그리고 상호작용 중심의 언어 자극 활동을 포함할 수 있다. 예를 들어, 치료사는 아동과 함께 그림책을 보며 사물을 지칭하거나, 단순한 단어를 반복적으로 들려줌으로써 언어 발달을 촉진할 수 있다.

또한, 사회적 상호작용에서 어려움을 겪는 아동에게는 사회적 기술 프로그램을 추가로 제공하여, 또래와의 상호작용 능력을 향상시킬 수 있도록 돕는다. 이러한 프로그램에서는 아동이 눈 맞춤, 순서 지키기, 간단한 대화 시작과 같은 기본적인 사회적 기술을 배우며, 실제 상황에서 이를 연습할 기회를 제공한다. 예를 들어, 역할 놀이를 통해 친구와 장난감을 나누거나 대화를 이어가는 법을 학습하도록 한다.

이처럼 조기 개입은 아동의 언어 및 사회적 발달을 촉진하고, 또래와의 관계에서 긍정적인 경험을 형성하는 데 중요한 역할을 한다.

언어 치료

언어 치료는 언어 발달이 지연된 아동에게 적절한 자극과 훈련을 제공하여 의사소통 능력을 향상시키는 데 중점을 둔다. 이는 말하기, 듣기, 단어 이해 및 표현 능력을 강화하여 아동이 일상생활에서 효과적으로 의사소통할 수 있도록 돕는다.

· **발음 및 음운 인식 훈련**: 올바른 발음을 가르치고 단어와 소리를 구별하는 능력을 키운다.
· **어휘 확장 및 문장 구성 훈련**: 아동의 어휘를 늘리고 간단한 문장에서 복잡한 문장으로 말할 수 있도록 지도한다.
· **사회적 의사소통 기술 강화**: 상황에 맞는 언어 사용과 대화 기술을 훈련한다.

언어 치료사는 그림 카드를 활용하여 아동이 단어를 인식하고 발음하도록 지도하며, 이를 문장으로 연결하는 연습을 진행한다. 치료사가 동물 그림 카드를 보여주며 아동에게 '이건 뭐야?'라고 질문하고, 아동이 '강아지'라고 대답하면 '강아지가 뛰고 있어요'와 같은 문장으로 확장하도록 돕는다. 이러한 활동은 아동의 어휘력과 문장 구성 능력을 동시에 향상시키는 데 효과적이다.

또한, 사회적 의사소통 능력을 강화하기 위해 놀이 상황에서 친구와 대화를 나누는 연습을 진행한다. 예를 들어, 역할 놀이를 통해 아동이 친구에게 '이 장난감을 나눠 쓸래?'라고 말하게 하거나, 대화 중에 순서를 지키는 방법을 학습하도록 돕는다. 이러한 방식은 아동이 실생활에서 필요한 사회적 기술을 자연스럽게 습득하고, 또래와의 관계 형성

심리학으로 읽는 아이의 마음

에서 긍정적인 경험을 얻는 데 도움을 준다.

이와 같은 접근은 아동의 언어 능력과 사회적 상호작용 기술을 동시에 발달시키는 데 중요한 역할을 한다.

작업 치료

작업 치료는 발달 지연 아동의 소근육 발달, 운동 기술, 그리고 일상생활 활동 능력을 향상시키는 데 목적이 있다. 이는 아동이 독립적으로 활동할 수 있는 능력을 키우며, 학습과 놀이에서 필요한 신체적 능력을 개발한다.

· **소근육 발달 훈련**: 손과 손가락의 정교한 움직임을 촉진하여 쓰기, 그리기, 물건 잡기 등의 활동을 지원한다.
· **협응력 강화 훈련**: 손과 눈의 협응력을 강화하여 블록 쌓기, 퍼즐 맞추기와 같은 놀이 활동을 통해 연습한다.
· **일상생활 기술 훈련**: 식사, 옷 입기, 도구 사용과 같은 독립적인 생활 기술을 익힌다.

작업 치료사는 아동이 블록을 쌓는 활동을 통해 손과 눈의 협응력을 향상시키도록 유도한다. 치료사가 '이 블록을 가장 높은 탑으로 만들어 볼까?'라고 말하며 아동이 블록을 쌓는 동안 집중력과 정교한 손동작을 연습하게 돕는다. 이러한 활동은 아동의 공간 지각 능력과 협응력을 동시에 발달시키는 데 효과적이다.

또한, 아동에게 크레용으로 선을 따라 그리도록 지도하여 소근육 운동 능력을 훈련한다. 예를 들어, 아동이 도화지에 미리 그려진 곡선이나 직선을 따라 크레용으로 선을 그리게 하여 손의 세밀한 움직임을 연습하게 한다. 이 과정은 아동의 손가락 근육 발달과 함께 글씨 쓰기와 같은 정교한 작업 기술을 준비하는 데 도움을 준다.

이와 같은 작업 치료 활동은 아동의 신체 협응력과 세밀한 운동 기술을 발달시키며, 학습과 일상생활에서 필요한 기능을 강화하는 데 중요한 역할을 한다.

조기 평가 및 중재, 언어 치료, 작업 치료는 발달 지연 아동을 위한 효과적인 개입 방법이다. 이러한 개입은 아동의 발달적 어려움을 최소화하고, 전반적인 학습 능력과 일상생활 적응력을 향상시키는 데 기여한다. 조기에 적합한 지원을 제공함으로써 아동이 독립적이고 건강한 발달 궤도를 따를 수 있도록 돕는 것이 중요하다.

3.
| ADHD, 자폐 스펙트럼 장애 |

아동기 행동 문제 중 '주의력 결핍 과잉행동장애(ADHD)'와 '자폐 스펙트럼 장애(ASD)'는 대표적인 신경발달 장애로, 각기 다른 특성과 영향을 지니고 있다. ADHD는 주의력 결핍, 과잉행동, 충동성을 특징으로 하며, ASD는 사회적 상호작용과 의사소통의 어려움, 반복적이고 제한된 행동 패턴을 보인다. 이 두 장애에 대한 이해와 적절한 개입은 아동의 학업 성취와 사회적 적응을 지원하는 데 필수적이다.

1) 주의력 결핍 과잉행동장애(Attention Deficit Hyperactivity Disorder, ADHD)

ADHD는 지속적인 주의력 결핍, 충동성, 과잉행동을 주요 특징으로 하며, 아동기의 가장 흔한 행동 문제 중 하나로 나타난다(Roehr, 2013;

Svenaeus, 2014). ADHD는 뇌의 실행 기능 결핍과 관련이 있으며, 이는 집중력 유지, 행동 조절, 조직화 능력에 영향을 미친다.

ADHD는 아동의 학업 성취와 사회적 관계에 부정적인 영향을 미칠 수 있다. 집중력이 낮아 수업 중 과제를 완료하지 못하거나 교사의 지시를 따르지 못하며, 충동적인 행동으로 또래와 갈등을 겪을 수 있다. 또한, 정서적 문제(예: 좌절감, 낮은 자존감)도 나타날 수 있다.

예를 들면, 수업 중 아동이 자리에 앉아 있지 못하고 자주 자리에서 일어나 교실을 돌아다니거나, 교사의 지시를 무시하는 행동을 보이는 경우가 있다. 이는 아동이 충동적인 행동을 억제하지 못하거나, 특정 활동에 오랜 시간 집중하기 어려운 ADHD의 과잉행동 특성을 나타낸다.

또한, 아동이 과제를 작성하는 동안 쉽게 산만해지고, 주변 친구들과 이야기를 나누느라 과제를 끝내지 못하는 경우가 있다. 이러한 행동은 ADHD의 주의력 결핍 특성을 반영하며, 아동이 집중력을 유지하지 못해 학업 수행에 어려움을 겪는 모습을 보여준다.

ADHD는 일상생활과 학업 환경에서 아동의 기능을 방해할 수 있으므로, 조기 진단과 개별화된 지원이 필요하다. 치료 및 교육적 개입은 아동이 주의력과 행동을 조절하는 기술을 익히고, 성공적인 학습 경험과 긍정적인 사회적 관계를 형성하도록 돕는 데 초점을 맞춰야 한다.

(1) ADHD 개입 방법

ADHD에 대한 효과적인 개입 방법은 행동 치료, 약물 치료, 그리고 부모 및 교사의 일관된 지도를 포함한다. 이러한 접근법은 아동의 증상 관리와 긍정적인 행동 형성에 중점을 둔다.

심리학으로 읽는 아이의 마음

행동 치료(Behavioral Therapy)

행동 치료는 긍정적인 행동을 강화하고 부정적인 행동을 줄이기 위해 체계적인 행동 관리 기법을 적용하는 치료 방법이다(Barkley, 2014). 행동 치료는 아동이 규칙을 준수하고 목표 지향적인 행동을 유지하도록 돕는다.

· **목표 설정**: 아동에게 명확하고 구체적인 행동 목표를 제시한다(예: 수업 중 10분 이상 집중하기).
· **긍정적 강화**: 아동이 목표를 달성했을 때 즉각적으로 보상(예: 스티커, 칭찬)을 제공하여 긍정적인 행동을 강화한다.
· **부정적 행동 감소**: 부정적인 행동에 대해 일관된 결과(예: 장난감 사용 제한)를 제공하여 부정적 행동을 감소시킨다.

교실에서 아동이 10분 이상 집중했을 경우, 스티커를 부여하여 긍정적인 행동을 강화한다. 이러한 방식은 아동이 집중력을 유지하려는 동기를 부여하며, 목표 행동이 달성될 때마다 즉각적으로 보상받는 경험을 통해 학습과 행동 개선에 긍정적인 영향을 미친다.

또한, 아동이 과제를 제때 제출했을 경우, 추가 놀이 시간을 제공하여 보상한다. 예를 들어, 아동이 정해진 시간 내에 과제를 완료하면 10분간의 추가 놀이 시간을 제공함으로써 성취감을 느끼게 하고, 규칙을 준수하는 습관을 형성하도록 돕는다.

행동 치료는 ADHD 아동의 일상에서 실현 가능한 작은 목표를 설정하고, 이를 달성했을 때 적절한 보상을 제공하는 방식으로 진행된다. 이러한 방법은 아동의 긍정적인 행동을 지속적으로 강화하며, 스스로의 행동을 조절하는 데 필요한 기술을 익히는 데 효과적이다.

약물 치료(Pharmacological Treatment)

약물 치료는 ADHD 증상을 조절하고 주의력 및 충동 조절 능력을 향상시키는 데 도움을 준다. ADHD 치료에서 가장 널리 사용되는 약물은 '메틸페니데이트(Methylphenidate)'로, 뇌의 도파민 및 노르에피네프린 전달을 증가시켜 실행 기능을 향상시킨다(Roehr, 2013; Svenaeus, 2014).

· **약물 종류**: 메틸페니데이트(리탈린, 콘서타), 암페타민(애드럴), 비스티뮬런트 약물(아토목세틴) 등이 포함된다.
· **효과**: 주의력 향상, 충동성 감소, 과잉행동 완화
· **부작용 관리**: 식욕 저하, 수면 문제, 기분 변화 등의 부작용을 모니터링하며 약물 용량을 조절한다.

아동이 약물을 복용한 후 수업 중 주의 집중력이 향상되고, 과제 수행 시간이 늘어난 사례는 약물 치료의 긍정적인 효과를 보여준다. 이러한 변화는 아동이 학업과 일상생활에서 더 나은 결과를 얻을 수 있도록 돕는다.

또한, 약물 치료와 병행하여 교실 내 행동 관리 프로그램을 적용함으로써 증상 조절 효과를 극대화한다. 예를 들어, 약물 복용으로 주의력이 개선된 아동에게 행동 치료를 병행하여 긍정적인 학습 습관과 규칙 준수 태도를 강화하는 방식으로 접근할 수 있다.

약물 치료는 ADHD 증상 완화에 중요한 역할을 하지만, 이를 행동

심리학으로 읽는 아이의 마음

치료니 학습 지원 프로그램과 함께 사용하는 다각적인 접근법이 더욱 효과적이다. 약물 치료는 반드시 전문가의 평가와 처방을 통해 진행되어야 하며, 아동의 상태를 지속적으로 관찰하며 개별적인 필요에 맞게 조정해야 한다.

부모 및 교사의 일관된 지도(Consistent Parenting and Teaching Strategies)

부모와 교사가 협력하여 아동에게 일관된 규칙과 보상을 제공하는 것은 ADHD 아동의 행동 변화를 촉진하는 데 필수적이다. 이는 가정과 학교 환경 모두에서 아동이 일관된 기대와 지지를 경험하도록 돕는다.

· **일관된 규칙**: 아동에게 명확하고 구체적인 행동 규칙을 제시하고, 이를 일관되게 적용한다.
· **긍정적 강화**: 아동의 올바른 행동을 즉각적으로 칭찬하거나 보상한다.
· **행동 모니터링**: 부모와 교사가 협력하여 아동의 행동 변화를 기록하고 필요에 따라 전략을 조정한다.

부모가 '네가 숙제를 제때 끝냈으니, 오늘 저녁에 좋아하는 TV 프로그램을 볼 수 있어'라고 칭찬과 보상을 제공한다. 이는 아동이 과제를 완료하는 행동에 대해 긍정적인 연관성을 형성하도록 돕고, 책임감 있는 태도를 강화하는 데 효과적이다.

또한, 교사가 '수업 중 네가 손을 들고 발표한 점이 정말 훌륭했어'라고 칭찬하며, 아동의 긍정적인 행동을 강화한다. 이러한 피드백은 아동이 수업 중 적절한 행동을 반복하도록 동기를 부여하고, 자신감을 키우는 데 도움을 준다.

부모와 교사가 일관된 태도로 규칙을 적용하고 아동의 긍정적인 행동을 즉각적으로 강화하면, ADHD 아동은 행동 조절과 자기 관리를 학습할 수 있다. 이와 함께, 아동이 스스로 규칙을 준수하고 목표를 달성하는 경험을 통해 성취감을 느낄 수 있도록 돕는 것이 중요하다.

ADHD 아동을 효과적으로 지원하기 위해서는 행동 치료, 약물 치료, 그리고 부모 및 교사의 협력적인 접근이 중요하다. 이러한 개입 방법은 아동의 학업 성취와 정서적 안정을 지원하며, 사회적 적응 능력을 향상시키는 데 기여한다.

2) 자폐 스펙트럼 장애(Autism Spectrum Disorder, ASD)

'자폐 스펙트럼 장애(Autism Spectrum Disorder, ASD)'는 사회적 상호작용과 의사소통의 어려움, 그리고 반복적이고 제한된 행동 패턴을 특징으로 하는 신경발달 장애다(Roehr, 2013; Svenaeus, 2014). ASD의 증상은 경증에서 중증까지 다양하게 나타날 수 있으며, 특정 소리나 빛에 민감하게 반응하는 감각 민감성을 동반하는 경우도 흔하다.

자폐 스펙트럼 장애(ASD)를 가진 아동은 사회적 상호작용과 의사소통의 어려움, 반복적이고 제한된 행동 패턴, 감각 민감성 등의 특성으로 인해 사회적 관계 형성과 학습 과정에서 어려움을 경험할 수 있다. 특히, 이들은 타인의 감정이나 의도를 이해하는 데 어려움을 겪고, 사회적 신호를 해석하는 능력이 부족할 수 있다. 또한, 또래와의 상호작

심리학으로 읽는 아이의 마음

용을 회피하거나 특정 활동에 과도하게 몰두하는 경향을 보이며, 이러한 특성이 원활한 관계 형성과 학습 참여에 어려움을 초래할 수 있다.

예를 들어, 또래와 눈을 마주치지 않고 대화를 시도해도 반응하지 않으며 상호작용을 회피하는 모습은 ASD의 사회적 어려움을 보여준다. 또한, 특정 장난감을 반복적으로 정렬하거나 기차와 같은 특정 주제에 과도하게 몰입하는 경우는 ASD 아동의 제한적이고 반복적인 행동 패턴을 잘 나타낸다.

이러한 특성은 사회적 고립과 학업 성취 저하로 이어질 수 있으므로, 아동의 개인적 필요에 맞는 조기 개입과 지원이 필요하다. 이를 통해 아동이 사회적 기술을 배우고, 학습과 일상생활에서 긍정적인 경험을 쌓도록 도울 수 있다.

사회적 관계 형성의 어려움

· ASD 아동은 눈을 마주치거나, 또래와 상호작용 하는 것이 어려울 수 있다.
· 친구들과 함께 놀이를 할 때 사회적 신호(표정, 몸짓, 감정)를 잘 읽지 못하거나, 적절한 대화를 이어가기 어려운 경우가 많다.
· 타인의 감정을 공감하는 능력이 부족하거나, 사회적 규칙(예: 차례를 기다리기, 대화에서 상대방의 의견을 듣기)을 이해하는 데 어려움을 겪을 수 있다.
· 결과: 자폐 스펙트럼 장애(ASD)를 가진 아동은 또래 친구들과 자연스럽게 어울리는 데 어려움을 겪으며, 친구를 사귀거나 관계를 유지하는 과정에서도 어려움에 직면할 수 있다. 이는 아동이 또래의 놀이 방식이나 대화 규칙을 쉽게 이해하지 못하거나, 친구들의 장난이나

농담을 정확하게 해석하지 못해 오해가 발생할 가능성이 높기 때문이다. 또한, 특정 활동(예: 블록 쌓기, 기차놀이 등)에 깊이 몰두하는 경향이 있어 또래와 함께 하는 활동에 참여하지 않는 경우도 많다. 이뿐만 아니라, 친구와의 갈등이 발생했을 때 적절한 해결 방법을 찾기 어려워 위축되거나 감정적으로 반응할 수도 있다. 결국, 이러한 요인들로 인해 또래 관계를 형성하는 것이 쉽지 않으며, 친구를 사귀거나 오랫동안 관계를 유지하는 데 어려움을 겪을 가능성이 크다.

학습 과정에서의 어려움

· ASD 아동은 반복적이고 제한된 관심사를 가지는 경우가 많아, 교사가 가르치는 내용보다는 특정 주제(예: 기차, 숫자, 공룡 등)에만 집중하려는 경향이 있다.
· 의사소통의 어려움 때문에 교사의 설명을 이해하는 데 시간이 걸릴 수 있으며, 학습 과정에서 필요한 질문을 하는 것도 어려울 수 있다.
· 감각 민감성이 있는 경우, 교실 내 소음(예: 종소리, 친구들의 말소리)이 과도하게 자극적으로 느껴져 집중이 어렵거나, 특정 조명이나 촉감이 불편하게 느껴질 수도 있다.
· 결과: 자폐 스펙트럼 장애(ASD)를 가진 아동은 학교 환경에 적응하는 데 어려움을 겪으며, 교사와의 소통이 원활하지 않아 학업 성취에 영향을 받을 수 있다. 교실의 소음이나 변화에 민감하게 반응하고, 수업 방식이나 사회적 규칙을 이해하는 데 어려움을 느껴 또래와의 협력 활동에서 갈등이 발생할 가능성이 높다. 또한, 교사의 질문을 이해하거나 적절하게 반응하는 것이 어렵고, 도움이 필요할 때 이를 요청하는 방법을 몰라 학습 참여가 제한될 수 있다. 이로 인해 수업

내용을 따라가는 데 어려움을 겪거나, 과제 수행과 시험에서 집중력 문제로 인해 학습 격차가 발생할 위험이 크다. 따라서 ASD 아동이 학업에서 성공하기 위해서는 교사의 명확한 지시, 시각 자료 활용, 사회적 기술 훈련과 같은 개별적인 지원이 필수적이다.

즉, 자폐 스펙트럼 장애를 가진 아동은 사회적 상호작용의 어려움 때문에 또래 친구와 원활한 관계를 맺기가 어렵고, 의사소통 및 감각 민감성 문제로 인해 학습 환경에서도 어려움을 경험할 가능성이 높다. 이러한 특성 때문에 아동이 학교나 일상생활에서 사회적 관계를 형성하고 학습하는 과정에서 도전(어려움)에 직면하게 된다.

(1) ASD 개입 방법

자폐 스펙트럼 장애(ASD)는 사회적 상호작용과 의사소통의 어려움, 반복적이고 제한된 행동 패턴을 특징으로 하며, 증상은 경증에서 중증까지 다양하게 나타난다(Roehr, 2013; Svenaeus, 2014). 효과적인 개입 방법은 아동의 개인적 필요와 능력에 맞춘 다각적 접근을 포함하며, 조기 중재가 중요한 역할을 한다.

조기 중재 프로그램

조기 개입은 ASD 아동의 발달 결과를 향상시키는 데 매우 중요한 역할을 한다. 생애 초기부터 개입하면 언어 발달, 사회적 상호작용, 행동 조절 등이 개선될 가능성이 높다.

· **응용행동분석**(Applied Behavior Analysis, ABA)

응용행동분석(Applied Behavior Analysis, ABA)은 아동의 긍정적인 행동을 강화하고 부정적인 행동을 줄이는 데 초점을 맞춘 과학적인 접근법으로, 아동의 행동을 세부적으로 분석하고 행동 변화에 영향을 미치는 요인을 체계적으로 조절하여 긍정적인 행동 패턴을 개발하도록 돕는다.

예를 들어, 아동이 요청 없이 장난감을 던지는 행동을 보일 경우, ABA 기법을 활용하여 부정적인 행동을 줄이고 원하는 것을 요청하는 방법을 학습하도록 지도할 수 있다. 아동이 올바르게 요청했을 때 즉각적으로 칭찬하거나 보상을 제공함으로써 적절한 행동을 강화하며, 반대로 장난감을 던지는 행동에는 보상을 제공하지 않아 해당 행동의 빈도를 점차 줄여나간다.

이처럼 ABA는 체계적인 보상과 결과를 통해 아동이 올바른 행동을 스스로 학습하고 반복하도록 유도하며, 특히 자폐 스펙트럼 장애(ASD)를 포함한 다양한 발달 장애 아동의 행동 개선과 기술 습득에 효과적으로 사용되는 방법이다.

· **조기 시작 덴버 모델**(Early Start Denver Model, ESDM)

이 모델은 놀이 중심의 개입 방법으로, 부모와 치료사가 협력하여 아동의 언어 발달, 사회적 기술 향상, 그리고 인지 발달을 종합적으로 지원하는 접근법이다. 놀이를 통해 아동의 관심을 유도하고, 자연스러운 상호작용 속에서 다양한 기술을 학습할 수 있도록 돕는다. 이러한 방식은 아동이 편안한 환경에서 능동적으로 참여하도록 격려하며, 학습 과정을 더욱 효과적으로 만든다.

심리학으로 읽는 아이의 마음

언어 치료

ASD 아동은 의사소통에 어려움을 겪는 경우가 많아 언어 치료가 중요한 개입 방법으로 여겨진다. 언어 치료는 아동의 표현 언어와 수용 언어 발달을 지원하며, 의사소통 능력을 효과적으로 향상시키는 데 도움을 준다.

언어 치료의 주요 목표는 말로 의사를 표현하기 어려운 아동에게 대체 의사소통(Augmentative and Alternative Communication, AAC)을 활용하여 의사소통 능력을 지원하는 것이다. 이 접근법은 아동이 자신의 요구와 감정을 효과적으로 전달할 수 있도록 돕는 데 초점을 맞추며, 의사소통 과정에서 느끼는 좌절감을 줄이고 상호작용에 대한 자신감을 키우는 데 기여한다.

예를 들어, '그림 교환 의사소통 시스템(Picture Exchange Communication System, PECS)'을 활용하여 아동이 그림을 사용해 요청하거나 의사를 표현하도록 지도할 수 있다. 아동이 물을 마시고 싶을 때 물 그림 카드를 선택해 치료사나 부모에게 건네면, 즉각적으로 물을 제공하며 아동의 의사소통 시도를 강화한다. 이러한 방식은 아동의 개별적인 필요와 능력에 맞게 조정되며, 점차 언어 표현으로 발전할 수 있는 발판을 제공한다. 또한, 이 과정에서 부모와 양육자의 협력이 필수적이며, 일상생활에서도 지속적으로 활용될 수 있도록 지원해야 한다.

사회적 기술 훈련

사회적 기술 훈련(Social Skills Training)은 자폐 스펙트럼 장애(ASD) 아동이 또래와의 상호작용을 배우고, 다양한 사회적 상황에서 적절히 행동할 수 있도록 돕는 데 초점을 맞춘다. 이 훈련은 대화 시작하기, 차례

기다리기, 감정 읽기와 같은 기본적인 사회적 기술을 포함하며, 아동이 일상생활에서 타인과 원활히 소통하고 협력하는 능력을 발달시키는 데 기여한다.

훈련은 역할 놀이, 소규모 그룹 활동, 동영상 모델링과 같은 방법을 통해 진행되며, 아동이 실제 상황을 연습하고 반복적으로 학습할 수 있는 기회를 제공한다. 예를 들어, 그룹 놀이 활동에서 아동이 '차례를 기다리는 규칙'을 배우고, 대화를 통해 서로의 의견을 조율하며 놀이를 진행하는 모습은 사회적 기술 훈련의 효과를 잘 보여준다. 이러한 훈련은 아동이 또래와의 상호작용에서 긍정적인 경험을 쌓고, 사회적 관계를 형성하는 데 필요한 자신감과 기술을 개발하는 데 중요한 역할을 한다.

감각 통합 치료

자폐 스펙트럼 장애(ASD) 아동은 감각 자극에 과민하거나 둔감한 반응을 보이는 경우가 많으며, 이는 일상 활동에 적응하는 데 어려움을 초래할 수 있다. 이러한 문제를 해결하기 위해 '감각 통합 치료(Sensory Integration Therapy)'가 활용되며, 아동이 다양한 감각 자극에 점진적으로 노출되고 적응할 수 있도록 돕는 데 초점을 맞춘다.

예를 들어, 특정 소리나 질감에 민감한 아동은 치료를 통해 처음에는 낮은 강도의 자극에 노출된 후, 점차 자극의 강도와 복잡성을 높이는 과정을 거쳐 적응할 수 있다. 소리에 민감한 아동은 조용한 환경에서 시작해 점차 다양한 소리를 듣는 연습을 하거나, 특정 질감에 불편함을 느끼는 아동은 부드러운 질감에서 시작해 점진적으로 다양한 재질의 물건을 만지는 연습을 하게 된다.

심리학으로 읽는 아이의 마음

이러한 감각 통합 치료는 아동이 감각 자극을 보다 효과적으로 처리하고, 일상생활과 학습 환경에서 더 잘 적응할 수 있도록 지원하며, 아동의 전반적인 기능과 적응력을 향상시키는 데 기여한다.

부모 교육 및 지원

부모는 자폐 스펙트럼 장애(ASD) 아동의 발달을 지원하는 데 핵심적인 역할을 하며, 부모 교육은 가정에서 일관성 있는 개입이 이루어질 수 있도록 돕는 중요한 요소이다. 이러한 교육 프로그램은 부모가 자녀의 행동을 이해하고, 효과적인 대처 방법과 상호작용 기술을 배우는 데 중점을 둔다. 특히, 부모는 자녀의 긍정적 행동을 강화하고 부정적 행동을 줄이는 응용행동분석(ABA) 기술을 학습하여 가정에서 실천할 수 있도록 지도받는다.

부모가 아동이 요청 없이 장난감을 던지는 대신 그림 카드를 사용해 요청했을 때 즉각적으로 칭찬하거나 보상을 제공하며 올바른 행동을 강화하는 방법을 배우는 경우가 이에 해당한다. 이처럼 부모 교육은 가정에서 지속적이고 일관성 있는 개입을 가능하게 하며, 아동이 안정적인 환경 속에서 언어, 사회적 기술, 행동 조절 능력을 발달시킬 수 있도록 지원한다. 이러한 과정은 아동의 전반적인 성장과 발달에 긍정적인 영향을 미친다.

통합 교육

자폐 스펙트럼 장애(ASD) 아동의 교육은 개별화된 교육 프로그램(Individualized Education Program, IEP)을 통해 아동의 특성과 필요에 맞춘 지원을 제공하며, 통합 환경에서 또래와의 상호작용을 경험하도록 돕는 것을 목표로 한다. IEP는 특별 교육과 일반 교육을 결합하여 아동이 학업 능력을 향상시키는 동시에 사회적 기술을 배울 수 있도록 구성된다.

소그룹 활동에서 ASD 아동이 또래와 함께 프로젝트를 수행하는 경험은 협력과 소통 기술을 학습하는 데 효과적이다. 이러한 활동은 아동이 사회적 상호작용에 참여하면서 대화, 차례 지키기, 의견 조율과 같은 기술을 자연스럽게 익힐 수 있는 기회를 제공한다. 이처럼 IEP는 ASD 아동이 학업적 성공뿐 아니라 사회적 관계 형성에서도 긍정적인 성과를 이룰 수 있도록 다각적인 지원을 제공하며, 통합된 교육 환경에서 아동의 전인적 성장을 촉진한다.

자폐 스펙트럼 장애의 개입은 다각적이고 개인화된 접근이 필요하며, 조기 개입, 언어 치료, 사회적 기술 훈련, 부모 교육 등이 포함된다. 이러한 개입 방법은 ASD 아동이 학습, 사회적 상호작용, 독립적인 생활 능력을 발달시키는 데 도움을 줄 수 있다. 무엇보다도, 지속적이고 일관된 지원 환경을 제공하는 것이 중요하다.

심리학으로 읽는 아이의 마음

제10장

놀이와 학습

놀이는 아동 발달과 학습에 있어 중요한 역할을 하며, 아동이 인지적, 정서적, 사회적 기술을 자연스럽게 배우는 수단이 된다(신은수, 2002; 김지영, 2023). 아동 발달 이론에서는 놀이를 학습 과정과 밀접하게 연결된 요소로 보고 있으며, 이를 통해 창의적 사고와 문제 해결 능력이 촉진된다고 강조한다(조운주, 2020). 본 장에서는 놀이 이론, 놀이가 학습과 발달에 미치는 영향, 그리고 창의적 놀이와 상상력에 대해 다룬다.

1.
놀이 이론: 파트리크,
피아제, 비고츠키, 파튼

놀이는 단순한 즐거움을 넘어 아동 발달의 중요한 매개체로 작용하며, 다양한 학자들이 그 본질과 역할에 대해 독창적인 관점을 제시해 왔다. 파트리크, 피아제, 비고츠키, 파튼은 놀이가 아동의 정서적 안정, 인지 발달, 그리고 사회적 상호작용에 어떻게 기여하는지를 구체적으로 설명하였다. 이들의 연구는 놀이가 단순한 활동을 넘어 학습과 발달의 핵심적 역할을 한다는 점을 잘 보여준다.

1) 파트리크(Patrick): 놀이의 본질

파트리크(G. T. W. Patrick)는 놀이를 '목적 없는 즐거움의 활동'으로 정의하며, 아동 발달에서 놀이가 지닌 본질적 중요성을 강조했다. 그는 놀이가 아동의 내재된 창의성과 감정을 표현할 수 있는 자연스러운 방식이라고 주장했다. 이러한 놀이 활동은 특정 목표나 결과에 얽매이지 않고, 아동이 자발적으로 즐기는 과정 그 자체로 의미를 갖는다.

놀이의 심리적 기능

파트리크는 놀이가 아동의 정서적 안정과 스트레스 해소에 중요한 역할을 한다고 보았다(Patrick, 1916; Smith, 2021). 아동은 놀이를 통해 일상에서의 긴장감을 해소하고, 자신의 내적 세계를 표현할 수 있다. 놀이의 자유로움은 아동이 감정적으로 안정되고, 창의적인 사고를 발전시키는 데 기여한다.

· **스트레스 해소**: 놀이는 아동이 일상에서 경험하는 스트레스나 긴장을 완화하고, 심리적 안정감을 얻는 데 중요한 수단으로 작용한다. 유아가 신체를 자유롭게 움직이며 뛰어노는 놀이는 에너지를 발산하고 스트레스를 해소하는 데 효과적이다. 이러한 놀이 활동은 아동이 정서적으로 안정된 상태를 유지하고, 건강한 발달을 촉진하는 데 기여한다.
· **자기표현**: 놀이는 아동이 자신의 감정을 안전하게 표현하고, 독특한 사고와 창의성을 탐색할 수 있는 기회를 제공한다. 예를 들어, 아동이 인형 놀이를 하며 자신의 감정을 투영하고, 부모나 친구와의 관계를 재현하는 모습은 놀이가 아동의 정서적 표현과 사회적 경험을 이해하는 데 어떻게 기여하는지를 보여준다. 이러한 과정은 아동이 감정을 조절하고, 대인 관계에서의 경험을 자연스럽게 학습하는 데 도움을 준다.

심리학으로 읽는 아이의 마음

놀이의 발달적 역할

파트리크는 놀이가 단순히 즐거움을 주는 활동일 뿐 아니라, 아동의 정서적, 사회적 발달에 기여한다고 보았다. 놀이 활동은 아동이 자율성을 느끼고, 내적 동기를 강화하며, 자신만의 세계를 창조하는 기회를 제공한다.

· **정서적 안정감 형성**: 놀이는 아동이 환경을 통제할 수 있다는 느낌을 경험하게 하며, 이러한 경험은 정서적 안정감으로 이어진다. 예를 들어, 아동이 블록 놀이를 통해 자신이 원하는 구조물을 자유롭게 설계하고 완성하는 과정에서 성취감을 느끼는 모습은 놀이가 아동의 자기효능감과 안정감 형성에 어떻게 기여하는지를 보여준다. 이러한 경험은 아동이 자신의 능력을 긍정적으로 인식하고, 문제 해결 능력을 발달시키는 데도 도움을 준다.

· **창의적 사고 촉진**: 놀이에서의 자유로움은 아동이 기존의 경험을 재해석하고, 새로운 아이디어를 탐구할 수 있는 기회를 제공한다. 아이가 종이와 색연필을 사용하여 현실에는 없는 가상의 동물을 그리는 활동은 아동의 상상력을 발휘하게 하고 창의적 사고를 자극한다. 이러한 과정을 통해 아동은 자신만의 독창적인 세계를 탐험하며, 사고의 유연성과 표현력을 키워나갈 수 있다.

놀이의 본질적 특성

· **자발성**(Spontaneity)

놀이 활동은 아동이 외부의 강요나 압박 없이 자율적으로 시작하고 끝낼 수 있는 특성을 지니며, 이는 자유로운 자기표현과 독립적인 탐색의 기회를 제공한다. 놀이 과정에서 아동은 스스로 활동의 방향을 결정하고, 자신의 흥미와 필요에 따라 자유롭게 행동하며 창의성과 자기 주도성을 발달시킨다.

아이가 아무런 지시 없이 자연스럽게 공을 던지고 뛰어다니는 모습은 놀이를 통해 자신의 에너지를 발산하고 환경과 상호작용 하면서 자율적인 활동을 즐기는 사례를 보여준다. 이러한 놀이 경험은 아동에게 자신의 선택과 행동에 대한 주도권을 느끼게 하고, 이를 통해 자기 주도성과 문제 해결 능력을 강화하는 데 기여한다.

· **자율성**(Autonomy)

놀이를 통해 아동은 자신만의 규칙과 구조를 설정하며, 이를 통해 자율성과 자기 조절 능력을 발달시킨다. 놀이 속에서 아동은 활동의 주제를 정하고, 상황에 맞는 규칙을 스스로 만들어 적용하며, 그 결과를 직접 경험하고 학습한다. 이러한 과정은 아동이 자신의 선택과 행동에 대한 책임감을 느끼고, 문제를 해결하는 능력을 키우는 데 중요한 역할을 한다.

역할 놀이에서 아동이 놀이 주제를 정하고 등장인물과 시나리오를 창조하며 자신만의 세계를 만들어 가는 과정이 이에 해당한다. 예를 들어, '가게 놀이'를 하는 아동은 손님과 가게 주인이라는 역할을 설정하고, 상품을 판매하거나 교환하는 규칙을 스스로 정해 놀이를 진행한다. 이러한 경험은 아동이 자신의 생각을 구체화하며, 다양한 상황에 적응하고 스스로 결정을 내리는 자율성을 발달시키는 데 도움을 준다.

놀이의 이러한 특성은 아동에게 자기표현의 기회를 제공할 뿐만 아니라, 현실 세계에서 규칙을 이해하고 책임감을 형성하는 기반이 된다. 결과적으로, 놀이를 통해 아동은 독립적으로 사고하고 행동하는

심리학으로 읽는 아이의 마음

능력을 발달시기며, 자율성과 문제 해결 능력을 강화할 수 있다.

· **목적 없음**(Purpose-free)

놀이의 목적은 결과물이 아닌 과정 그 자체에서 즐거움을 느끼는 데
있으며, 외부적 보상이나 평가를 요구하지 않는다. 놀이를 통해 아동
은 결과에 얽매이지 않고 자유롭게 창조하고 탐구하며, 내재적 동기를
바탕으로 활동을 즐긴다.

아이가 모래사장에서 모래를 쌓았다가 무너뜨리는 활동을 반복하며
즐거움을 경험하는 모습은 놀이의 이러한 특성을 잘 보여준다. 이 과
정에서 아동은 자신만의 방식으로 활동을 설계하고 실행하며, 외부적
보상이 없어도 놀이 자체에서 만족과 즐거움을 느낀다. 이러한 경험은
아동이 창의적으로 사고하고 자유롭게 표현하는 기회를 제공하며, 놀
이의 본질적인 가치를 드러낸다.

파트리크의 놀이 이론은 현대 아동 발달 연구에서 놀이의 심리적,
발달적 중요성을 재확인하는 기초를 제공한다. 그의 이론은 놀이가 아
동의 전반적 발달에 기여하는 자연스러운 과정임을 강조하며, 부모와
교사가 아동의 놀이 활동을 적극적으로 지지해야 함을 시사한다.

2) 피아제(Piaget): 놀이의 유형

피아제(Jean Piaget)는 놀이를 아동의 인지 발달과 밀접하게 연결된 활
동으로 간주하며, 놀이를 통해 아동이 환경과 상호작용 하고 도식을
구성하고 수정한다고 보았다(Piaget, 1962). 그는 아동의 발달 단계에 따

라 놀이를 기능적 놀이, 상징적 놀이, 그리고 규칙 있는 놀이로 구분했다. 각 유형은 아동의 발달 단계에서 특정한 학습 및 인지적 성장을 지원한다.

기능적 놀이(Functional Play)

기능적 놀이는 아동이 단순한 신체 활동을 반복하며 기본적인 운동 기술을 연습하는 놀이 유형이다. 이러한 활동은 신체적 에너지를 발산하고, 근육 운동과 협응력을 강화하며, 감각적 즐거움을 제공한다.

· 주로 영아와 유아기에 나타난다.
· 반복적인 행동과 간단한 신체 활동이 중심이 된다.
· 기본적인 신체 기술과 감각운동 능력을 향상시킨다.

2세 아동이 공을 굴리고 다시 잡는 활동을 반복하며 손과 눈의 협응력을 발달시키는 모습은 기능적 놀이의 대표적인 예이다. 유아가 흔들목마에 앉아 앞뒤로 움직이며 균형감각과 운동 기술을 연습하거나, 아동이 물속에서 손으로 물을 튀기며 감각적 경험을 즐기고 물의 움직임을 관찰하며 탐구하는 모습 또한 이러한 놀이의 일환이다. 이러한 기능적 놀이는 아동이 신체적 기술과 감각적 경험을 발달시키는 동시에, 환경과의 상호작용을 통해 초기 학습과 성장을 이루는 중요한 과정이다.

상징적 놀이(Symbolic Play)

상징적 놀이는 아동이 상상력을 활용하여 실제 상황을 모방하거나 새로운 상황을 창조하는 놀이 유형이다. 이러한 놀이는 아동이 가상의

심리학으로 읽는 아이의 마음

세계를 탐구하며 사회적 역할과 언어 기술을 발달시키는 데 기여한다.

· 주로 유아기와 학령 전기에 나타난다.
· 상상력과 창의력이 중심이 되며, 현실 상황을 재현하거나 상징적으로 변형한다.
· 언어 발달과 사회적 상호작용 능력을 강화한다.

4세 아동이 인형을 사용해 '엄마 역할'을 연기하며 아기를 돌보는 일상생활의 상황을 재현하는 모습은 상징 놀이의 대표적인 사례이다. 또한, 아동이 블록을 쌓아 가상의 집을 만들고 가족 구성원을 연기하며 놀이를 이어가는 모습은 상징 놀이를 통해 창의적 사고와 협력 능력을 발달시키는 과정을 보여준다. 이와 더불어, 아동이 '슈퍼히어로 놀이'를 하며 가상의 적과 싸우고 사람들을 구하는 역할을 수행하는 모습은 상상력을 활용하여 사회적 역할과 감정을 탐구하는 상징 놀이의 또 다른 예이다. 이러한 상징 놀이는 아동이 다양한 사회적 경험을 연습하고 감정을 표현하며 문제 해결 능력을 키우는 데 기여한다.

규칙 있는 놀이(Games with Rules)

규칙 있는 놀이는 아동이 정해진 규칙을 따르며 협력하거나 경쟁을 경험하는 놀이 유형으로, 사회적 상호작용을 통해 다양한 기술과 행동을 학습할 수 있는 기회를 제공한다. 이러한 놀이는 아동이 협력과 타협의 기술을 배우고, 자기 통제와 차례를 기다리는 규범적 행동을 연습하는 데 도움을 준다. 규칙 놀이는 특히 아동이 놀이 과정에서 사회적 기술과 자기 조절 능력을 발달시키는 데 중요한 역할을 하며, 사회적 규칙과 기대를 자연스럽게 이해하고 실천할 수 있는 기회를 마련한다.

· 주로 학령기 이후에 나타난다.
· 놀이의 규칙과 구조를 이해하고, 이를 따르는 능력을 필요로 한다.
· 사회적 상호작용과 경쟁 또는 협력의 경험을 포함한다.

　친구들과 보드게임을 하며 차례를 기다리고, 규칙을 준수하는 법을 배우는 모습은 규칙 놀이의 대표적인 사례다. 또한, 아이들이 축구를 하며 팀워크와 규칙 준수를 통해 협력과 경쟁을 배우는 과정은 규칙 놀이가 사회적 관계 형성과 책임감을 학습하는 데 기여함을 보여준다. 이와 함께, 어린이가 놀이 카드 게임을 하며 상대방의 차례를 기다리고 자신의 차례에 전략적으로 행동하는 과정은 규칙 놀이가 자기 조절 능력과 문제 해결 능력을 키우는 데 도움을 주는 사례로 볼 수 있다. 이러한 규칙 놀이는 아동이 사회적 기대를 이해하고, 규칙 속에서 협력과 경쟁을 균형 있게 경험하며 성장하는 데 중요한 역할을 한다.

　피아제의 놀이 유형은 아동 발달 단계에 따라 놀이가 인지적, 정서적, 사회적 발달을 지원하는 방식을 체계적으로 설명한다. 기능적 놀이는 신체적 성장과 감각운동 발달을 돕고, 상징적 놀이는 창의성과 사회적 기술을 강화하며, 규칙 있는 놀이는 협력과 규율 준수 같은 사회적 기술을 학습하는 기회를 제공한다. 이러한 놀이 활동은 아동이 환경을 이해하고, 새로운 개념을 배우며, 사회적 관계를 형성하는 데 중요한 역할을 한다.

　　　　　　　　　　　심리학으로 읽는 아이의 마음

3) 비고츠키(Vygotsky): 사회적 상호작용과 놀이

비고츠키(Lev Vygotsky)는 놀이가 아동의 사회적, 인지적, 정서적 발달에 핵심적인 역할을 한다고 주장하며, 이를 아동이 사회적 규칙과 역할을 배우는 과정으로 정의했다. 그는 특히 놀이를 통해 아동이 '근접발달영역(Zone of Proximal Development, ZPD)'에서 새로운 기술과 지식을 학습할 수 있다고 강조했다(Penuel & Wertsch, 1995; Vygotsky, 1978). 비고츠키의 이론에서 놀이란 단순한 즐거움을 넘어, 언어와 상상력, 그리고 사회적 기술을 발달시키는 중요한 도구로 간주된다.

놀이와 근접발달영역(ZPD)

비고츠키는 놀이를 통해 아동이 자신의 현재 발달 수준을 넘어서서, 성인의 지도나 더 유능한 또래와의 상호작용을 통해 새로운 기술을 배울 수 있다고 보았다. 이는 아동이 아직 독립적으로 수행할 수는 없지만, 적절한 지원을 받으면 가능한 학습 영역을 포함한다.

· 놀이 활동은 아동이 사회적 규칙과 역할을 자연스럽게 이해하고 습득하도록 돕는다.
· 놀이를 통해 아동은 타인의 관점을 이해하고 협력하며 문제를 해결하는 방법을 배운다.
· 놀이 과정에서 언어와 상상력은 크게 발달하며, 이는 아동의 고차원적 사고로 이어진다.

놀이와 언어 발달

비고츠키는 놀이가 언어 발달의 촉진제 역할을 한다고 보았다. 놀이 중 아동은 타인과 상호작용 하며 대화를 나누고, 새로운 단어와 문장을 학습하며, 자신의 언어적 표현 능력을 확장한다. 또한, 놀이 상황에서는 아동이 사회적 역할에 맞는 언어를 사용하며, 이를 통해 다양한 상황에서의 적절한 언어 사용을 익힌다.

아동이 역할 놀이에서 의사와 환자의 역할을 맡아 '어디가 아프세요?'라고 질문하고, 환자의 대답에 따라 처방전을 써주는 모습은 언어 표현과 사회적 상호작용 능력을 학습하는 과정을 잘 보여준다. 이러한 놀이를 통해 아동은 의사소통 기술을 연습하고, 사회적 상황에서 적절한 대화를 나누는 방법을 익히며, 타인의 역할과 감정을 이해하는 공감 능력을 발달시킨다.

놀이와 상상력

비고츠키는 놀이를 통해 아동의 상상력이 발달하며, 현실을 넘어서 가상의 세계를 창조할 수 있다고 보았다. 이는 아동이 현실의 제한에서 벗어나 자유롭게 창의적 사고를 연습할 기회를 제공한다. 놀이 중 아동은 실제 경험을 재구성하거나 가상의 상황을 상상하며, 이를 통해 문제 해결 능력을 강화한다.

아동이 종이 상자를 우주선으로 상상하고, 탐험가 역할을 맡아 '우주를 탐험'하는 놀이를 통해 상상력과 창의력을 발달시키는 모습은 놀이가 아동의 창의적 사고를 촉진하는 과정을 보여준다. 이러한 활동은 아동이 일상적인 사물을 새로운 시각으로 바라보고, 스스로 의미를 부

심리학으로 읽는 아이의 마음

여하며 상상의 세계를 확장하는 데 기여한다.

놀이와 사회적 규칙 학습

비고츠키는 놀이가 아동이 사회적 규칙과 규범을 배우는 도구라고 보았다. 역할 놀이에서 아동은 다양한 사회적 역할과 책임을 경험하며, 협력과 타협, 그리고 규칙 준수를 연습한다. 이러한 과정은 아동이 실제 사회적 상황에서 적응할 수 있는 능력을 길러준다.

친구들과의 놀이에서 '선생님 역할'을 맡은 아동이 규칙을 정하고 다른 친구들이 이를 따르도록 지도하는 모습은 아동이 타인과의 협력과 규칙 준수의 중요성을 배우는 과정을 보여준다. 이러한 놀이를 통해 아동은 리더십과 책임감을 경험하며, 규칙을 설정하고 집단의 조화를 유지하는 데 필요한 사회적 기술을 발달시킬 수 있다. 이 과정은 아동이 타인의 의견을 존중하고, 협력적으로 문제를 해결하는 능력을 키우는 데 기여한다.

역할 놀이와 타인의 관점 이해

비고츠키는 놀이가 아동이 타인의 관점을 이해하고, 사회적 기술을 발달시키는 데 중요한 역할을 한다고 주장했다. 역할 놀이에서 아동은 자신과 다른 역할을 맡아보며, 타인의 입장에서 생각하고 행동하는 법을 익힌다.

의사와 환자 놀이에서 아동이 환자 역할을 맡아 '배가 아파요'라고 표현하며, 의사 역할을 맡은 친구가 해결책을 제시하도록 유도하는 상황은 타인의 관점을 이해하고 공감 능력을 발달시키는 데 효과적인 예이다. 이러한 놀이를 통해 아동은 상대방의 입장을 고려하며 상호작용

하는 방법을 배우고, 사회적 상호작용에서 중요한 공감 능력을 자연스
럽게 연습하게 된다.

결론적으로 비고츠키의 이론은 놀이가 단순한 여가 활동이 아니라,
아동의 사회적, 언어적, 그리고 인지적 발달을 촉진하는 중요한 도구
임을 보여준다. 근접발달영역(ZPD)에서 이루어지는 놀이를 통해 아동
은 현재의 능력을 뛰어넘어 새로운 기술과 지식을 습득하며, 상상력과
언어 능력을 강화하고 사회적 규칙을 이해한다. 부모와 교사는 아동이
놀이를 통해 이러한 중요한 학습을 경험할 수 있도록 적절한 환경과
지원을 제공해야 할 것이다.

4) 파튼(Parten)의 놀이와 사회적 발달 과정

파튼(Mildred Parten, 1932)은 아동의 놀이를 사회적 상호작용의 수준에
따라 여섯 가지 유형으로 분류하며, 놀이가 아동의 사회적 발달 과정
에서 어떻게 진화하는지를 설명했다. 파튼의 놀이 이론은 놀이가 단순
히 즐거움을 주는 활동이 아니라, 아동이 사회적 기술과 대인 관계를
배우는 점진적인 과정임을 보여준다(Trawick-Smith, 2001).

비참여적 놀이(Unoccupied Play)

비참여적 놀이는 아동이 특별한 목적 없이 주변을 관찰하거나 무작
위로 움직이는 초기 놀이 형태다. 이는 놀이에 직접 참여하지 않는 단
계로, 아동이 놀이 환경을 탐색하고 가능성을 모색하는 시기이다.

심리학으로 읽는 아이의 마음

· 특징 목표나 규칙 없이 움직임과 관찰에 초점
· 종종 혼자 있거나 다른 아이들의 행동을 지켜본다.

아동이 모래사장에서 다른 아이들이 노는 모습을 가만히 지켜보거나, 모래를 무작위로 흩뿌리는 행동은 비참여 놀이의 대표적인 사례다. 또한, 방 안을 돌아다니며 장난감을 집었다가 내려놓는 등 명확한 놀이 활동 없이 이리저리 움직이는 모습 역시 비참여 놀이의 한 예로 볼 수 있다. 이 단계에서 아동은 직접적으로 또래와 상호작용 하지는 않지만, 환경을 탐색하고 관찰하는 행동을 통해 간접적으로 학습한다. 이러한 경험은 점차적으로 다른 아동과의 상호작용으로 이어질 수 있는 기초를 다지는 과정으로, 사회성 발달의 초기 단계에서 중요한 역할을 한다.

혼자 놀이(Solitary Play)

혼자 놀이는 아동이 다른 사람과 상호작용 하지 않고 독립적으로 놀이에 참여하는 단계다. 이 시기의 아동은 자신만의 놀이 세계를 구성하며, 스스로 만족감을 느낀다.

· 다른 아이들에게 관심을 보이지 않으며 독립적으로 놀이를 즐긴다.
· 주로 2세 이하의 유아에게서 흔히 관찰된다.

아동이 블록을 사용해 혼자 성을 쌓거나 장난감을 하나씩 정렬하며 놀이하는 모습은 혼자 놀이의 대표적인 예다. 또한, 종이와 크레용을 사용해 그림을 그리며 스스로 즐거움을 느끼는 경우 역시 혼자 놀이에 해당한다. 이러한 혼자 놀이는 아동이 스스로 활동을 계획하고 실행하며, 자신만의 방식으로 창의력과 문제 해결 능력을 발달시키는 데 중요한 역할을 한다. 또한, 아동이 독립적으로 시간을 보내며 자신만의 흥미와 관심사를 탐색하는 기회를 제공한다.

병행 놀이(Parallel Play)

병행 놀이는 아동이 같은 공간에서 다른 아동들과 유사한 활동을 하지만, 상호작용 없이 독립적으로 활동하는 단계다. 이 단계는 사회적 놀이로 발전하기 전의 과도기적 형태로 간주된다.

· 같은 공간에서 동일한 놀이를 하지만, 서로 간의 대화나 협력은 없다.
· 2~3세 아동에게서 흔히 나타난다.

두 명의 아동이 나란히 앉아 각각 블록을 쌓으면서도 서로 대화하거나 협력하지 않는 모습은 병행 놀이의 대표적인 예다. 또한, 같은 공간에서 각각 인형 놀이를 하며 자신의 세계에 몰두하는 모습 역시 병행 놀이로 볼 수 있다. 병행 놀이는 아동이 또래와 같은 공간에서 놀이를 하지만, 상호작용 없이 각자 독립적으로 활동하는 특징을 가진다. 이 단계는 아동이 타인의 존재를 인식하고 관찰하면서도, 자신의 놀이에 집중하며 독립적으로 행동하는 발달 과정의 중요한 부분이다.

연합 놀이(Associative Play)

연합 놀이는 아동이 서로 상호작용 하며 놀이에 참여하지만, 공통의 목표나 구조가 없는 단계다. 이 단계에서는 아동 간의 대화와 간단한

심리학으로 읽는 아이의 마음

상호작용이 이루어진다.

· 놀이의 목적보다는 상호작용 자체가 중요하다.
· 3~4세 아동에게서 주로 관찰된다.

두 아동이 모래사장에서 각자의 모래성을 쌓으면서 도구를 빌려주거나 간단한 대화를 나누는 모습은 연합 놀이의 대표적인 예다. 또한, 아동이 장난감을 서로 교환하거나 '이거 내 거야'라고 말하며 소통하는 장면 역시 연합 놀이의 한 사례로 볼 수 있다. 연합 놀이는 아동이 또래와의 초기 상호작용을 통해 대화를 나누고, 물건을 공유하며, 간단한 협력의 단계를 경험하는 놀이 유형이다. 이러한 놀이를 통해 아동은 상호작용 기술과 사회적 관계의 기초를 형성하며, 타인과의 소통 능력을 자연스럽게 익혀나간다.

협동 놀이(Cooperative Play)
협동 놀이는 아동이 공동의 목표를 가지고 협력하며 놀이를 구성하는 단계다. 이 단계는 놀이가 더 구조화되고 조직적이며, 사회적 기술과 규칙 준수가 중요한 역할을 한다.

· 아동이 역할을 분담하고 협력하며 공동의 목표를 향해 노력한다.
· 4세 이후 아동에게 주로 나타난다.

아동들이 역할 놀이에서 '엄마', '아빠', '아기' 역할을 나누고 가족 상황을 재현하는 모습은 협동 놀이의 대표적인 사례다. 또한, 블록을 사용해 함께 성을 쌓으며, 누가 어떤 블록을 쌓을지 역할을 나누고 협력하는 장면 역시 협동 놀이의 한 예로 볼 수 있다. 협동 놀이는 아동이 공동의 목표를 달성하기 위해 역할을 분담하고 협력하는 놀이 형태로, 사회적 기술과 팀워크를 발달시키는 데 중요한 역할을 한다. 이러한 놀이를 통해 아동은 상호 의존과 조화를 배우며, 타인과 협력하여 목표를 이루는 경험을 통해 사회적 관계를 강화한다.

파튼의 놀이 이론은 아동의 놀이가 단순히 개별 활동에서 시작해 점진적으로 사회적 놀이로 발전한다는 점을 체계적으로 설명했다. 이를 통해 아동의 사회적 기술 발달과 또래 관계 형성을 이해하는 데 중요한 틀을 제공한다. 현대 심리학에서는 파튼의 이론을 활용해 아동의 놀이 행동을 관찰하고, 사회적 발달 수준을 평가하며, 적절한 상호작용 기회를 제공하는 교육 및 치료 프로그램을 설계한다.

2.
놀이가 학습과 발달에
미치는 영향

놀이는 아동 발달의 핵심 요소로, 인지적, 정서적, 사회적 발달을 통합적으로 지원한다. 놀이를 통해 아동은 탐구와 실험을 반복하며, 자신의 감정을 조절하고, 타인과의 협력을 배우는 기회를 얻는다. 이러한 과정은 아동이 새로운 개념과 기술을 습득하고, 사회적 규범을 이해하며, 문제 해결 능력을 강화하는 데 기여한다(Piaget, 1962; Penuel & Wertsch, 1995; Vygotsky, 1978).

1) 인지 발달: 놀이와 인지적 탐구

놀이 활동은 아동의 인지적 성장에 필수적인 역할을 하며, 문제 해결 능력과 창의적 사고를 발달시키는 데 중요한 매개체로 작용한다. 아동은 놀이를 통해 새로운 아이디어를 탐구하고, 기존의 사고방식을 확장하며, 이를 실생활 상황에 응용할 수 있다. 특히 구조화된 놀이(예: 블록 놀이, 퍼즐 맞추기)는 논리적 사고와 공간적 추론 능력을 강화하고, 아동이 환경과 상호작용 하며 인과 관계를 이해하도록 돕는다(Piaget, 1962).

인과 관계 실험

놀이를 통해 아동은 자신의 행동이 환경에 미치는 영향을 관찰하며, 자연스럽게 원인과 결과의 관계를 실험하고 탐구하는 능력을 키운다. 놀이 과정에서 아동은 다양한 시도를 통해 문제 해결 방법을 발견하며, 인과 관계를 이해하는 중요한 경험을 쌓는다.

예를 들어, 아동이 블록을 높이 쌓아보면서 균형이 무너지지 않는 방법을 탐구하는 과정은 물리적 개념과 안정성의 원리를 배우는 기회를 제공한다. 이러한 놀이 경험은 아동의 인지적 탐구 능력을 촉진하며, 새로운 정보를 습득하고 이를 활용하는 데 중요한 기초를 마련해 준다.

창의적 사고 촉진

창의적 놀이는 아동이 문제를 새로운 시각으로 바라보고 다양한 해결책을 모색하며, 창의적 사고를 발달시키는 데 중요한 역할을 한다. 이러한 놀이를 통해 아동은 정형화된 사고에서 벗어나 자유롭게 상상하고 실험하며 새로운 아이디어를 탐구할 수 있다.

예를 들어, 아동이 레고 블록을 사용해 기존의 설명서를 따르지 않고 자신만의 독특한 구조물을 만드는 활동은 창의적 사고를 촉진하는 대표적인 사례다. 이 과정에서 아동은 스스로 아이디어를 구상하고 이

심리학으로 읽는 아이의 마음

를 실행하며, 창의성과 힘께 문제 해결 능력을 발달시킨다.

학습한 개념의 실생활 응용

놀이 과정에서 아동은 학습한 개념을 실생활에 적용하며, 이를 통해 더 깊은 이해를 얻고 사고력을 확장시킨다. 놀이를 통해 아동은 간단한 수학적, 과학적 원리를 탐구하고 응용하는 능력을 자연스럽게 발달시킨다.

예를 들어, 퍼즐 놀이에서 아동은 모양과 크기를 비교하고 조합하는 과정을 통해 공간적 사고와 논리적 추론 능력을 키운다. 이러한 경험은 퍼즐에서 배운 개념을 실생활의 정렬과 정리 활동에 응용할 수 있도록 돕는다. 놀이를 통해 아동은 학습과 실제 생활을 연결하는 과정을 경험하며, 실질적인 문제 해결 능력과 응용력을 발전시킨다.

블록 놀이와 균형의 개념 학습

· 활동: 아동이 블록을 이용해 구조물을 쌓으면서 각 블록의 위치와 안정성을 고려한다.
· 발달 효과: 아동은 블록이 기울거나 무너지지 않도록 배치하며 무게 중심과 균형의 개념을 이해하게 된다. 이를 통해 논리적 사고와 문제 해결 능력을 발달시킨다.

아동이 '어떻게 하면 탑이 더 높아질까?'라는 질문을 스스로 해결하며 블록을 쌓는 모습은 문제 해결 능력과 창의적 사고를 발달시키는 과정을 잘 보여준다. 이러한 활동을 통해 아동은 시도와 실수를 반복하며 구조의 안정성과 균형에 대한 개념을 배우고, 스스로 답을 찾아가는 성취감을 경험한다.

퍼즐 놀이와 문제 해결 능력

· 활동: 아동이 퍼즐 조각을 맞추며 그림을 완성한다.

· 발달 효과: 아동은 퍼즐 조각의 모양과 색을 비교하고, 올바른 순서를 찾으며 단계적으로 문제를 해결하는 법을 배운다. 이러한 과정은 추론 능력과 인내심을 기르는 데 기여한다.

아동이 '이 조각은 구름 모양이고 파란색이니 하늘 부분에 맞을 거야'라고 말하며 퍼즐 조각을 맞추는 모습은 문제 해결 능력을 발달시키는 과정을 잘 보여준다. 이러한 퍼즐 놀이를 통해 아동은 모양과 색상을 관찰하고, 논리적으로 추론하며, 올바른 위치를 찾아가는 사고 과정을 경험한다. 이 과정은 아동의 공간적 인식과 추론 능력을 향상시키는 데 중요한 역할을 한다.

가상의 문제 해결 놀이

· 활동: 아동이 가상의 상황(예: 동물 구조 놀이)을 설정하고 문제를 해결하기 위한 도구와 방법을 탐구한다.

· 발달 효과: 아동은 상상력을 활용해 논리적인 해결책을 제시하며 창의적 사고와 협력 능력을 발달시킨다.

'다리가 끊어진 강을 건너기 위해 블록으로 다리를 만들자'라며 아동이 구조물을 설계하고 완성하는 활동은 가상의 문제 해결 놀이의 대표적인 예다. 이러한 놀이를 통해 아동은 상상력을 활용하여 가상의 문제를 구체화하고, 이를 해결하기 위한 창의적인 방법을 모색한다. 이 과정은 논리적 사고와 공간적 인식 능력을 발달시키는 동시에, 문제

심리학으로 읽는 아이의 마음

해결 과정에서 성취감을 경험하게 한다.

놀이를 통해 아동은 학습의 과정을 자연스럽고 즐겁게 경험한다. 놀이 활동은 문제 해결 능력, 창의적 사고, 논리적 추론을 강화하며, 아동이 자신의 사고방식을 확장하고 학습한 개념을 응용하도록 돕는다. 부모와 교사는 아동이 다양한 놀이를 통해 이러한 능력을 발달시킬 수 있도록 지원해야 한다.

2) 정서 발달: 놀이와 감정 표현 및 조절

놀이는 아동이 자신의 감정을 표현하고, 이를 조절하는 방법을 배우는 자연스러운 도구다. 특히 '상징적 놀이(예: 역할 놀이)'는 아동이 안전한 환경에서 불안이나 두려움을 표현하고, 이를 극복하는 기회를 제공한다(Penuel & Wertsch, 1995; Vygotsky, 1978). 아동은 놀이를 통해 자신의 감정을 탐구하며, 정서적 안정감을 얻고, 자존감을 높이는 긍정적인 경험을 쌓는다.

감정 표현의 기회 제공

놀이를 통해 아동은 자신의 감정을 자연스럽게 표현하고, 이를 조절하는 능력을 발달시킬 수 있다. 감정 표현의 기회 제공은 놀이의 중요한 역할 중 하나로, 아동이 두려움, 분노, 기쁨 등 복잡한 감정을 안전한 방식으로 드러내고 다룰 수 있는 장을 마련한다.

아동이 인형을 사용해 '왜 나한테 화를 냈어?'라고 말하며 자신의 감정을 인형에게 투사하는 모습은 놀이가 감정 표현을 돕는 대표적인 사례다. 이러한 활동은 아동이 자신의 감정을 명확히 인식하고 표현하도록 하며, 동시에 그 감정을 다루는 방법을 배우는 데 기여한다. 이처럼 놀이는 아동의 정서적 안정과 사회적 적응을 지원하는 중요한 도구로 작용한다.

정서적 안정감과 자존감 향상

놀이에서의 성공적인 경험은 아동이 자신에 대한 긍정적인 이미지를 형성하고 정서적 안정감을 느끼는 데 중요한 역할을 한다. 반복적인 시도와 성공을 통해 아동은 자존감을 높이고, 실패를 긍정적으로 받아들이는 태도를 배우며, 자신감 있는 마음가짐을 형성한다.

블록을 반복적으로 쌓고 무너뜨리는 놀이를 하면서 아동은 '다시 시도해도 괜찮아'라는 긍정적인 태도를 익히게 된다. 이러한 경험은 실패를 두려워하지 않고 도전하는 자세를 길러주며, 자기효능감과 정서적 회복력을 키우는 데 기여한다.

안전한 환경에서 감정 조절 학습

놀이 중 아동은 안전한 환경에서 감정을 조절하는 방법을 연습하며, 이를 통해 실제 상황에서 감정적 어려움에 직면했을 때 대처 능력을 발달시킨다.

역할 놀이에서 아이들이 '다음에는 이렇게 하면 괜찮아질 거야'라고 대화하며 문제를 해결하는 과정은 아동이 감정 조절과 대처 능력을 배우는 대표적인 사례다. 이러한 경험은 아동이 갈등 상황에서 감정을 다루고 해결책을 모색하는 연습을 통해 정서적 안정과 문제 해결 능력

심리학으로 읽는 아이의 마음

을 동시에 발달시키는 데 기여한다.

정서 발달을 돕는 놀이 예시

· 병원 놀이와 두려움 극복

병원 놀이에서 아동이 의사와 환자 역할을 맡는 활동은 정서적 발달에 긍정적인 영향을 미친다. 아동은 의사가 사용하는 의료 도구를 흉내 내거나 환자 역할을 맡아 '주사 맞는 게 무서워요'라고 표현하며 병원에 대한 두려움을 안전한 방식으로 다룬다. 이러한 놀이를 통해 아동은 의료진에 대한 신뢰와 안도감을 형성하며, 자신의 감정을 표현하고 조절하는 능력을 발달시킨다. 예를 들어, 아동이 인형에게 주사를 놓으며 '이 주사는 괜찮아, 조금만 참으면 돼'라고 말하는 모습은 자신이 느끼는 불안을 간접적으로 표현하고 극복하는 과정을 보여준다. 이러한 경험은 아동이 두려움을 안전하게 다루고, 스트레스 상황에서도 안정감을 유지하는 능력을 키우는 데 기여한다.

· 모래 놀이와 실패 다루기

아동이 모래성을 만들고 무너지면 다시 쌓는 활동을 반복하는 과정은 정서적 발달과 긍정적인 태도 형성에 중요한 역할을 한다. 이 활동을 통해 아동은 실패에 대한 감정을 자연스럽게 표현하고 이를 극복하는 방법을 배우며, 인내심과 끈기를 발달시킨다. 또한, 반복적인 시도를 통해 성취감을 느끼고 자존감을 높이는 기회를 갖는다.

아동이 '이번에는 더 크게 쌓아볼래'라고 말하며 무너진 성을 다시 쌓는 모습은 실패를 긍정적으로 받아들이고 도전하는 태도를 형성하는 과정을 보여준다. 이러한 경험은 아동이 어려운 상황에서도 포기하지 않고 목표를 이루기 위해 노력하는 긍정적이고 자기 주도적인 태도를 발달시키는 데 기여한다.

· 인형 놀이와 감정 표현

아동이 인형을 사용해 가족 상황을 재현하며 자신의 감정을 표현하는 활동은 정서적 발달에 긍정적인 영향을 미친다. 이 과정에서 아동은 일상에서 경험한 두려움이나 갈등을 인형에게 투사하며, 자신의 감정을 이해하고 조절하는 방법을 자연스럽게 배우게 된다.

아동이 '인형 엄마가 나한테 소리 질렀어, 나 너무 속상했어'라고 말하며 자신의 감정을 인형에 투사하는 모습은 놀이를 통해 감정을 안전하게 표현하고 소통하는 과정을 보여준다. 이러한 활동은 아동이 자신의 감정을 명확히 인식하고, 이를 조절하며 스트레스 상황에서도 정서적 안정을 유지할 수 있는 능력을 발달시키는 데 기여한다.

놀이는 아동에게 감정을 표현하고 조절할 기회를 제공하는 정서 발달의 필수적인 도구다. 놀이를 통해 아동은 자신의 감정을 탐구하고 이해하며, 이를 다루는 방법을 안전한 환경에서 연습할 수 있다. 병원 놀이, 모래 놀이, 역할 놀이와 같은 활동은 아동의 정서적 안정감과 자존감을 높이고, 실패에 대한 긍정적 태도를 형성하는 데 기여한다. 부모와 교사는 이러한 놀이 기회를 지원하며, 아동이 자신의 감정을 건강하게 다룰 수 있도록 환경을 조성해야 한다.

3) 사회적 발달: 놀이와 사회적 기술 학습

놀이는 아동이 타인과 상호작용 하며 사회적 기술을 학습하는 데 중

심리학으로 읽는 아이의 마음

요한 매개체로 작용한다. 협력과 상호작용이 요구되는 놀이 활동은 아동이 타인의 관점을 이해하고, 규칙을 준수하며, 갈등 상황에서 타협하는 법을 배우는 기회를 제공한다. 이러한 과정은 아동의 의사소통 능력을 강화하고, 긍정적인 대인 관계를 형성하는 데 기여한다(이윤경, 2023; Penuel & Wertsch, 1995; Vygotsky, 1978).

협력과 상호작용

놀이 활동은 아동이 공동의 목표를 달성하기 위해 타인과 협력하고 상호 의사소통을 할 수 있는 기회를 제공한다. 이러한 과정을 통해 아동은 타인의 의견을 존중하며, 문제 해결 과정을 함께 공유하고 협력의 가치를 배우게 된다.

아동들이 블록 놀이에서 함께 성을 쌓으며 각자의 역할을 나누고 협력하는 모습은, 놀이를 통해 팀워크와 소통 능력을 자연스럽게 발달시키는 과정을 보여준다. 이러한 활동은 아동이 사회적 상호작용에서 중요한 기술을 익히고, 집단 내에서의 조화로운 관계 형성을 학습하는 데 기여한다.

규칙과 역할 준수

놀이에서 아동은 규칙을 이해하고 이를 준수하는 법을 배우며, 특정한 역할을 맡아 책임감 있게 행동하는 방법을 학습한다. 규칙을 따르는 놀이를 통해 아동은 사회적 규범과 협력의 중요성을 자연스럽게 익히고, 공정성과 책임감을 발달시킬 수 있다.

보드게임에서 아동이 자신의 차례를 기다리고 정해진 규칙에 따라 행동하며 승패를 수용하는 모습은 규칙과 역할 준수를 배우는 과정을 보

여준다. 이러한 놀이 경험은 아동이 사회적 상호작용에서 필요한 자기
조절 능력과 타인의 규칙을 존중하는 태도를 기르는 데 도움을 준다.

갈등 해결과 타협

놀이 과정에서 발생하는 갈등 상황은 아동이 타인의 입장을 고려하
며, 대화를 통해 해결책을 찾는 능력을 발달시킬 수 있는 기회를 제공
한다. 이러한 경험은 아동이 타협과 협력의 중요성을 배우고, 사회적
상호작용에서 긍정적인 관계를 형성하는 데 기여한다.

장난감을 공유하지 않으려는 친구와 대화를 통해 서로 번갈아 사용
하기로 합의하는 모습은 놀이를 통해 갈등 해결 능력을 배우는 대표적
인 사례다. 이러한 활동은 아동이 상대방의 요구를 이해하고, 서로 만
족할 수 있는 해결책을 모색하는 과정을 통해 대화와 협상의 기술을
익히게 한다.

사회적 발달을 돕는 놀이 예시

· 그룹 놀이와 협력 학습

아동들이 그룹으로 협력하여 퍼즐을 맞추거나 블록으로 구조물을
만드는 놀이는 타인의 아이디어를 수용하고, 공동의 목표를 달성하기
위해 협력하는 기술을 배우는 데 도움을 준다. 이러한 활동을 통해 아
동은 협력과 소통의 중요성을 경험하며, 집단 내에서 조화를 이루는
방법을 익힌다.

아동들이 '나는 아래쪽을 쌓을게, 너는 꼭대기를 만들어 줘'라고 말
하며 역할을 분담해 성을 완성하는 과정은 협력 놀이의 구체적인 사례
다. 이 과정에서 아동은 각자의 역할을 책임감 있게 수행하고, 공동의

심리학으로 읽는 아이의 마음

목표를 이루기 위해 협력하는 경험을 통해 사회적 기술과 팀워크 능력을 발달시킨다.

· **역할 놀이와 상호작용 기술 학습**

역할 놀이에서 아동이 '손님'과 '점원' 역할을 맡아 물건을 사고파는 상황을 연출하는 활동은 사회적 상호작용 기술을 발달시키는 데 중요한 역할을 한다. 이러한 놀이를 통해 아동은 대화를 통해 협상하는 법을 배우고, 다른 사람의 역할과 관점을 이해하며 상호작용 하는 방법을 학습한다.

점원 역할을 맡은 아동이 '이 물건은 1,000원이야'라고 말하고, 손님 역할을 맡은 아동이 '돈을 낼게요'라고 응답하며 상황을 해결하는 모습은, 놀이를 통해 협력과 소통의 기술을 익히는 과정을 보여준다. 이러한 경험은 아동이 실제 생활에서 필요한 의사소통 능력과 대인 관계 기술을 자연스럽게 습득하도록 돕는다.

· **놀이에서 갈등 해결**

놀이 도중 친구들과 장난감이나 놀이 공간을 둘러싸고 갈등이 발생하는 상황은 아동이 사회적 기술과 문제 해결 능력을 발달시키는 중요한 기회가 된다. 이러한 과정에서 아동은 대화를 통해 서로의 의견을 조율하고 갈등을 해결하는 방법을 배우며, 상호 존중의 가치를 자연스럽게 익힌다.

두 아동이 '내가 먼저 사용할게, 네가 다음에 해'라고 순서를 정하며 장난감을 공유하는 모습은 갈등 상황에서 조율과 타협을 통해 문제를 해결하는 과정을 보여준다. 이러한 경험은 아동이 협력과 존중의 태도를 배우고, 더 나은 대인 관계를 형성하고 유지하는 데 기여한다.

놀이 활동은 아동이 협력과 상호작용을 배우고, 사회적 규칙과 역할을 이해하며, 갈등 상황에서 타협과 문제 해결 능력을 발달시키는 데 중요한 역할을 한다. 이러한 과정은 아동의 사회적 기술을 강화하고, 긍정적인 대인 관계를 형성하도록 돕는다. 부모와 교사는 아동에게 다양한 놀이 기회를 제공하여 이러한 기술이 자연스럽게 발달할 수 있도록 지원해야 한다.

심리학으로 읽는 아이의 마음

3.
| 창의적 놀이와 상상력 |

창의적 놀이는 아동 발달의 중요한 요소로, 상상력을 자극하고 창의적 사고를 발전시키는 기회를 제공한다. 이러한 놀이 활동은 아동이 고정된 틀에서 벗어나 다양한 관점에서 문제를 바라보고 새로운 해결책을 모색하도록 돕는다. 창의적 놀이는 단순한 즐거움을 넘어, 아동이 자신의 잠재력을 발견하고, 이를 학습과 발달로 연결하는 중요한 도구로 작용한다(Craft, 2002).

1) 창의적 놀이의 중요성

창의적 놀이는 아동이 새로운 아이디어를 탐구하고, 자신만의 독창적인 방법으로 문제를 해결하는 과정을 지원한다. 특히, 놀이 과정에서 아동은 상상력을 통해 가상의 세계를 창조하며, 현실을 재구성하거나 새로운 의미를 부여한다.

· 아동은 창의적 놀이를 통해 기존의 틀을 넘어서 자유롭게 상상하고
  탐구할 수 있다.
· 놀이 활동은 아동이 실패를 두려워하지 않고 다양한 시도를 통해 학
  습하도록 돕는다.
· 창의적 놀이는 아동의 문제 해결 능력과 자기표현 능력을 강화한다.

　아동이 종이 상자와 색연필을 사용해 로켓을 만들고, 우주 비행사가
되어 '화성에 도착했다'며 탐험하는 모습은 창의적 놀이를 통해 상상력
을 발휘하는 대표적인 사례다. 또 다른 예로, 아동이 인형들을 가상의
학교에 보내고 선생님 역할을 맡아 '오늘은 과학 실험을 할 거예요'라
고 말하며 놀이를 이어가는 모습은 창의적 사고와 사회적 상호작용을
결합한 놀이의 사례다.
　이처럼 창의적 놀이는 아동이 현실을 넘어 다양한 상황과 문제를 상
상하고, 이를 해결하거나 발전시키는 능력을 기르는 데 핵심적인 역할
을 한다. 상상력을 활용한 놀이를 통해 아동은 독창성을 키우고, 자신
의 생각을 표현하며 자신감을 함께 발달시킨다.

2) 상상력과 역할 놀이

　상상력은 아동이 놀이를 통해 가상의 세계를 창조하고, 실제 경험
을 재구성하며, 창의적인 해결책을 모색하는 과정에서 발달한다. 특히

심리학으로 읽는 아이의 마음

억할 놀이는 상상력을 구체화하는 데 중요한 도구로, 아동이 현실과 가상을 연결하며 새로운 아이디어를 탐구할 기회를 제공한다(Penuel & Wertsch, 1995; Vygotsky, 1978).

· 역할 놀이를 통해 아동은 다양한 역할과 상황을 상상하며, 타인의 관점을 이해한다.
· 상상력을 활용한 놀이는 아동이 창의적 문제 해결 능력을 연습할 수 있는 기회를 제공한다.
· 놀이 과정에서 아동은 자신의 경험을 확장하고 새로운 시나리오를 창조한다.

아동이 '슈퍼히어로' 역할을 맡아 상상 속에서 사람들을 구하는 놀이를 하며, 어려운 상황을 극복하는 방법을 창의적으로 생각해 내는 과정은 상상력을 발휘하는 대표적인 사례다. 이러한 활동을 통해 아동은 문제를 창의적으로 해결하고, 도전 과제에 대처하는 능력을 발달시킨다.

또한, 아동이 블록으로 다리를 만들어 '자동차가 강을 건너기 위해 다리가 필요해'라며 다리 구조를 설계하고 완성하는 모습은 상상력과 창의적 사고를 활용한 놀이의 또 다른 사례다. 이 활동은 아동이 목표를 설정하고, 이를 이루기 위해 논리적으로 계획하고 실천하는 능력을 기르는 데 도움을 준다.

이처럼 상상력과 역할 놀이는 아동이 창의적 사고를 발달시키고, 문제 해결 능력을 키우며, 현실과 상상을 연결하는 능력을 형성하는 데 중요한 기반이 된다.

3) 창의적 놀이의 교육적 적용

창의적 놀이를 기반으로 한 학습은 아동의 창의적 사고를 촉진하며, 학습 과정을 즐겁고 효과적으로 만들 수 있다. 교사나 부모는 놀이 기반 학습을 통해 아동이 놀이와 학습의 연결을 경험하도록 지원할 수 있다.

· 수학, 과학, 언어 등 다양한 학문적 개념을 놀이 활동에 적용하여 학습을 촉진한다.
· 창의적 놀이는 학습 동기를 높이고, 아동이 학습에 적극적으로 참여하도록 유도한다.
  이야기 놀이나 예술적 활동은 아동의 언어 및 표현 능력을 강화한다.

블록 놀이에서 '이 블록을 사용해 길이를 재보자'며 수학적 개념인 측정을 도입하는 활동은 놀이를 통해 학습을 자연스럽게 연결하는 사례다. 이러한 활동은 아동이 수학적 사고를 발전시키고, 놀이 속에서 학습의 즐거움을 경험하도록 돕는다.

또한, 아동이 자신의 이야기를 창작하고 이를 그림과 말로 표현하는 활동은 언어 기술과 창의적 표현력을 강화하는 데 효과적이다. 이 과정에서 아동은 자신의 아이디어를 구체화하고 다양한 방식으로 표현하며 자신감을 키울 수 있다.

이처럼 창의적 놀이를 교육적으로 활용하면 아동은 놀이와 학습을 통합적으로 경험하며, 창의력과 학습 능력을 동시에 발달시킬 수 있다.

창의적 놀이는 아동의 상상력과 창의적 사고를 발달시키는 핵심적인 활동이다. 아동은 놀이를 통해 새로운 아이디어를 탐구하고, 문제 해결 능력을 연습하며, 자신의 경험을 확장할 수 있다. 부모와 교사는 창의적 놀이를 교육적 환경에 통합하여 아동의 학습을 지원하고, 이를 통해 아동이 즐겁게 성장할 수 있도록 해야 한다.

제11장

아동 심리 평가 및 연구

아동 심리 평가는 아동의 인지적, 정서적, 사회적 발달 상태를 체계적으로 이해하기 위한 과정으로, 심리 검사와 발달 평가 도구를 활용한다. 이를 통해 아동의 발달적 필요를 파악하고, 교육 및 심리적 개입 계획을 세울 수 있다.

1.
| 심리 검사: 지능검사, 성격검사 |

　심리 검사는 아동의 심리적 특성과 능력을 객관적이고 체계적으로 평가하기 위해 설계된 도구다. 이는 아동의 발달적 강점과 약점을 파악하고, 학습 문제, 정서적 어려움, 행동 문제를 이해하며, 이를 해결하기 위한 맞춤형 개입 방안을 마련하는 데 활용된다. 심리 검사는 주로 지능검사와 성격검사로 나뉘며, 각각 아동의 인지적, 정서적, 사회적 특성을 평가하는 데 중요한 역할을 한다.

1) 지능검사

　지능검사는 아동의 학습 능력, 문제 해결 능력, 추론 능력을 평가하기 위해 사용된다. 이는 아동의 전반적인 인지적 잠재력을 파악하고, 학습 장애, 발달 지연 또는 우수한 능력을 확인하는 데 필수적이다.

- 언어적, 비언어적 사고 능력을 평가하여 아동의 학업 성취 가능성을 예측한다.
- 개별화된 학습 계획을 설계하고, 학습 문제를 조기에 발견하도록 돕는다.
- 웩슬러 지능검사(WISC): 언어 이해, 작업 기억, 처리 속도 등 다양한 인지 영역을 평가하여 학습과 관련된 아동의 능력을 포괄적으로 이해한다.
- 스탠포드-비네 지능검사: 언어적 문제 해결, 추론, 기억력, 적응 행동을 측정하며, 전반적인 지능 수준을 평가한다.

지능검사는 아동의 학업 및 발달 상태를 평가하고, 개인의 강점과 약점을 이해하여 적절한 교육 계획을 수립하는 데 활용된다.

아동이 수학에서 반복적으로 낮은 성적을 받을 경우, WISC(Wechsler Intelligence Scale for Children) 검사를 통해 작업 기억이 약한 점을 발견하고, 이를 개선하기 위한 맞춤형 교육 계획을 수립할 수 있다. 이 과정에서 작업 기억을 강화하기 위한 학습 전략과 활동이 포함된 계획을 제공하여, 아동의 학업 성과와 자신감을 향상시킬 수 있다.

또한, 예를 들어, 아동이 학업 전반에서 우수한 성과를 보이는 경우, 스탠포드-비네 검사(Stanford-binet Intelligence Scales)를 통해 언어적 사고와 비언어적 추론 능력이 매우 뛰어남을 확인할 수 있다. 이를 기반으로 아동의 잠재력을 최대한 발휘할 수 있도록 적합한 영재 프로그램에 참여하도록 권장하며, 아동이 흥미를 느끼고 도전할 수 있는 학습 환경을 제공한다.

이처럼 지능검사는 아동의 학업적, 인지적 특성을 깊이 이해하여,

심리학으로 읽는 아이의 마음

개인에 맞는 교육적 지원과 발전의 기회를 제공하는 중요한 도구로 활용된다.

2) 성격검사

성격검사는 아동의 정서적 상태, 행동 양식, 대인 관계 특성을 평가하여 정서적 문제와 행동 문제를 이해하는 데 사용된다. 이는 아동이 직면한 심리적 어려움을 분석하고, 이를 해결하기 위한 상담 및 치료 방향을 설정하는 데 중요한 자료를 제공한다.

· 아동의 내면적 감정과 행동 특성을 이해하고, 정서적 안정성 여부를 평가한다.
· 대인 관계에서의 어려움, 스트레스 반응, 자기 개념 등을 분석하여 문제 해결 방안을 제안한다.
· 로샤 테스트(Rorschach Test): 잉크 반점 그림을 통해 아동의 무의식적 정서와 성격 특성을 분석한다.
· MMPI-A: 청소년의 정서적 문제와 행동 양식을 평가하며, 우울증, 불안, 사회적 문제를 진단한다.

MMPI-A(청소년 다면적 인성검사)와 로샤 테스트는 아동과 청소년의 성격적 특성과 정서적 상태를 심층적으로 이해하기 위해 사용되며, 심리적 문제를 평가하고 적합한 개입 방안을 설계하는 데 효과적이다.
예를 들어, 또래 관계에서 반복적으로 갈등을 겪는 9세 아동이 성격

검사를 통해 내향적 성향과 스트레스에 민감한 반응을 보이는 점이 확인된 경우, 이를 바탕으로 사회적 기술 훈련 프로그램을 시작한다. 이 프로그램은 아동이 자신감을 얻고, 또래와의 상호작용에서 적절한 의사소통과 갈등 해결 기술을 발달시킬 수 있도록 돕는다.

또한, 가정에서 잦은 불화를 경험하는 12세 아동이 로샤 테스트를 통해 무의식적으로 분노와 불안을 표현한 경우, 이를 통해 아동의 내면적 갈등을 이해하고 가족 상담을 제안할 수 있다. 가족 상담은 아동이 정서적으로 안정감을 찾도록 돕는 동시에, 가족 구성원 간의 소통과 관계를 개선하여 문제를 해결하는 데 기여한다.

이처럼 MMPI-A와 로샤 성격검사는 아동 및 청소년의 심리적 상태를 심층적으로 파악하고, 개인의 필요에 맞는 적절한 개입을 설계하는 데 중요한 도구로 활용된다.

3) 심리 검사의 중요성

심리 검사는 아동의 발달, 학습, 정서적 상태를 이해하고, 적절한 지원과 개입 방안을 설계하는 데 필수적인 역할을 한다. 이를 통해 아동의 강점과 약점을 구체적으로 파악하고, 개인화된 접근 방법을 개발할 수 있다.

· **개별화된 교육 계획 설계**
심리 검사는 아동의 개인적 특성과 학습 스타일을 평가하여, 이에 맞춘 개별화된 교육 계획(IEP)을 수립하는 데 중요한 도구로 활용된다.

심리학으로 읽는 아이의 마음

예를 들어, 학습 장애가 있는 아동의 경우, 검사 결과를 바탕으로 맞춤형 학습 전략과 교육 환경을 설계하여 아동이 학업에서 성공할 수 있도록 돕는다.

· **정서적 문제 및 행동 문제의 조기 발견**

심리 검사는 정서적 문제(예: 불안, 우울)나 행동 문제(예: 과잉행동, 공격성)를 조기에 발견하고, 적절한 심리 치료나 상담을 통해 문제를 해결할 수 있도록 지원한다. 조기 개입은 문제를 악화시키지 않고 해결하며, 아동의 전반적인 발달에 긍정적인 영향을 미친다.

· **부모와 교사의 역할 강화**

심리 검사 결과는 부모와 교사가 아동의 강점과 약점을 이해하는 데 도움을 준다. 이를 바탕으로 아동이 필요로 하는 환경적, 정서적 지원을 제공하고, 아동의 잠재력을 최대한 발휘할 수 있는 환경을 조성할 수 있다. 예를 들어, 스트레스에 민감한 아동을 위해 안정적이고 예측 가능한 일과를 구성하거나, 창의적 능력이 뛰어난 아동에게는 창의력을 발휘할 수 있는 기회를 제공할 수 있다.

심리 검사는 단순히 문제를 진단하는 도구를 넘어, 아동의 전인적 발달을 지원하고, 적합한 환경과 자원을 제공하는 데 중요한 가이드라인을 제시한다. 이는 아동의 학습과 정서적 안정, 사회적 성공을 위한 기반을 마련하는 핵심적인 과정이라 할 수 있다.

2.
| 발달 평가 도구 |

발달 평가는 아동의 전반적인 발달 상태를 평가하여 발달 지연이나 특수한 요구를 조기에 발견하고, 적절한 개입과 지원을 설계하는 데 중요한 역할을 한다. 이러한 평가 도구는 신체적, 인지적, 사회적 발달 영역을 포괄적으로 분석하며, 부모와 전문가에게 아동의 발달적 요구를 이해하고 대처할 수 있는 근거를 제공한다.

1) 베일리 영유아 발달 척도(BSID)

베일리 영유아 발달 척도(Bayley Scales of Infant Development, BSID)는 생후 1개월부터 42개월까지의 영유아를 대상으로 발달 상태를 평가하는 도구다. 이 검사는 인지, 언어, 운동, 사회 · 정서 및 적응 행동 영역을 종합적으로 평가하여 영유아의 발달 수준을 파악하는 데 활용된다. 이를

심리학으로 읽는 아이의 마음

통해 발달 지연 여부를 조기에 확인하고, 필요한 개입이나 지원이 이루어질 수 있도록 돕는 역할을 한다.

평가 영역
· **인지 발달**: 문제 해결 능력, 기억력, 인지적 탐구 활동
· **언어 발달**: 표현 언어와 수용 언어의 이해와 사용
· **운동 기술**: 대근육 및 소근육 조정 능력
· **사회적-정서적 발달**: 감정 표현, 사회적 상호작용 능력
· **적응 행동**: 환경에 대한 적응력과 독립적인 일상 활동 수행 능력

활용
· 발달 지연을 조기에 발견하고, 조기 개입 프로그램을 설계하는 데 사용된다.
· 언어와 운동 기술 발달을 세부적으로 평가하여 치료 계획을 수립하는 데 도움을 준다.

  심리 검사는 영유아의 발달 상태를 평가하고, 필요한 지원을 제공하는 데 중요한 도구로 활용된다. 이를 통해 아동의 언어, 운동, 인지 발달 상태를 파악하고, 적절한 개입 방안을 설계할 수 있다.
  18개월 된 영유아가 또래에 비해 말하기와 걷기에서 지연이 관찰될 경우, BSID(Bayley Scales of Infant Development)를 통해 언어 및 운동 발달 상태를 평가하고, 검사 결과를 바탕으로 언어 치료와 물리 치료를 시작할 수 있다. 이러한 개입은 아동의 발달을 촉진하고 지연을 완화하는 데 도움을 준다.

또한, 24개월 아동이 특정 장난감을 조작하며 문제를 해결하는 능력이 또래보다 뒤처지는 경우, BSID 결과에서 인지 발달 영역의 점수를 활용해 아동에게 적합한 개별화된 학습 활동을 제안할 수 있다. 이를 통해 아동은 문제 해결 능력을 향상시키고, 인지 발달을 지원받을 수 있다.

이처럼 심리 검사는 아동의 발달 상태를 체계적으로 평가하고, 맞춤형 개입을 통해 발달을 지원하는 중요한 과정으로 활용된다. 조기 발견과 개입을 통해 아동의 잠재력을 최대한 발휘할 수 있는 기반을 마련한다.

2) 덴버 발달검사(DDST)

덴버 발달검사(Denver Developmental Screening Test, DDST)는 6세 이하 아동을 대상으로 발달 상태를 평가하며, 조기 문제 탐지에 효과적인 도구다. 발달 지연을 조기에 선별하는 도구로, 특히 영유아 건강검진, 소아과 및 보육시설에서 널리 사용된다.

평가 영역
· **개인-사회성**: 타인과의 상호작용 능력, 독립성
· **언어 발달**: 언어 이해와 표현 능력
· **대근육 운동**: 걷기, 달리기와 같은 전반적인 신체 활동
· **소근육 운동**: 손과 눈의 협응력, 섬세한 동작 수행 능력

심리학으로 읽는 아이의 마음

활용

· 아동의 발달이 정상 범위에 있는지 여부를 판단하고, 발달 지연이나 장애 가능성을 조기에 발견한다.

· 정기 건강검진에서 아동의 발달 상태를 간단히 평가하는 도구로 사용된다.

4세 아동이 그림 그리기, 퍼즐 맞추기 등 소근육 활동에서 또래에 비해 뒤처지는 경우, 덴버 발달 선별 검사(Denver Developmental Screening Test)를 통해 소근육 운동 기술의 부족을 확인할 수 있다. 검사 결과를 바탕으로 작업 치료를 추천하여, 아동의 소근육 발달과 조작 능력을 향상시키는 데 도움을 줄 수 있다. 또한, 3세 아동이 '안녕'과 같은 기본적인 인사를 표현하지 못하는 경우, 언어 발달 영역에 대한 세부 평가를 실시하여 언어 지연 여부를 확인한다. 이를 통해 조기 언어 치료를 시작하여 아동이 언어 표현 능력을 개선하고, 사회적 의사소통 기술을 발달시킬 수 있도록 지원한다.

이처럼 발달 평가는 아동의 발달 지연을 조기에 발견하고, 이를 해결하기 위한 맞춤형 개입을 제공하는 데 필수적인 도구로 활용된다. 적절한 치료와 지원을 통해 아동은 발달 과정을 따라잡고, 자신감을 회복하며 긍정적인 학습 경험을 쌓을 수 있다.

3) 발달 평가 도구의 중요성

발달 평가 도구는 아동의 발달 상태를 체계적으로 평가하고, 조기 개입 및 적절한 지원을 제공하는 데 중요한 역할을 한다. 이러한 도구는 아동의 성장 과정에서 발생할 수 있는 다양한 문제를 조기에 발견하고, 이를 해결하기 위한 기반을 마련하는 데 효과적으로 활용된다.

· **조기 문제 발견**

발달 평가 도구는 발달 지연이나 장애를 조기에 발견하여 적절한 개입과 치료를 받을 수 있도록 돕는다. 예를 들어, 언어 발달 지연이 있는 아동을 조기에 발견하고 언어 치료를 제공함으로써, 아동이 또래 수준의 의사소통 능력을 따라잡을 수 있도록 지원한다.

· **개별화된 지원 제공**

평가 결과를 바탕으로 아동의 강점과 약점을 정확히 파악하여, 개별화된 치료 및 학습 계획을 설계할 수 있다. 이를 통해 아동의 필요에 맞춘 맞춤형 지원이 가능하며, 학업적, 정서적, 신체적 발달을 전반적으로 촉진할 수 있다.

· **부모와 교사 지원**

발달 평가 도구는 부모와 교사가 아동의 발달적 강점과 약점을 이해하도록 돕는다. 이를 통해 아동에게 적합한 환경을 조성하고, 필요한 자원을 제공하며, 아동의 발달을 적극적으로 지원할 수 있는 기반을 제공한다.

· **발달 추적 및 개입 효과 모니터링**

정기적인 평가를 통해 아동의 발달 상태를 지속적으로 관찰하고, 개입의 효과를 모니터링할 수 있다. 이러한 과정은 아동의 발달 목표에 맞춘 개입이 올바르게 이루어지고 있는지 확인하고, 필요시 새로운 계획을 수립할 수 있도록 한다.

심리학으로 읽는 아이의 마음

발달 평가 노구는 아동의 전인적 발딜을 지원하는 데 필수적인 도구로, 조기 발견과 지속적인 지원을 통해 아동이 자신의 잠재력을 최대한 발휘할 수 있도록 돕는다.

3.
│ 아동 심리학 연구 윤리 │

아동을 대상으로 한 심리학 연구는 윤리적 고려가 매우 중요하다. 아동은 발달적 특성상 취약한 집단으로 간주되며, 연구 과정에서 권리와 안전이 철저히 보호되어야 한다. 연구자는 아동의 복지를 최우선으로 고려하며, 윤리적 원칙에 따라 연구를 설계하고 수행해야 한다 (American Psychological Association [APA], 2017).

1) 아동 심리학 연구 윤리의 주요 원칙

(1) 참여자의 권리 보호

아동의 존엄성과 권리를 보호하는 것은 모든 연구의 기본 원칙이다. 아동의 의견을 존중하고, 연구 참여 여부에 대한 선택권을 보장해야

심리학으로 읽는 아이의 마음

한다(Sieber, 1992).

정보 제공과 동의

연구를 진행할 때는 아동과 보호자에게 연구의 목적, 절차, 위험 요소, 그리고 기대되는 이점을 명확히 설명하는 것이 중요하다. 이를 통해 연구 과정에 대한 충분한 정보를 제공하고, 보호자의 사전 서면 동의를 반드시 받아야 한다. 또한, 아동의 구두 동의를 얻는 과정도 중요하게 여겨져야 한다.

아동이 그림을 그리는 연구에 참여할 경우, '이 연구는 그림을 통해 감정을 표현하는 방법을 이해하는 데 도움을 줄 거예요'라고 아동과 보호자에게 설명하고, 동의를 얻는 과정을 거친다(Siegler, DeLoache & Eisenberg, 2003). 이러한 절차는 아동과 보호자가 연구 참여에 대해 충분히 이해하고 자발적으로 동의하도록 함으로써, 윤리적인 연구 환경을 조성하는 데 기여한다.

(2) 무해성의 원칙

연구는 아동의 신체적, 정서적, 심리적 건강에 해를 끼치지 않도록 설계되어야 하며, 연구 과정에서 스트레스, 불편함, 위험이 최소화되도록 해야 한다(Sieber, 1992). 연구자는 아동의 정서적 안정과 안전을 최우선으로 고려하며, 참여자에게 불필요한 심리적 스트레스를 유발하지 않도록 주의해야 한다.

심리적 스트레스를 유발할 가능성이 있는 질문을 피하거나, 연구 과정에서 아동이 불편함을 느낄 경우 전문 상담 지원을 제공하는 등의 대책을 마련한다. 이러한 조치는 연구의 윤리성을 유지하고, 아동의 건강과 안전을 보호하는 데 중요한 역할을 한다.

익명성과 비밀 유지

아동의 개인정보를 보호하기 위해 익명성을 보장하고, 연구 데이터를 철저히 비밀로 유지하는 것이 필수적이다. 연구자는 아동의 개인정보가 노출되지 않도록 주의하며, 데이터 관리와 분석 과정에서 이를 엄격히 준수해야 한다.

예를 들어, 연구 결과를 발표할 때 아동의 이름이나 개인 식별 정보를 삭제하고, 그룹 데이터를 기반으로 분석 결과를 제시함으로써 개인정보 보호를 철저히 지킨다. 이러한 조치는 연구 윤리를 유지하며, 아동과 보호자가 연구 과정에서 신뢰를 가질 수 있도록 돕는다.

· 자유로운 참여와 철회 권리

아동은 언제든지 연구 참여를 거부하거나 중단할 수 있는 권리를 가지며, 이는 연구 윤리의 중요한 원칙 중 하나다. 이러한 권리는 보호자와 아동 모두에게 명확히 전달되어야 하며, 연구 과정에서 아동이 스스로 선택할 수 있는 자유를 보장해야 한다(Siegler, DeLoache & Eisenberg, 2003).

연구자는 아동에게 '이 연구가 재미없거나 하기 싫다면 언제든지 그만둘 수 있어요'라고 안내하며, 참여와 철회에 대한 자유로운 권리를 충분히 설명한다. 이를 통해 아동은 자신의 의사에 따라 연구 참여 여부를 결정할 수 있으며, 이는 연구 참여 과정에서 아동의 자율성과 권리를 존중하는 데 기여한다.

심리학으로 읽는 아이의 마음

2) 아동 심리학 연구에서 윤리적 고려 사례

(1) 심리적 안전 보장

연구 도중 아동이 불안감을 느끼거나 과도한 정서적 반응을 보이는 경우, 연구자는 이를 즉시 중단하고 적절한 지원을 제공해야 한다 (American Psychological Association [APA], 2017). 아동의 심리적 안전을 보장하는 것은 연구 윤리의 핵심 원칙으로, 연구 과정에서 아동의 정서적 안정과 안녕을 최우선으로 고려해야 한다.

사회적 상호작용을 평가하는 실험 중 아동이 또래 간 갈등으로 인해 심리적 스트레스를 받는 경우, 연구자는 즉시 실험을 중단하고 상황을 아동에게 설명하며 안심시킨다. 이러한 조치는 아동이 심리적 불안을 해소하고, 연구 참여로 인해 부정적인 경험을 겪지 않도록 돕는 데 기여한다.

이처럼 아동 심리학 연구에서는 아동의 심리적 안전을 보호하기 위한 윤리적 고려가 필수적이며, 연구자는 모든 상황에서 아동의 정서적 안정과 복지를 최우선으로 삼아야 한다.

(2) 문화적 민감성 유지

다양한 문화적 배경을 가진 아동을 대상으로 연구를 수행할 때는, 각 문화의 특성과 차이를 존중하며 이를 연구 설계에 반영하는 것이 중요하다. 연구자는 문화적 민감성을 유지하고, 연구 대상이 속한 문화권의 가치관과 관습을 고려한 접근 방식을 취해야 한다.

가족 구조와 가치관이 다른 문화권의 아동을 연구할 때, 연구자는 문화적으로 민감한 언어와 방식을 사용하여 연구를 수행한다. 이를 통해 아동과 보호자가 연구 과정에서 존중받고 이해받는다는 느낌을 받을 수 있으며, 연구의 윤리성과 신뢰성을 강화할 수 있다.

이처럼 다양한 문화적 배경을 가진 아동을 대상으로 하는 연구에서는 문화적 차이를 존중하고 반영하는 태도가 필수적이며, 이는 연구의 효과성과 참여자의 긍정적인 경험을 보장하는 데 기여한다.

(3) 연구 후 지원 제공

연구 종료 후에도 아동과 보호자에게 연구 과정에서 발생할 수 있는 질문이나 어려움에 대해 후속 지원을 제공하는 것은 중요한 윤리적 책임이다(Siegler, DeLoache & Eisenberg, 2003). 연구자는 연구 참여로 인해 아동과 보호자가 느낄 수 있는 정서적 부담이나 궁금증을 완화하고, 필요할 경우 추가적인 지원을 연결해 주어야 한다.

예를 들어, 정서 평가 연구가 종료된 후, 아동의 감정 상태를 고려해 추가 상담 서비스나 심리적 지원 정보를 제공하는 것은 연구 후 지원의 대표적인 사례다. 이러한 조치는 연구 참여자에게 지속적인 안심을 제공하고, 연구의 윤리성을 유지하며, 아동과 보호자의 신뢰를 강화하는 데 기여한다.

이처럼 연구 종료 후에도 아동과 보호자를 위한 후속 지원을 제공하는 것은 연구 참여로 인한 부정적인 영향을 최소화하고, 긍정적인 경험을 남기는 데 중요한 역할을 한다.

3) 아동 심리학 연구 윤리의 중요성

· **취약성 보호**: 아동은 자신의 권리를 명확히 주장하기 어려울 수 있
  으므로, 연구자는 이를 보호할 책임이 있다(Sieber, 1992).
· **신뢰 구축**: 윤리적 원칙을 준수함으로써 아동과 보호자의 신뢰를 얻
  고, 연구 참여를 독려할 수 있다(American Psychological Association [APA],
  2017).
· **연구의 신뢰성 강화**: 윤리적으로 수행된 연구는 학문적 타당성과 신
  뢰성을 높이고, 연구 결과의 활용 가능성을 확장한다(Siegler, DeLoache
  & Eisenberg, 2003).

아동 심리학 연구는 윤리적 고려를 중심으로 설계되고 수행되어야 한
다. 아동의 권리 보호, 정보 제공과 동의, 무해성, 비밀 유지, 철회 권리
보장 등의 원칙을 철저히 준수해야 하며, 연구 도중 발생할 수 있는 모
든 상황에 대비한 계획을 마련해야 한다. 이를 통해 아동의 복지를 최
우선으로 고려하면서 신뢰할 수 있는 연구 결과를 도출할 수 있다.

제12장
아동 심리학의 응용

아동 심리학은 연구를 넘어 실생활에서 아동의 전인적 발달을 지원하는 데 중요한 역할을 한다. 학교에서의 심리적 지원, 상담 및 치료 기법, 부모 교육과 지원은 아동 심리학의 주요 응용 분야로, 아동이 학습과 생활에서 직면하는 다양한 문제를 해결하고, 정서적 안정과 사회적 기술을 향상시키는 데 기여한다(Siegler, DeLoache & Eisenberg, 2003).

1.
│ 학교에서의 심리적 지원 │

학교는 아동이 상당한 시간을 보내며 학습과 대인 관계를 경험하는 중요한 환경이다. 따라서 학교에서 제공하는 심리적 지원은 학업 성취와 정서적 안정을 동시에 촉진할 수 있다.

1) 학습 지원: 심리학적 평가를 기반으로 한 맞춤형 학습 지원

학습 지원은 아동의 학습적 강점과 약점을 이해하기 위해 심리학적 평가를 통해 학습 장애(예: 난독증)나 주의력 결핍 과잉행동장애(ADHD)와 같은 문제를 조기에 발견하고, 이를 해결하기 위한 맞춤형 개입을 제공하는 것을 목표로 한다(Siegler, DeLoache & Eisenberg, 2003).

· **개별화된 교육 계획**(IEP): 심리학적 평가 결과를 바탕으로 아동의 요

구에 맞춘 교육 목표와 학습 전략을 수립한다.

· **교사의 역할**: 아동의 학습 과정을 지속적으로 관찰하고, 학습 도구와 교재를 적절히 조정하여 아동의 성취감을 높인다.

예를 들면, 난독증을 가진 8세 아동이 단어를 읽고 해석하는 데 어려움을 겪는 경우, 시각적 지원(예: 그림과 단어를 연결하는 활동)을 포함한 맞춤형 읽기 프로그램을 제공하여 학습 효율성을 높일 수 있다(Siegler, DeLoache & Eisenberg, 2003). 이러한 프로그램은 아동이 시각적 단서를 통해 단어의 의미를 보다 쉽게 이해하고, 읽기 능력을 단계적으로 향상시키는 데 도움을 준다.

또한, ADHD를 가진 10세 아동의 경우, 간단한 단계로 나뉜 과제를 제공하고, 집중력을 유지할 수 있도록 짧은 휴식을 포함한 학습 일정을 설계하는 것이 효과적이다. 이러한 방식은 아동이 과제 수행 중 좌절감을 줄이고, 지속적인 관심을 유지하며 목표를 달성하도록 돕는다.

이처럼 각기 다른 학습 장애를 가진 아동에게 맞춤형 전략을 적용하면, 아동의 개인적 필요에 부합하는 학습 환경을 조성할 수 있으며, 이를 통해 학습 효율성과 자신감을 동시에 향상시킬 수 있다.

2) 정서적 지원: 학교생활에서의 정서 관리

아동은 학업과 또래 관계에서 스트레스와 불안을 경험할 수 있으며, 이를 해결하기 위해 심리 상담 및 정서 관리 프로그램이 필요하다. 정서적 지원은 아동이 자신의 감정을 인식하고 이를 조절하는 기술을 배

심리학으로 읽는 아이의 마음

우도록 돕는다.

- **정서 관리 기술**: 심호흡, 마음 챙김(Mindfulness), 인지 재구성(Cognitive Restructuring)과 같은 기술을 통해 스트레스를 완화하고 긍정적인 태도를 형성하도록 한다.
- **교사의 역할**: 아동의 정서적 상태를 지속적으로 관찰하며, 필요할 경우 학교 상담사와 협력하여 추가 지원을 제공한다.

시험 불안이 높은 12세 아동에게는 심호흡 기술을 교육하여 시험 전 긴장을 완화하도록 돕는 것이 효과적이다. 또한, '시험은 학습한 것을 보여줄 기회일 뿐'이라는 긍정적인 사고를 유도하여 아동이 시험을 지나치게 부담스럽게 느끼지 않도록 지원할 수 있다. 이러한 접근은 아동의 불안을 줄이고 자신감을 키우는 데 기여한다.

새 학급에 적응하기 어려워하는 아동에게는 일기 쓰기를 통해 자신의 감정을 자유롭게 표현하도록 장려하는 방법이 유용하다. 이를 통해 아동은 자신이 느끼는 감정을 명확히 인식하고, 스트레스를 해소할 수 있다. 동시에 학교 상담사가 정기적으로 아동의 감정 상태를 점검하며 적응 과정을 지원하면, 아동은 새로운 환경에 더 쉽게 적응하고 안정감을 느낄 수 있다.

이처럼 정서적 어려움을 겪는 아동에게는 맞춤형 전략과 정기적인 지원을 제공함으로써, 아동이 학업과 사회적 환경에서 긍정적인 경험을 할 수 있도록 돕는 것이 중요하다.

3) 사회적 기술 훈련: 또래 관계와 협력 능력 강화

또래 관계에서 어려움을 겪는 아동은 의사소통 기술, 협력 능력, 갈등 해결 능력을 학습함으로써 대인 관계 능력을 향상시킬 수 있다(Landreth, 2012). 놀이 활동이나 역할극과 같은 상호작용 중심의 방법은 아동이 타인의 관점을 이해하고, 적절한 대처 방법을 학습하도록 돕는다.

· **훈련 과정**: 그룹 활동을 통해 차례를 기다리는 법, 다른 사람의 의견을 듣는 기술, 협력적인 행동을 학습하게 한다.
· **교사의 역할**: 놀이 환경을 조성하여 아동이 자연스럽게 상호작용을 연습할 수 있도록 돕는다.

학교에서 아동의 또래 관계와 협력 능력을 강화하기 위해 사회적 기술 훈련은 중요한 역할을 한다. 이러한 훈련은 아동이 다양한 사회적 상황에서 대화, 문제 해결, 갈등 관리와 같은 기술을 익히도록 돕는다.

예를 들면, 그룹 놀이에서 아동이 역할 놀이(예: '가게 놀이')를 통해 '손님'과 '점원' 역할을 교대로 수행하며 대화하고, 문제를 해결하는 방법을 학습한다(Landreth, 2012). 이 활동은 아동이 상호작용 과정에서 상대방의 입장을 이해하고, 협력과 의사소통의 기술을 자연스럽게 익히는 기회를 제공한다.

또한, 친구와 놀이 도중 장난감 사용 문제로 갈등이 발생한 아동에게 '너는 언제 사용할지 먼저 이야기하고, 친구가 대답하도록 기다려 보자'고 안내하며, 타협과 대화를 통해 갈등을 해결하는 기술을 배울 수 있도록 지원한다. 이러한 접근은 아동이 문제 상황에서 타인의 의

심리학으로 읽는 아이의 마음

견을 존중하며, 상호 협력적인 방식으로 갈등을 해결하는 방법을 배우는 데 도움을 준다.

이처럼 학교에서 이루어지는 사회적 기술 훈련은 아동의 또래 관계를 개선하고, 협력과 대화를 통해 긍정적인 사회적 경험을 쌓는 데 기여한다.

학습 지원, 정서적 지원, 사회적 기술 훈련은 아동이 학교에서의 학습과 대인 관계에서 성공적으로 적응할 수 있도록 돕는 필수적인 전략이다. 각 과정은 아동의 개별적 요구를 반영하며, 학업 성취와 정서적 안정, 대인 관계의 긍정적 발전을 촉진한다. 교사와 상담사는 이러한 지원 과정을 긴밀히 협력하여 효과적인 환경을 조성해야 한다(Siegler, DeLoache & Eisenberg, 2003; Landreth, 2012).

2.
│ 상담 및 치료 기법 │

아동 심리학은 상담과 치료 분야에서 아동의 정서적, 행동적 문제를 해결하고 심리적 복지를 증진하는 데 핵심적인 역할을 한다(Baumrind, 1991). 다양한 치료 기법은 아동의 발달적 필요와 문제의 특성에 맞춰 조정되며, 아동이 자신의 감정을 이해하고 대처 능력을 향상시키는 것을 목표로 한다.

1) 놀이 치료

놀이 치료는 아동이 놀이를 통해 감정을 표현하고, 문제를 해결하며, 긍정적인 자기 이미지를 형성하도록 돕는 심리 치료 기법이다 (Landreth, 2012). 놀이 치료는 언어적 표현이 어려운 아동에게 특히 효과적이며, 안전한 환경에서 감정을 탐색하고 표현할 수 있는 기회를 제

심리학으로 읽는 아이의 마음

공한다.

치료 과정

· 아동은 자유롭게 놀이를 선택하며, 치료사는 아동의 행동과 표현을
  관찰하고 이를 분석한다.
· 놀이 과정에서 드러나는 아동의 불안, 두려움, 분노를 이해하며, 아
  동이 스스로 문제를 해결할 수 있도록 지원한다.
· 놀이를 통해 긍정적인 자기 이미지를 형성하고, 대처 전략을 배우게
  한다.

인형 놀이와 모래 놀이는 아동의 감정 표현과 내면적 갈등을 탐색하
는 데 효과적인 도구로 사용될 수 있다. 먼저 인형 놀이를 통해 아동이
학교에서 경험한 불안을 표현하는 동안, 치료사가 '이 인형은 어떤 기
분이었을까?'라고 질문하며 아동이 자신의 감정을 이해하도록 돕는다
(Landreth, 2012). 이러한 과정은 아동이 자신의 정서를 명확히 인식하고,
감정을 표현하는 능력을 발달시키는 데 기여한다.

또한, 모래 놀이를 통해 아동이 자신의 상상 속 세상을 표현하는 활
동은 내면적 갈등을 탐색하는 데 유용하다. 치료사는 아동이 만든 장
면을 관찰하고, 이를 기반으로 아동의 심리적 상태와 감정적 필요를
이해하며 적절한 지원을 제공할 수 있다.

이처럼 놀이를 활용한 심리 치료는 아동의 감정 표현과 자기 이해를
촉진하고, 정서적 안정을 지원하는 중요한 방법으로 사용된다.

2) 인지행동치료(CBT)

인지행동치료는 부정적인 사고 패턴을 수정하고 긍정적인 행동을 강화하는 심리 치료 기법으로, 불안, 우울증, 강박증 등 다양한 정서적 문제를 해결하는 데 효과적이다(Siegler, DeLoache & Eisenberg, 2003). CBT 는 아동이 자신의 사고와 행동 간의 관계를 이해하고, 건강한 대처 방식을 배우도록 돕는다.

치료 과정

· 아동이 부정적인 사고 패턴(예: '나는 항상 실패해')을 식별하고, 이를 긍정적인 사고(예: '실패는 배움의 기회야')로 대체하도록 연습한다.
· 행동 과제를 통해 긍정적인 행동을 반복하며, 이를 통해 자존감을 강화한다.
· 치료사는 아동이 목표를 설정하고 이를 성취하는 경험을 통해 자신감을 키울 수 있도록 돕는다.

낮은 자존감이나 시험 불안과 같은 정서적 어려움을 겪는 아동에게는 긍정적인 사고를 형성하고 안정감을 키울 수 있는 전략을 제공하는 것이 중요하다.

낮은 자존감을 가진 아동에게는 '실패는 배움의 기회'라는 긍정적인 생각을 반복적으로 연습하도록 유도하며, 성취한 과제에 대해 칭찬을 통해 자신감을 북돋운다(Siegler, DeLoache & Eisenberg, 2003). 이러한 접근은 아동이 실패를 긍정적으로 재해석하고, 성취 경험을 통해 자존감을 회복하는 데 기여한다.

심리학으로 읽는 아이의 마음

또한, 시험 불안을 겪는 아동에게는 '시험 전에 깊게 숨을 쉬고, 잘했던 문제를 떠올려 보자'는 방법을 가르치며, 긍정적인 기억과 연관시키는 기술을 연습하게 한다. 이러한 기술은 아동이 시험과 같은 스트레스 상황에서 안정감을 유지하고 자신감을 가질 수 있도록 돕는다.

이처럼 맞춤형 지원과 긍정적인 사고 형성은 아동의 정서적 안정과 자아 존중감을 높이고, 어려운 상황을 극복하는 능력을 강화하는 데 중요한 역할을 한다.

3) 가족 치료

가족 치료는 아동의 문제를 가족 시스템 안에서 이해하고, 가족 구성원 간의 관계를 개선하여 문제를 해결하는 접근법이다. 가족 치료는 가족의 상호작용 패턴을 분석하고, 모든 구성원이 문제 해결에 참여하도록 돕는다.

치료 과정
· 가족 구성원이 함께 세션에 참여하며, 각자의 역할과 감정을 공유한다.
· 치료사는 가족 간의 의사소통 문제를 분석하고, 긍정적인 상호작용 방법을 제안한다.
· 가족이 문제를 해결하고, 아동에게 정서적으로 안정된 환경을 제공하도록 지원한다.

가족 내 갈등 해결과 관계 개선을 위해 부모와 아동이 함께 참여하는 세션은 효과적인 접근법이 될 수 있다. 이러한 세션에서는 가족 간 의사소통을 촉진하고, 갈등의 원인을 분석하며, 상호 이해와 존중을 기반으로 한 해결책을 모색한다.

부모와 아동이 세션에 함께 참여하여 가정 내 갈등(예: 규칙에 대한 불일치)을 분석하고, '우리가 모두 지킬 수 있는 규칙을 함께 정해보자'는 방법으로 대화를 이어간다. 이를 통해 가족 구성원들은 서로의 입장을 이해하며, 공동으로 합의한 규칙을 준수함으로써 갈등을 완화하고 가족 내 조화를 이루게 된다.

형제간 경쟁이 심한 가족에서는 각자의 강점을 강조하는 대화를 통해 서로의 차이를 이해하고 존중하는 방법을 학습한다. 이러한 접근은 형제간 갈등을 줄이고, 서로를 격려하며 긍정적인 관계를 형성하는 데 기여한다.

이처럼 가족 세션은 가정 내 갈등을 해결하고, 구성원 간의 관계를 개선하며, 건강한 의사소통과 상호 존중을 배우는 데 중요한 역할을 한다.

놀이 치료, 인지행동치료, 가족 치료는 아동의 정서적 안정과 행동 문제를 해결하기 위한 효과적인 심리 치료 기법이다. 각 기법은 아동의 개인적 특성과 문제의 성격에 맞게 조정되며, 치료 과정에서 아동의 강점과 잠재력을 발휘할 수 있는 기회를 제공한다. 상담사는 아동과 가족의 요구를 깊이 이해하고, 이러한 기법을 활용하여 아동의 심리적 복지를 증진해야 한다.

3.
| 부모 교육과 지원 |

    부모는 아동 발달에서 가장 중요한 환경을 제공하는 존재로, 부모의 양육 방식과 지원은 아동의 정서적 안정과 행동 형성에 직접적인 영향을 미친다(Baumrind, 1991). 부모 교육과 지원은 아동의 심리적 복지를 증진시키고, 아동이 건강한 대인 관계와 자기 조절 능력을 갖추는 데 중요한 역할을 한다. 이 과정은 양육 기술 교육, 정서적 지원, 의사소통 기술 향상을 통해 구체화된다.

1) 양육 기술 교육

    부모가 권위 있는 양육 스타일을 바탕으로 효과적으로 자녀를 양육할 수 있도록 돕는 것이 양육 기술 교육의 핵심이다. 권위 있는 양육은 따뜻한 감정 표현과 명확한 규칙 제시를 결합하여 아동의 자율성과 책임감을 동시에 촉진한다(Baumrind, 1991).

· 긍정적 강화

아동이 장난감을 정리했을 때, 부모가 '정리를 잘했구나. 네 방이 정말 깔끔해졌어'라고 칭찬하거나, 스티커 보상을 제공하여 아동이 바람직한 행동을 반복하도록 유도한다.

일관된 규칙 설정

부모가 '저녁 식사 전에는 반드시 손을 씻어야 해'라는 규칙을 정하고, 모든 가족 구성원이 이를 따르도록 함으로써 아동에게 예측 가능한 환경을 제공한다. 이를 통해 아동은 행동의 일관된 기준을 이해하고 안정감을 느낀다.

· 행동 경계 설정

부모가 '거실에서는 공놀이를 하면 안 돼. 대신 공원에서 공놀이를 하자'라고 명확히 안내하여, 아동이 허용되는 행동과 허용되지 않는 행동의 경계를 명확히 알게 한다. 이를 통해 아동은 자신의 행동에 대한 기대를 이해하고, 적절한 장소에서 적합한 행동을 하도록 배울 수 있다.

이러한 양육 기술은 부모가 아동에게 안정적이고 예측 가능한 환경을 제공하며, 긍정적인 행동을 강화하고 규율을 효과적으로 지도하는 데 도움을 준다.

심리학으로 읽는 아이의 마음

2) 정서적 지원 제공

부모가 자녀의 정서적 요구를 이해하고, 이를 공감적으로 지원하는 것은 아동의 정서적 안정과 문제 해결 능력 발달에 필수적이다 (Landreth, 2012). 정서적 지원은 부모가 자녀의 감정을 수용하고 적절히 반응하는 데 초점을 둔다.

· **감정 인식**: 부모가 자녀의 정서적 신호를 정확히 파악하고 반응하는 방법을 배운다.
· **공감적 반응**: 자녀의 감정을 존중하고, '있는 그대로' 수용하는 자세를 기른다.
· **스트레스 관리**: 부모가 자녀에게 긴장을 푸는 방법을 가르치며, 스트레스 상황에서 안정감을 줄 수 있는 환경을 제공한다.

부모는 자녀가 정서적 어려움을 겪을 때 공감과 지지를 통해 안정감을 제공하며, 자녀가 자신의 감정을 표현하고 문제를 해결할 수 있도록 돕는 중요한 역할을 한다.

자녀가 시험을 앞두고 불안을 느낄 때, 부모는 '시험이 긴장되겠지만, 너는 준비를 잘했으니 괜찮을 거야'라고 말하며 자녀의 불안을 공감하고 안정감을 제공한다. 이러한 공감적 표현은 자녀가 스트레스를 덜 느끼고, 시험과 같은 상황에서도 자신감을 유지할 수 있도록 돕는다(Landreth, 2012).

또한, 자녀가 친구와 다투고 슬픔을 느낄 때, 부모는 '네가 친구와 다투어서 속상했구나. 우리 같이 이야기해 볼까?'라고 말하며 자녀의 감정을 인정하고 대화를 유도한다. 이를 통해 자녀는 자신의 감정을 명확히 표현하고, 문제 해결을 위한 대처 방안을 탐색할 수 있다.

이처럼 부모의 정서적 지원은 자녀가 어려운 감정을 효과적으로 다루고, 정서적 안정감을 유지하며 대처 기술을 배우는 데 중요한 기반이 된다.

3) 자녀와의 의사소통 기술 향상

효과적인 의사소통은 부모와 자녀 간의 신뢰를 쌓고, 갈등 상황을 해결하는 데 중요한 역할을 한다. 부모 교육은 자녀의 이야기를 경청하고, 대화의 흐름을 긍정적으로 유지하는 기술을 가르친다.

· **활동적 경청**: 자녀의 말을 중단하지 않고 끝까지 경청하며, 비언어적 신호(눈 맞춤, 고개 끄덕임)로 관심을 표현한다.
· **열린 질문**: 자녀가 자신의 생각과 감정을 더 잘 표현할 수 있도록 돕는 질문을 사용한다.
· **문제 해결 대화**: 갈등 상황에서 비난보다는 협력적으로 문제를 해결하는 방법을 가르친다.

부모는 자녀와의 의사소통에서 열린 질문을 활용해 자녀가 자신의 생각과 감정을 구체적으로 표현하도록 돕는 것이 중요하다.

예를 들면, 부모가 자녀의 학업 고민을 들을 때, '그 과목에서 어려움을 느끼는 점은 뭐야?'와 같은 열린 질문을 사용해 자녀가 느끼는 어려

심리학으로 읽는 아이의 마음

움을 명확히 설명할 수 있도록 유도한다. 이러한 대화 방식은 자녀가 자신의 문제를 구체적으로 인식하고 표현하는 데 도움을 준다.

또한, 자녀가 동생과의 갈등을 이야기할 때, '네가 동생 장난감에 화가 났던 이유를 말해줄래?'라고 물으며 대화를 이어간다. 이를 통해 자녀는 자신의 감정을 명확히 표현하고, 갈등 상황에 대한 이해와 해결방안을 모색할 기회를 갖게 된다.

이처럼 부모의 열린 질문과 공감적 대화는 자녀가 자신의 생각과 감정을 표현하는 능력을 키우고, 원활한 의사소통을 통해 긍정적인 관계를 형성하는 데 기여한다.

부모 교육과 지원은 아동의 심리적 복지와 발달에 큰 영향을 미친다. 양육 기술 교육은 긍정적 강화와 규칙 설정을 통해 아동의 행동을 바람직한 방향으로 이끌며, 정서적 지원은 아동이 안정감을 느끼고 문제를 해결할 수 있도록 돕는다. 또한, 의사소통 기술 향상을 통해 부모와 자녀 간의 신뢰를 형성하고, 갈등 상황에서도 협력적인 관계를 유지할 수 있다. 부모는 이러한 기술을 배우고 실천함으로써 자녀의 전인적 발달을 지원하는 핵심 역할을 수행할 수 있다(Baumrind, 1991; Siegler, DeLoache & Eisenberg, 2003; Landreth, 2012).

제13장

최신 이슈와 아동 심리학

디지털 미디어는 현대 아동의 발달 과정에서 중요한 영향을 미치며, 신체, 인지, 정서, 도덕성 발달에 다양한 방식으로 작용한다. 본 장에서는 디지털 환경이 아동의 성장에 미치는 긍정적 · 부정적 측면을 분석하고, 건강한 미디어 사용을 위한 효과적인 가이드 라인을 제시한다. 이를 통해 디지털 시대에 아동의 균형 잡힌 발달을 지원하는 방안을 탐구한다.

1.
디지털 미디어와
아동 발달의 중요성

디지털 미디어는 현대 아동의 일상에서 필수적인 요소로 자리 잡고 있다. 태블릿, 스마트폰, 컴퓨터, TV와 같은 다양한 기기를 통해 아동은 정보에 접근하고, 학습하며, 사회적 상호작용을 경험한다. 이러한 디지털 미디어는 아동이 초기 학습 환경에서 중요한 역할을 하며, 창의적 사고와 문제 해결 능력을 개발하는 데 긍정적인 기여를 할 수 있다. 그러나 디지털 미디어 사용이 아동 발달에 미치는 부정적 영향도 무시할 수 없다. 과도한 미디어 사용은 신체 활동과 사회적 상호작용 시간을 제한하여 전반적인 발달을 저해할 위험이 있다. 특히, 디지털 미디어 의존은 신체적 건강 문제뿐만 아니라 정서적 안정과 사회적 기술 발달에도 영향을 줄 수 있다. 따라서 디지털 미디어의 긍정적 효과를 극대화하고 부정적 영향을 최소화하기 위해 균형 잡힌 접근이 필요하다. 아동 발달에 디지털 미디어가 미치는 영향을 정확히 이해하고 적절히 활용하는 것이 점점 더 중요해지고 있다(고유미, 김민정, 2017;

Konca, 2022; Force & Canadian Paediatric Society, 2017; Przybylski & Weinstein 2019).

2.
디지털 미디어와 신체 발달

1) 신체 활동 감소

디지털 미디어 사용 시간의 증가는 신체 활동 시간을 감소시키며, 이는 아동의 신체 건강에 부정적인 영향을 미칠 수 있다. 특히, 디지털 기기에 장시간 몰두할 경우, 야외 놀이와 같은 신체 활동 시간이 줄어들어 체력과 근력 발달이 저해될 위험이 높다. 운동 부족은 비만으로 이어질 가능성을 증가시키며, 비만은 이후 심혈관 질환, 당뇨병과 같은 만성질환으로 발전할 수 있다. 하루 2시간 이상의 디지털 기기 사용은 비만 위험 요인으로 작용하며, 성장기 아동의 체지방률 증가와도 관련이 있다(Dahlgren, Sjöblom, Eke, Bonn & Trolle Lagerros, 2021; Anderson & Subrahmanyam, 2017).

또한, 디지털 기기의 장시간 사용은 잘못된 자세를 유발할 가능성이 높아 근골격계 문제로 이어질 수 있다. 목과 허리 통증, 척추 측만증 등은 장기간 유지되는 잘못된 자세와 연관이 있다(Kristjánsson et al., 2020). 디지털 미디어 사용에 따른 이러한 부작용은 신체 활동 부족을 해소하고 적절한 운동 시간을 확보함으로써 예방할 수 있다. 따라서 아동이 신체적, 심리적으로 건강하게 성장하도록 디지털 기기 사용과 신체 활동 간의 균형을 유지하는 것이 매우 중요하다.

2) 시력 및 자세 문제

디지털 화면을 장시간 사용하는 아동은 근시 발병 위험이 높아진다. 화면을 지속적으로 응시하면 눈의 조절근육이 긴장 상태를 유지하게 되어 눈의 피로가 심화되고, 장기적으로 근시가 악화될 가능성이 크다. 특히, 가까운 거리에서 화면을 보는 습관은 눈 건강에 더욱 부정적인 영향을 미친다. 안구 건조증 또한 디지털 기기 사용으로 인해 흔히 발생하는 문제 중 하나이다. 화면을 응시하는 동안 눈 깜박임 횟수가 줄어들어 눈 표면이 건조해지고, 이는 따가움과 자극감 같은 불편함으로 이어질 수 있다(Anderson, Subrahmanyam, 2017).

잘못된 자세로 디지털 기기를 사용할 경우 척추 건강에도 악영향을 미칠 수 있다. 목을 앞으로 숙이거나 등을 구부리는 자세는 목과 허리에 과도한 하중을 가하여 통증과 구조적 문제를 유발할 가능성이 있다. 이러한 문제를 예방하기 위해 디지털 기기 사용 시간을 조절하고, 적절한 휴식과 올바른 자세를 유지하는 것이 필요하다.

심리학으로 읽는 아이의 마음

3.
│ 디지털 미디어와 인지 발달 │

1) 긍정적 효과

디지털 학습 애플리케이션과 인터랙티브 미디어는 아동의 문제 해결 능력을 향상시키는 데 유용한 도구로 작용한다. 학습 애플리케이션은 놀이와 학습을 결합하여 아동이 자연스럽게 지식을 습득하고 응용할 수 있는 환경을 제공한다. 인터랙티브 미디어는 아동이 주도적으로 학습 과정에 참여하도록 독려하여 창의적인 사고를 촉진하는 효과를 가진다. (Penuel & Wertsch, 1995; 백윤소, 2023; 차현주, 조희선, 2016).

예를 들어, 코딩 학습 애플리케이션은 논리적 사고와 문제 해결 능력을 배양하는 데 도움을 준다. 디지털 기술은 시뮬레이션과 가상현실(VR)을 활용해 현실에서 경험하기 어려운 상황을 간접적으로 체험할 기회를 제공한다. 이는 과학, 역사 등 다양한 분야에서 아동의 이해력을 높이는 데 기여한다. 적절히 설계된 디지털 학습 환경은 아동이 흥미를 느끼며 지속적으로 학습에 몰두하도록 돕는다. 부모와 교사의 지도가 더해지면 이러한 도구는 아동의 학습 효율성을 극대화할 수 있다. 디지털 도구의 효과는 아동이 올바르게 활용할 때 그 잠재력을 발휘하며, 이는 현대 교육에서 중요한 자원으로 평가받는다.

2) 부정적 효과

디지털 기기에 과도하게 의존할 경우 아동의 인지 발달에 부정적인 영향을 미칠 수 있다. 장시간 디지털 화면을 접하는 것은 아동의 인지적 피로를 유발하며, 이는 학습 능력을 저하시키는 주요 요인이 된다. 디지털 콘텐츠의 빠른 전환과 과도한 시각적 자극은 아동의 주의력을 분산시키는 결과를 초래한다. 특히, 지나치게 자극적인 콘텐츠는 아동이 단순히 정보를 소비하는 데 익숙해지도록 하여 비판적 사고 능력과 문제 해결 능력을 약화시킬 수 있다. 디지털 기기를 과도하게 사용하는 아동은 집중력을 요구하는 과제에서 낮은 성취도를 보이는 경향이 있다(Radesky, Schumacher & Zuckerman, 2015).

디지털 미디어에 지나치게 의존하면 아동의 기억력에도 부정적인 영향을 미칠 수 있으며, 이는 단기 기억의 저장 및 인출 과정을 방해한다. 또한, 디지털 학습 도구가 단기적으로는 학습 동기를 높일 수 있지만, 지속적으로 사용할 경우 학습에 대한 내재적 동기를 감소시킬 가능성도 있다. 아동이 스스로 문제를 해결하려는 노력이 줄어들고, 디지털 기기나 프로그램에 의존하려는 경향이 강화될 수 있다. 이러한 부작용은 디지털 기기 사용 시간을 조절하고, 적절한 콘텐츠를 선택하는 것으로 완화할 수 있다. 부모와 교사의 적극적인 개입이 필수적이며, 디지털 학습 환경의 부정적인 영향을 줄이기 위한 교육적 접근이 필요하다.

3) 짧은 영상이 인지 발달에 미치는 부정적 영향

최근 짧은 영상 콘텐츠(YouTube Shorts, TikTok, Instagram Reels 등)가 아동들에게 큰 인기를 끌고 있다. 그러나 이러한 빠른 속도의 짧은 영상이 아동의 인지 발달에 부정적인 영향을 미칠 가능성이 있다는 우려가 제기되고 있다(조용환, 2025; 김경민, 조동현, 이호준, 2024; Richardson, Fife, Steed, Crane & Gaskin, 2024; Soto, Ciaramitaro & Carter, 2018).

주의 집중력(Attention Span) 감소
짧은 영상은 즉각적인 보상을 제공하기 때문에 아동의 장시간 집중력을 저하시킬 가능성이 크다. 유튜브 쇼츠는 15~60초 내외의 짧은 콘텐츠로 구성되며, 한 영상이 끝나면 자동으로 다음 영상이 재생된다. 이러한 짧은 영상 시청이 지속될 경우 아동은 장기적인 집중을 요구하는 활동(예: 독서, 학습 과제)에서 어려움을 겪을 수 있다.

즉, 즉각적인 자극에 반복적으로 노출되면서 주의력이 쉽게 분산되고, 깊이 있는 사고를 할 시간이 부족해질 수 있다.

인내심 부족 및 충동성 증가
빠르게 전환되는 영상은 아동의 인내심을 감소시키고, 충동적인 행동을 강화할 수 있다.

짧은 영상은 즉각적인 재미를 제공하기 때문에 아동이 느리고 복잡한 활동(예: 퍼즐 맞추기, 글쓰기, 독서 등)에 대한 흥미를 잃을 가능성이 높다. SNS 기반의 짧은 콘텐츠를 많이 소비할수록 보상을 기다리는 능력(Delayed Gratification)이 감소하는 경향이 나타난다.

학습 지속성 저하 및 피상적 사고 유발

짧은 영상에 익숙해진 아동은 복잡한 정보를 깊이 있게 처리하는 능력이 저하될 수 있다.

짧은 영상 콘텐츠는 단편적인 정보 제공에 초점을 맞추고 있어, 아동이 논리적으로 사고하고 정보를 깊이 이해할 기회를 줄일 가능성이 크다. 설령 교육적 콘텐츠를 시청하더라도, 짧은 시간 내에 핵심 요점만 빠르게 습득하려는 경향이 강화될 수 있다.

수면 장애 및 감각 과부하

자극적인 영상이 반복적으로 노출되면, 뇌가 과부하 상태에 놓이면서 수면 장애와 정서적 불안을 유발할 수 있다.

유튜브 쇼츠와 같은 짧은 영상 플랫폼은 빠르게 전환되는 이미지, 강렬한 색감, 빠른 음악과 강한 소리 효과를 포함하는 경우가 많다. 이러한 강한 감각 자극(Sensory Overload)은 아동의 신경계를 과도하게 흥분시키며, 그 결과 신경 과민과 수면 장애를 유발할 가능성이 높다.

아동이 짧은 영상 콘텐츠에 과도하게 노출되는 것을 방지하고, 인지 발달에 미치는 부정적인 영향을 최소화하기 위해서는 균형 잡힌 미디

심리학으로 읽는 아이의 마음

어 소비 습관을 형성하고, 부모와 교사의 역할을 강화하며, 장기적인 집중력을 키울 수 있는 활동을 장려하는 것이 중요하다.

먼저, 균형 있는 미디어 소비 습관을 형성하는 것이 필요하다. 짧은 영상 시청 시간을 하루 30~60분 이내로 제한하고, 다큐멘터리, 독서, 퍼즐 게임과 같은 교육적 콘텐츠와 균형 있게 활용해야 한다. 이를 통해 아동이 즉각적인 자극에 대한 의존도를 줄이고, 깊이 있는 사고 능력을 기를 수 있다.

또한, 부모와 교사의 역할을 강화하는 것이 중요하다. 아동이 짧은 영상을 시청한 후 단순히 소비하는 것이 아니라, 내용을 깊이 이해하고 사고할 수 있도록 대화를 유도해야 한다. 예를 들어, '이 영상에서 가장 기억에 남는 부분이 뭐야?' 등의 질문을 통해 아동이 영상을 비판적으로 분석하고, 학습 경험으로 연결할 수 있도록 돕는 것이 효과적이다.

마지막으로, 장기적인 집중력을 키울 수 있는 활동을 장려해야 한다. 짧은 영상 시청 시간을 줄이는 대신, 독서, 그림 그리기, 블록 놀이, 악기 연주 등 주의력을 지속적으로 요구하는 활동을 독려하는 것이 중요하다. 이러한 활동은 아동이 깊이 있는 사고를 할 수 있도록 돕고, 인내심과 집중력을 향상시키는 데 기여한다.

4.
│ 디지털 미디어와 정서 발달 │

1) 사회적 상호작용 변화

    디지털 플랫폼은 아동이 새로운 형태로 소통할 수 있는 기회를 제공한다. 소셜 미디어, 채팅 애플리케이션, 온라인 게임은 물리적 거리와 상관없이 관계를 유지하고 의사소통을 이어가는 데 도움을 준다. 이러한 디지털 상호작용은 아동이 글로벌 커뮤니티와 연결되고, 다양한 문화적 배경의 친구를 사귈 기회를 얻는 데 기여한다. 그러나 디지털 상호작용이 대면 상호작용을 대체할 경우, 정서 발달에 부정적인 영향을 미칠 가능성이 크다. 대면 상호작용은 표정, 몸짓, 목소리 톤과 같은 비언어적 신호를 포함하여 공감 능력과 사회적 기술 발달에 필수적이다. 디지털 플랫폼에서는 이러한 비언어적 신호가 부족하거나 왜곡될 수 있어, 아동이 타인의 감정을 올바르게 이해하고 대응하는 능력이 저하될 위험이 있다(Twenge, 2019).

심리학으로 읽는 아이의 마음

가상 상호작용은 비현실적인 사회적 기대감을 형성하여 아동에게 혼란을 줄 수 있다. 예를 들어, 소셜 미디어는 아동이 자신을 다른 사람과 비교하게 만들고, 이는 낮은 자존감과 정서적 불안을 초래할 수 있다(Livingstone & Smith, 2014). 또한, 온라인 상호작용은 순간적이고 단편적일 수 있어, 깊은 유대감을 형성하거나 신뢰를 쌓는 데 한계가 있다. 이러한 부작용은 디지털 상호작용의 양을 조절하고, 대면 상호작용의 기회를 의도적으로 늘리는 방식으로 완화할 수 있다. 디지털 미디어는 정서 발달에 긍정적인 역할을 할 수 있지만, 이를 균형 있게 활용하는 것이 중요하다. 대면 상호작용과 디지털 상호작용의 균형을 유지하는 것이 아동의 정서적 건강을 보호하는 핵심이 된다.

2) 정서적 문제

부정적인 디지털 콘텐츠는 아동의 정서 발달에 심각한 영향을 미칠 수 있다. 폭력적이거나 불건전한 콘텐츠는 아동에게 과도한 자극을 제공하여 불안과 공포를 유발할 가능성이 있다. 특히, 사이버 괴롭힘은 아동의 정서적 안정감을 크게 해치는 요인 중 하나로 지목된다(Livingstone & Smith, 2014). 사이버 괴롭힘은 아동이 온라인상에서 또래 친구들로부터 괴롭힘을 당하는 형태로 나타나며, 이는 외로움, 우울증, 심지어 자살 충동까지 초래할 수 있다(Radesky, Schumacher & Zuckerman, 2015).

부적절한 정보 노출 역시 아동에게 정서적으로 부정적인 영향을 미칠 수 있다. 예를 들어, 사회적 비교를 유도하는 콘텐츠는 아동의 자아 존중감을 저하시킬 위험이 있다(Twenge, 2019). 이는 아동이 자신을 타인과 비교하면서 부족감을 느끼게 만들고, 자아에 대한 부정적인 이미지를 강화시킬 수 있다. 이러한 부정적인 경험은 아동의 심리적 안정과 신뢰감을 손상시킬 가능성이 있다. 또한, 지나치게 자극적이고 빠르게 변화하는 콘텐츠는 아동의 감정 조절 능력을 약화시키는 결과를 초래할 수 있다. 이를 예방하기 위해서는 부모와 교사가 디지털 콘텐츠를 선별하고, 아동의 디지털 환경을 감독하는 것이 필수적이다. 안전하고 적절한 디지털 콘텐츠를 제공하며, 아동이 건강한 정서 발달을 이루도록 돕는 교육적 개입이 필요하다. 디지털 미디어는 긍정적인 영향을 미칠 수도 있지만, 부정적 콘텐츠의 위험성을 이해하고 이를 최소화하는 노력이 반드시 요구된다.

심리학으로 읽는 아이의 마음

5.
| 디지털 미디어와 도덕성 발달 |

1) 도덕적 판단

디지털 미디어는 아동이 다양한 가치관과 윤리적 문제를 접할 기회를 제공하며, 이는 도덕적 판단 형성에 중요한 영향을 미친다. 아동은 디지털 콘텐츠를 통해 정의, 공정성, 책임감과 같은 윤리적 개념을 배우거나, 도덕적 딜레마 상황을 간접적으로 경험할 수 있다. 예를 들어, 애니메이션이나 게임에서의 선택 기반 스토리는 아동이 도덕적 선택과 그 결과를 이해하는 데 도움을 줄 수 있다. 이러한 경험은 아동의 도덕적 사고를 확장하고, 타인의 관점을 고려하는 능력을 발전시키는 데 긍정적인 역할을 한다. 그러나 부적절하거나 왜곡된 디지털 콘텐츠는 아동의 도덕적 판단에 부정적인 영향을 미칠 가능성도 존재한다.

폭력적이거나 비윤리적인 행동을 미화하는 콘텐츠는 아동이 잘못된 행동을 정상적인 것으로 받아들이도록 유도할 수 있다. 특히, 소셜 미디어에서의 집단적 행동과 윤리적 논란은 아동이 옳고 그름에 대해 혼란을 느끼게 만들 수 있다. 디지털 미디어가 제공하는 정보의 신뢰성과 정확성을 비판적으로 평가하는 능력, 즉 미디어 리터러시는 도덕적 판단을 형성하는 데 필수적인 요소이다. 아동이 다양한 디지털 환경에서 윤리적 문제를 비판적으로 사고하도록 돕기 위해서는 부모와 교사의 지도와 지원이 필요하다. 안전하고 적절한 디지털 콘텐츠에 접근할수 있는 환경을 조성하는 것도 중요하다. 디지털 미디어는 도덕적 판단 발달에 긍정적 자원이 될 수 있지만, 이를 올바르게 활용하기 위한노력이 반드시 필요하다.

2) 미디어 리터러시의 중요성

미디어 리터러시는 디지털 콘텐츠를 비판적으로 해석하고 평가하는 능력으로, 아동의 도덕적 판단 형성에 중요한 역할을 한다. 디지털 미디어 환경에서 아동은 다양한 가치관과 윤리적 딜레마에 직면하며, 이과정에서 미디어 리터러시는 옳고 그름을 판단하는 기준을 제공한다. 비판적 사고를 통해 아동은 콘텐츠의 진위와 의도를 파악하고, 이를바탕으로 윤리적 결정을 내릴 수 있다. 특히, 폭력적이거나 왜곡된 정보를 접할 경우, 미디어 리터러시는 그러한 정보의 부정적 영향을 최소화하는 데 도움을 준다(이란, 현은자, 2014; Buckingham, 2007). 예를 들어, 아동이 소셜 미디어에서의 부정적인 행동(예: 사이버 괴롭힘)을 목격했을때, 이를 도덕적으로 비판하고 올바른 행동 기준을 세우는 데 미디어리터러시가 기여할 수 있다. 부모와 교사는 아동이 비판적 사고를 통해 디지털 미디어를 올바르게 활용하도록 가이드라인을 제공하는 것이 필수적이다.

6.
아동 발달을 위한
디지털 미디어 사용 가이드라인

1) 연령에 따른 적절한 사용 시간

미국 소아과학회(AAP)는 연령에 따른 디지털 미디어 사용 시간의 제한을 권장하며, 이는 아동 발달을 지원하기 위한 중요한 가이드라인이다. AAP에 따르면, 2세 이하의 유아는 디지털 미디어 사용을 피하는 것이 바람직하다(American Academy of Pediatrics, 2016). 예를 들어, 유아가 스마트폰이나 태블릿 화면을 장시간 바라보는 것은 언어 발달과 사회적 상호작용 기회를 감소시킬 수 있다. 2세 이상 아동은 하루 1시간 이하로 디지털 미디어 사용을 제한하는 것이 권장되며, 이 시간 동안에는 고품질 교육 콘텐츠를 사용하는 것이 중요하다. 예를 들어, 4세 아동이 애니메이션 대신 인터랙티브 학습 앱을 활용한다면, 언어와 인지 발달을 촉진하는 데 더 효과적일 수 있다. 이러한 가이드라인은 부모와 교사가 아동의 디지털 미디어 사용을 감독하며 적절한 환경을 제

심리학으로 읽는 아이의 마음

공하도록 돕는 데 기여한다(김호연, 이영신, 2019).

2) 콘텐츠의 질 관리

디지털 미디어는 아동 발달에 긍정적 영향을 미칠 수도 있지만, 적절한 콘텐츠를 선택하는 것이 필수적이다. 아동의 발달 수준에 적합한 교육적 콘텐츠를 제공함으로써 학습과 정서 발달을 동시에 지원할 수 있다. 예를 들어, 3~5세 아동에게는 색상, 숫자, 글자를 배우는 인터랙티브 애플리케이션이 효과적일 수 있다. 이러한 도구는 아동이 흥미를 느끼며 학습할 수 있는 환경을 조성한다. 부모와 교사가 함께 참여하여 콘텐츠를 선택하고 사용 과정을 감독하면 더욱 긍정적인 결과를 도출할 수 있다. 협력적 미디어 사용은 아동이 콘텐츠를 이해하고 그 가치를 더 잘 파악하도록 돕는다. 단순히 화면을 보는 활동에서 벗어나, 부모가 함께 질문을 하거나 상호작용을 주도하면 학습 효과가 강화된다. 이처럼 교육적이고 발달 수준에 적합한 콘텐츠 선택은 아동의 전인적 성장을 지원한다.

3) 균형 잡힌 활동 장려

디지털 미디어는 아동 발달에 유익한 도구가 될 수 있지만, 신체 활동, 사회적 상호작용, 창의적 놀이와의 균형을 유지하는 것이 필수적이다. 과도한 디지털 미디어 사용은 신체 활동 부족, 사회적 기술 저하, 창의력 감소로 이어질 가능성이 있다. 하루 30분의 디지털 학습 활동 후 아동이 야외에서 또래와 함께 뛰어놀거나, 블록 놀이를 통해 창의적 문제 해결 능력을 키우는 시간을 가지는 것이 이상적이다. 신체 활동은 건강한 신체 발달뿐만 아니라 스트레스를 해소하고 정서적 안정감을 유지하는 데 도움이 된다(Radesky, Schumacher & Zuckerman, 2015).

또한, 또래와의 대면 상호작용은 사회적 기술과 공감 능력을 개발하는 데 필수적이다. 창의적 놀이는 아동이 새로운 아이디어를 탐구하고 표현하는 기회를 제공하며, 이는 디지털 기기에서 얻을 수 없는 경험을 보완한다. 부모와 교사는 아동이 다양한 활동에 참여할 수 있도록 일과를 계획하고, 디지털 미디어 사용 시간을 제한해야 한다. 이러한 균형 잡힌 접근은 아동이 디지털 미디어를 효과적으로 활용하면서도 전인적으로 성장할 수 있도록 돕는다.

디지털 미디어는 아동 발달에 강력한 영향을 미치는 도구로, 그 활용 방식에 따라 긍정적 또는 부정적 결과를 초래할 수 있다. 적절하게 활용된다면 디지털 미디어는 아동이 학습 능력과 창의력을 키우고, 도덕적 사고를 확장하는 기회를 제공할 수 있다. 그러나 부적절한 콘텐츠 노출이나 과도한 사용은 신체적 건강 문제와 정서적 불안을 유발하며, 도덕적 판단과 사회적 기술 발달에 부정적인 영향을 미칠 가능성이 있다. 이러한 위험을 최소화하기 위해 부모와 교사는 아동의 발달 수준에 맞는 콘텐츠를 신중히 선택하고, 디지털 미디어 사용 시간을 체계적으로 관리할 필요가 있다. 또한, 신체 활동, 대면 상호작용, 창의적 놀이와 같은 다양한 활동과의 균형을 유지하는 것이 중요하다.

디지털 미디어에서 접하는 경험이 단순히 소비로 끝나지 않고, 비판

심리학으로 읽는 아이의 마음

적 사고와 윤리적 성찰로 이어질 수 있도록 미디이 리터러시 교육도 강화되어야 한다. 부모와 교사의 역할뿐 아니라 사회적 차원에서 안전하고 적절한 디지털 환경을 조성하는 노력도 병행되어야 한다. 디지털 미디어와 조화를 이루는 관계를 형성하는 것은 아동의 전인적 발달과 건강한 미래를 위한 핵심적인 과제가 될 것이다.

| 참고문헌 |

고유미, 김민정 (2017). 미디어 콘텐츠와 아동의 놀이:'캐리와 장난감 친구들'을 중심으로. 한국콘텐츠학회논문지, 17(8), 53-65.

김경민, 조동현, 이호준 (2024). [청소년 스마트폰 셧다운해야 하나] 10대 딥페이크… "당신의 자녀가 위험하다". 매경이코노미, 26-30.

김광웅, 유미숙, 유재령. (2004). **놀이치료학**. 학지사.

김남일 (2019). 찰스 다윈의 진화론과 19세기 신경과학의 만남. 대한의사학회지, 28(1), 291-318.

김성숙 (2008). 유아의 메타인지와 창의성과의 관계. 한국영유아보육학, 54, 251-267.

김윤경, 이옥경, 2001). 사회정서발달: 아동과 청소년의 또래관계에 따른 심리사회적 적응과 행동특성. 한국심리학회지: 발달, 14(2), 65-82.

김지영 (2023). **놀이지도**. 창지사.

김지현 (2024). 아동의 사회ㆍ정서 발달지원 현황 분석과 개선과제.

김호연, 이영신 (2019). 어머니의 디지털미디어 지도방식 및 유형에 따른 유아의 디지털미디어 이용시간 및 이야기 이해력 차이. 어린이미디어연구, 18(3), 337-359.

노보람 (2022). 유아의 디지털 미디어 사용유형에 따른 초기 문해의 차이와 어머니 문해지도 및 디지털 리터러시 태도의 영향력. 열린유아교육연구, 27(3), 127-151.

박세희, 황보명 (2015). 다문화 가정 아동의 언어에 관한 문헌연구. 언어치료연구, 24(4), 57-70.

박주희, 남지숙 (2010). 다문화아동의 언어발달과 심리사회적 적응. 한국청소년연구, 21(2), 129-152.

백승화, 강기수 (2014). 그림책에 나타난 유아의 물활론적 사고의 교육적 기능 분석. 미래유아교육학회지, 21(4), 21-40.

백윤소. (2023). VR 디지털 매체 탐색 및 활용에 나타나는 인식 탐구: 초등 6학년 학생을 중심으로. 미술과 교육, 24(2), 141-159.

송명자 (1995). **발달심리학.** 서울: 학지사.

송지성, 이성애 (2012). 인지발달적 상호작용이 유아 디자인교육에 미치는 영향: 피아제 (Jean Piaget) 와 비고츠키 (Lev S. Vygotsky) 의 인지발달이론을 중심으로. 한국디자인문화학회지, 18(3), 215-227.

신명희, 서은희, 송수지, 김은경, 원영실 (2024), **발달심리학.** 서울: 학지사.

신은수 (2002). **놀이와 유아.** Ewha Womans University Press.

이란, 현은자. (2014). 디지털 시대의 아동 미디어 관련 연구동향 분석. 아동학회지, 35(4), 17-40.

이민영, 이성은 (2012). 초등학생의 쓰기 능력, 쓰기메타인지, 가정환경의 상관연구. 교과교육학연구, 16(4), 961-980.

이윤경, 박경애 (2023). 놀이를 활용한 공감적의사소통프로그램의 효과성 검증. 학습자중심교과교육연구, 23(9), 153-170.

장휘숙 (1997). 애착의 전생에 모델과 대물림: 전생에 발달심리학적 조망에서 애착연구의 개관. 한국심리학회지: 일반, 16(1), 80-97.

장휘숙 (2010). **아동심리학.** 서울: 박영사.

정옥분 (2002). **아동발달의 이해.** 서울: 학지사, 540-554.

조금희, 김화수 (2010). 언어 및 의사소통장애와 언어치료에 대한 유아교사의 인식. 특수교육 저널: 이론과 실천, 11(1), 307-335.

조용환 (2025). '뇌 썩음'에 이르는 자극 중독. 브레인, 109, 26-28.

조운주 (2020). 유아교사의 놀이지원역량 내용개발. 육아지원연구, 15(4), 83-102.

조혜진, 이기숙 (2004). 유아의 사회, 정서발달에 미치는 가족특성, 보육경험 및 기질 변인 분석. 유아교육연구, 24(4), 263-284.

진경애, 신택수, 김성경, 최영인 (2016). 초등 국어, 수학, 영어 학업 성취에 영향을미치는 정의적 · 메타 인지적 변인 탐색. The Journal, 19(1), 227-254.

차현주, 조희선. (2016). 융복합 디지털 콘텐츠 개발을 위한 비고츠키의 사회적구성주의 이론에 따른 부모양육행동 요인 탐색. Journal of Digital Convergence, 14(3).

최경숙 (2023). **아동발달심리 (제4판).** 교문사.

최정혜 (2015). 유아기 자녀를 둔 부모의 양육태도 유형과유아의 자아탄력성과의 관계. 유아교육학논집, 19(5), 55-71.

한선희 (2020). 인간의 심리 및 행동에 관한 찰스 다윈의 연구와 19 세기 신경과학 (Doctoral dissertation, 서울대학교 대학원).

Ainsworth, M. D. S. (1979). Infant-mother attachment. *American Psychologist*, 34(10), 932-937.

Anderson, D. R., Subrahmanyam, K., & Cognitive Impacts of Digital Media Workgroup. (2017). Digital screen media and cognitive development. *Pediatrics, 140*(Supplement_2), S57-S61.

Bandura, A. (1977). Social learning theory. Englewood Cliffs, NJ: Prentice Hall.

Baumrind, D. (1991). The influence of parenting style on adolescent competence and substance use. *The journal of early adolescence, 11*(1), 56-95.

Berk, L. (2015). Child development. Pearson Higher Education AU.

Bjorklund, D. F., & Pellegrini, A. D. (2000). Child development and evolutionary psychology. *Child development, 71*(6), 1687-1708.

Hetherington, E. M., Parke, R. D., & Locke, V. O. (1999). Child psychology: *A contemporary viewpoint*. McGraw-Hill.

Berry, J. W. (1997). Acculturation and adaptation. *Handbook of cross-cultural psychology, 3*, 291-326.

Bornstein, M. H. (1985). On the development of color naming in young children: Data and theory. *Brain and language, 26*(1), 72–93.

Bornstein, M. H., & Lamb, M. E. (Eds.). (2010). *Developmental science: An advanced textbook.* Psychology Press.

Bornstein, R. F. (1989). Exposure and affect: Overview and meta-analysis of research, 1968 – 1987. *Psychological bulletin, 106*(2), 265.

Bowlby, J. (1969). *Attachment and loss* (No. 79). Random House.

Bronfenbrenner, U. (1979). Contexts of child rearing: Problems and prospects. *American psychologist, 34*(10), 844.

Buckingham, D. (2007). Digital Media Literacies: rethinking media education in the age of the Internet. *Research in comparative and international education, 2*(1), 43–55.

Chen, X., & French, D. C. (2008). Children's social competence in cultural context. *Annu. Rev. Psychol.,* 59(1), 591–616.

Chomsky, N. (2014). *Aspects of the Theory of Syntax* (No. 11). MIT press.

Dahlgren, A., Sjöblom, L., Eke, H., Bonn, S. E., & Trolle Lagerros, Y. (2021). Screen time and physical activity in children and adolescents aged 10 – 15 years. *PloS one, 16*(7), e0254255.

Darwin, C. (1877). A biographical sketch of an infant. *Mind, 2*(7), 285–294.

Eckhardt, G. (2002). Culture's consequences: Comparing values, behaviors, institutions and organisations across nations. *Australian journal of management, 27*(1), 89–94.

Eisenberg, N. (2000). Emotion, regulation, and moral development. *Annual review of psychology, 51*(1), 665–697.

Ekman, P. (1992). An argument for basic emotions. *Cognition & Emotion, 6*(3–4), 169–200.

Erikson, E. H. (1963). *Childhood and Society. 2d ed., rev. and enl.* New York, Norton.

Flavell, J. H. (1979). Metacognition and cognitive monitoring: A new area of cognitive‑developmental inquiry. *American psychologist, 34*(10), 906.

Force, D. H. T., & Canadian Paediatric Society. (2017). Screen time and young children: Promoting health and development in a digital world. *Paediatrics & Child Health, 22*(8), 461.

Gilligan, C. (1977). In a different voice: Women's conceptions of self and of morality. Harvard educational review, 47(4), 481–517.

Solso, R. L., MacLin, M. K., & MacLin, O. H. (2005). *Cognitive psychology.* Pearson Education New Zealand.

Sternberg, R. J., & Sternberg, K. (2006). *Cognitive psychology* (pp. 200–204). Belmont, CA: Thomson/Wadsworth.

Gordon, P. (2004). Numerical cognition without words: Evidence from Amazonia. *Science, 306*(5695), 496–499.

Greenough, W. T., Black, J. E., & Wallace, C. S. (1987). Experience and brain development. *Child Development, 58*(3), 539–559.

Hall, G. S. (1905). *Adolescence: Its psychology and its relations to physiology, anthropology, sociology, sex, crime, religion and education*(Vol. 2). D. Appleton.

Harter, S. (2015). *The construction of the self: Developmental and sociocultural foundations.* Guilford Publications.

Hartup, W. W. (2021). The company they keep: Friendships and their developmental significance. *In The social child*(pp. 143–163). Psychology Press.

Hirsh‑Pasek, K., Zosh, J. M., Golinkoff, R. M., Gray, J. H., Robb, M.

B., & Kaufman, J. (2015). Putting education in "educational" apps: Lessons from the science of learning. *Psychological science in the public interest, 16*(1), 3–34.

Hofstede, G. (2001). *Culture's consequences: Comparing values, behaviors, institutions and organizations across nations.* Sage publications.

Hubel, D. H., & Wiesel, T. N. (1970). The period of susceptibility to the physiological effects of unilateral eye closure in kittens. *The Journal of physiology, 206*(2), 419–436.

Kagitcibasi, C. (1997). Individualism and collectivism. *Handbook of cross-cultural psychology, 3,* 1–49.

Kohlberg, L., & Gilligan, C. (2014). Moral development. *Developmental Psychology: Revisiting the Classic Studies,* 164–175.

Kohlberg, L., & Hersh, R. H. (1977). Moral development: A review of the theory. *Theory into practice, 16*(2), 53–59.

Konca, A. S. (2022). Digital technology usage of young children: Screen time and families. *Early Childhood Education Journal, 50*(7), 1097–1108.

Landreth, G. L. (2012). *Play therapy: The art of the relationship.* Routledge.

Lenneberg, E. H. (1967). The biological foundations of language. Hospital Practice, 2(12), 59–67.

Markus, H. R., & Kitayama, S. (2014). Culture and the self: Implications for cognition, emotion, and motivation. *In College student development and academic life*(pp. 264–293). Routledge.

Livingstone, S., & Smith, P. (2014). Annual research review: children and young people in the digital age: The nature and prevalence of risks, harmful effects, and risk and protective factors, for mobile and internet usage. *Journal of Child Psychology and Psychiatry: Annual Research Review, 55*(6), 635–654.

Matsumoto, D. (1991). Cultural influences on facial expressions of emotion. *Southern Journal of Communication, 56*(2), 128–137.

Papalia, D. E., Olds, S. W., & Feldman, R. D. (2007). *Human development.* McGraw–Hill.

Patrick, G. T. W. (1916). *The psychology of relaxation.* Houghton Mifflin.

Penuel, W. R., & Wertsch, J. V. (1995). Dynamics of negation in the identity politics of cultural other and cultural self. *Culture & Psychology, 1*(3), 343–359.

Penuel, W. R., & Wertsch, J. V. (1995). Vygotsky and identity formation: A sociocultural approach. *Educational psychologist, 30*(2), 83–92.

Peter, H. W. (1968). Noam Chomsky,'Aspects of the Theory of Syntax'(Book Review). *The Modern Language Review, 63*(1), 132.

Chomsky, N. (2014). *Aspects of the Theory of Syntax* (No. 11). MIT press.

Phinney, J. S. (2013). Ethnic identity in adolescents and adults: Review of research. Readings in ethnic psychology, 73–99.

Piaget, J. (1952). The origins of intelligence in children. *International University.*

Piaget, J., & Cook, M. (1952). *The origins of intelligence in children* (Vol. 8, No. 5, pp. 18–1952). New York: International universities press.

Piaget, J. (1962). The stages of the intellectual development of the child. *Bulletin of the Menninger clinic, 26*(3), 120.

Przybylski, A. K., & Weinstein, N. (2019). Digital screen time limits and young children's psychological well–being: Evidence from a population-based study. *Child development, 90*(1), e56–e65.

Radesky, J. S., Schumacher, J., & Zuckerman, B. (2015). Mobile and interactive media use by young children: the good, the bad, and the unknown. *Pediatrics, 135*(1), 1−3.

Richardson, B., Fife, P. T., Steed, J. D., Crane, C., & Gaskin, J. (2024). The New Marshmallow: The Effects of Screen Use on Children's Ability to Delay Gratification.

Roehr, B. (2013). American psychiatric association explains DSM−5. Bmj, 346.

Rogoff, B. (2003). *The cultural nature of human development.* Oxford university press.

Rubinstein, J. S., Meyer, D. E., & Evans, J. E. (2001). Executive control of cognitive processes in task switching. *Journal of experimental psychology: human perception and performance, 27*(4), 763.

Siegel, D. J. (2020). *The developing mind: How relationships and the brain interact to shape who we are.* Guilford Publications.

Siegler, R. S., DeLoache, J. S., & Eisenberg, N. (2003). *How children develop.* Macmillan.

Skinner, B. F. (1957). The experimental analysis of behavior. *American scientist, 45*(4), 343−371.

Smith, J. C. (2021). The psychology of relaxation, meditation, and mindfulness. Principles and Practice of Stress Management, 39.

Soto, T. W., Ciaramitaro, V. M., & Carter, A. S. (2018). Sensory over responsivity. *Handbook of infant mental health,* 330−344.

Sternberg, R. J., & Lubart, T. I. (1999). The concept of creativity: Prospects and paradigms. Handbook of creativity.

Svenaeus, F. (2014). Diagnosing mental disorders and saving the normal: American Psychiatric Association, 2013. Diagnostic and statistical manual of mental disorders, American Psychiatric Publishing: Washington, DC.

991 pp., ISBN: 978-0890425558. *Medicine, Health Care and Philosophy,* 17, 241-244.

Thomas, A. (1977). Temperament and development. *Brunner/Mazel.*

Trawick-Smith, J. (2001). 놀이지도: 아이들을 사로잡는 상호작용 (Interactions in the classroom: facilitating play in the early years). (송혜린, 신혜영, 신혜원, 성지현, 이종희, 임세희, 임용순, 임지연, 조혜진, 황보영 역). 서울: 다음세대.

Triandis, H. C. (2001). Individualism-collectivism and personality. *Journal of personality, 69*(6), 907-924.

Twenge, J. M. (2019). More time on technology, less happiness? Associations between digital-media use and psychological well-being. *Current Directions in Psychological Science, 28*(4), 372-379.

Vygotsky, L. S. (1978). *Mind in Society: The Development of Higher Psychological Processes.* Harvard University Press.

Watson, J. B. (1924). The Unverbalized in Human Behavior. *Psychological Review, 31*(4), 273.

Whitebread, D. (2011). Developmental psychology and early childhood education: A guide for students and practitioners.